Xianghong Chen-Klein
Friedhelm Denninghaus
Peter Leimbigler · Barbara Šul

Kommunikationskurs
Chinesisch sprechen
Grundsituationen

Hueber

Die Reihe **Kommunikationskurse** wird von Friedhelm Denninghaus und Barbara Šubik herausgegeben.

CIP-Kurztitelaufnahme der Deutschen Bibliothek

Kommunikationskurs – München [i. e. Ismaning]: Hueber
(Reihe Kommunikationskurse)
Früher teilw. u. d. T.: Kommunikationskurs Russisch.
Kommunikationskurs Chinesisch
Chinesisch sprechen / Xianghong Chen-Klein... Grundsituationen.
[Hauptbd.] – 2. Aufl. – 1987.
ISBN 3-19-005107-0
NE: Chen-Klein, Xianghong [Mitverf.]

Das Werk und seine Teile sind urheberrechtlich geschützt. Jede Verwertung in anderen als den gesetzlich zugelassenen Fällen bedarf deshalb der vorherigen schriftlichen Einwilligung des Verlags.

2. Auflage 1987
3. 2. 1. | Die letzten Ziffern
1991 90 89 88 87 | bezeichnen Zahl und Jahr des Druckes.
Alle Drucke dieser Auflage können, da unverändert, nebeneinander benutzt werden.
© 1980 Max Hueber Verlag · München
Verlagsredaktion: Roland Irmer
Umschlaggestaltung: Planungsbüro Winfried J. Jokisch · Düsseldorf
Textillustration: Ernst Boese · Freiburg
Satz: Asco Trade Typesetting Ltd. · Hongkong
Druck: P. Heinzelmann · München
Printed in Germany
ISBN 3-19-005107-0

Inhalt

	Vorwort	4
	Für Lehrer und Lernende: Hinweise zur Arbeit mit dem Lehrbuch	7
1	Begrüßung, Vorstellung	12
2	Begrüßung, Erkundigung nach dem Befinden	13
3	Bekanntschaften: Nationalität, Herkunft, Firmenvertretung	15
4	Weitere Bekanntschaften: Firmenangestellte	20
5	Weitere Bekanntschaften: berufliche Spezialisierung	24
6	Eine chinesische Familie: Beruf, Wohnsitz, Arbeitsplatz	27
7	Weitere Familienangehörige: Ausbildung, Sprachkenntnisse	31
8	Eine deutsche Familie: Berufe, Wohnsitz, Arbeitsplatz, Alter	34
9	Eine chinesische und eine deutsche Familie: Kinder, Schulen	41
10	Auf Empfängen: Begegnung, Vorstellung, Verständigung	44
11	Auf Treffen: nähere Bekanntschaft, Einzelheiten und Eindrücke	47
12	Einladung	51
13	Erkundigungen	63
14	Einkäufe	72
15	Erledigungen auf der Post	84
16	Bestellung von Telefongesprächen	90
17	Telefongespräche	96
18	Im Restaurant	101
19	Auf Besuch, bei Tisch	106
20	Verabschiedung	112
21	Im Hotel	118
22	Gespräche mit dem Reiseleiter	127
23	Aussagen zur Person	135
24	Abschiedsrede	143
	Wortindex mit Schriftzeichen	145
	Geographische Namen, Namen von Sehenswürdigkeiten und Gebäuden	155

Vorwort

Der vorliegende Kommunikationskurs vermittelt die Fähigkeit, sich in den wichtigsten Alltagssituationen auf einfache Weise in chinesischer Sprache zu verständigen. Im einzelnen wird die sprachliche Bewältigung der folgenden Situationen gelehrt:

Wie man sich und andere vorstellt, wie man einander begrüßt und sich nach dem Befinden erkundigt, wie man Einladungen ausspricht, sich für Einladungen bedankt oder sie ablehnt, wie man sich auf der Straße nach dem Weg oder nach bestimmten Sehenswürdigkeiten erkundigt, in Geschäften nach der Ware oder nach dem Preis fragt, wie man Telefongespräche anmeldet und führt, wie man sich als Gast und Gastgeber sprachlich verhält, wie man Glückwünsche ausspricht und sich für Glückwünsche bedankt, wie man sich verabschiedet, was man auf der Post und am Bankschalter sagt, wie man im Hotel, im Servicebüro oder gegenüber dem Reiseleiter seine Wünsche formuliert, wie man über sich und seine Familie erzählt.

Die Lernziele dieses Kurses sind vollständig in den Lernzielen des vom Deutschen Volkshochschulverband für eine Reihe europäischer Sprachen ausgearbeiteten Zertifikats enthalten. Sie decken sich mit dem in dem Katalog C der VHS-Zertifikatsbroschüre erfaßten Situationen und den dazugehörigen Lernzielpunkten des Sprechintentionenkatalogs. Der vorliegende Kurs setzt keine Vorkenntnisse voraus. Er kann auch in Ergänzung zu anderen Lehrbüchern benutzt werden, die die oben aufgeführten Lernzielpunkte gar nicht oder nicht genügend berücksichtigen. Aufgrund seiner praktischen Zielsetzung und seines leichten Einstiegs ist er besonders für Lernende geeignet, die sich kurzfristig auf einen Aufenthalt in China vorbereiten und in möglichst kurzer Zeit praktisch verwertbare sprachliche Fähigkeiten erwerben wollen.

Der Kurs ist konsequent auf mündliche Kommunikation ausgerichtet. Lesefähigkeit für Schriftzeichentexte wird nicht angestrebt. Die in dem Wörterverzeichnis gebenen Schriftzeichen sind als Lernhilfe für diejenigen Lernenden gedacht, die aus anderen Kursen oder aus anderen ostasiatischen Sprachen (z.B. Japanisch, Koreanisch) bereits Schriftzeichenkenntnisse mitbringen. Natürlich sind diese Schriftzeichen auch für diejenigen nützlich, die sich auf folgende Lesekurse vorbereiten wollen. Die Schriftzeichenfassung der Dialoge, die im Arbeitsheft abgedruckt ist, ist in erster Linie zur Erleichterung der Arbeit des der chinesischen Schriftzeichen kundigen Lehrers gedacht. Die in den Schriftzeichentext in Umschrift eingefügten Wörter sind die jeweils neuen Wörter des Textes, deren Bedeutung den Lernenden erklärt werden muß. Natürlich kann diese Schriftzeichenfassung der Dialoge zusammen mit der Umschriftfassung auch zur Vorbereitung von Lesekursen oder zur Erweiterung der Lesefähigkeit benutzt werden. Man sollte von dieser Möglichkeit aber nur Gebrauch machen, wenn die Lernenden die betreffenden Dialoge mündlich bereits sicher beherrschen.

Die für die sprachliche Bewältigung der o.a. Situationen notwendige Beherrschung der in den Dialogen zu verwendenden grammatischen Strukturen wird auf dem Wege über die Aneignung von Modelldialogen, Modellsätzen und der Einübung durch Substitutionsübungen erreicht. Die Modellsätze sind mit wechselndem, den Situationen entsprechendem Vokabular solange zu üben, bis Geläufigkeit erzielt ist. Eine hinreichende Menge von Tonbandübungen dient eben diesem Ziel. Um die Aneignung der grammatischen Strukturen zu erleichtern, werden die schwierigen Erscheinungen der chinesichen Grammatik im Arbeitsheft erläutert.

Das Arbeitsheft enthält außer diesen Erläuterungen und der bereits erwähnten Schriftzeichenfassung der Dialoge ein nach der Reihenfolge des Auftretens geordnetes chinesisch-deutsches Wörterverzeichnis mit Beispielsätzen und einen alphabetischen Wortindex mit Angabe des ersten Auftretens der Wörter.

Zum Kurs gehört ein **Tonbandteil** in Cassettenform. Er enthält zu jeder Lektion:
A – Sämtliche Dialoge.
B – Das gesamte Wort – und Satzinventar.
C – Gesteuerte Sprechübungen mit Pausen.

Intensive Arbeit mit den Cassetten ist eine Voraussetzung für den Erfolg des Kurses.

Das Lehrwerk kann sowohl in ganztägigen Intensivkursen wie auch in Streukursen verwendet werden. Unter Intensivkursbedingungen können die angestrebten Lernziele in zwei Wochen erreicht werden. Unter günstigen Unterrichtsbedingungen (kleine Lerngruppen etc.) läßt sich diese Zeit um einige Tage reduzieren. In Streukursen sind ca. 42 Doppelstunden anzusetzen.

Entsprechend der praktischen Zielsetzung des Kurses muß der Unterricht strikt fertigkeitsorientiert sein. Kennen ist nicht Können. Theoretisches Wissen ist nicht praktische Beherrschung. Grammatische Erläuterungen, die über das für das Verständnis Notwendige hinausgehen, sind deshalb überflüssig und für die Erreichung der Ziele des Kurses hinderlich. Am sichersten werden die Ziele des Kurses erreicht, wenn man sich an das Programm des Buches hält und in seinen theoretischen Erläuterungen nicht über das hinausgeht, was im Arbeitsheft geboten wird. Die wesentliche Arbeit des Lehrers besteht darin, nach der Präsentationsphase (jeweils die A- und B-Abschnitte einer Lektion) und nach der Übungsphase (jeweils die C-Abschnitte) in der abschließenden Anwendungsphase Gespräche zwischen den Kursteilnehmern anzuregen, zu lenken und zu korrigieren. Er sollte dabei darauf achten, in die Gespräche nicht nur den Stoff der betreffenden Lektion, sondern auch das in früheren Lektionen Gelernte einzubeziehen. Eine Ausweitung der Übungsgespräche auf Dinge, die noch nicht durch die A-, B- und C-Phasen vorbereitet sind, sollte strikt vermieden werden.

Das vorliegende Lehrwerk stimmt hinsichtlich Zielsetzung, Inhalten und Methoden mit dem im gleichen Verlag erschienen Lehrwerk „Kommunikationskurs Russisch – Grundsituationen" überein. Es kann parallel oder nach oder vor dem demnächst ebenfalls im Max Hueber Verlag erscheinenden „Lesekurs Chinesisch für politische Texte aus Zeitungen und Zeitschriften" verwendet werden. Beide Lehrwerke ergänzen sich in ihrer Zielsetzung. Sie sind in methodischer Hinsicht nach dem Baukastensystem so aufeinander abgestimmt, daß sie in beliebiger Kombination zueinander passen.

In sprachlicher Hinsicht orientiert sich das vorliegende Lehrwerk nach der allgemeinen chinesischen Verkehrssprache (Putonghua), die in der Volksrepublik China als offizielle Landessprache gefördert wird und auf dem Wege über den Schulunterricht, die moderne Literatur, das Radio und das Fernsehen immer weitere Verbreitung findet. Die Schriftzeichen und die pinyin-Umschrift werden in der Form verwendet, wie sie heute nach verschiedenen Schriftzeichenreformen und nach der Festigung der Rechtschreibung der pinyin-Umschrift in Gebrauch sind. Alle Zweifelsfragen hinsichtlich der Schriftzeichenform und der Rechtschreibung wurden nach den in der Volksrepublik China als normsetzend betrachteten Lehr- und Wörterbüchern entschieden. Die Authentizität der Dialoge wurde darüber hinaus von einem der Autoren selbst während eines Aufenthaltes in der Volksrepublik überprüft. Wir danken in diesem Zusammenhang der Botschaft der Volksrepublik China für die erwiesene Unterstützung. Unser besonderer Dank gilt den an der Bochumer Universität studierenden Wissenschaftlern und Spezialisten aus der Volksrepublik China, die mit philologischer Akribie und in geduldiger Diskussion mit den Autoren alle Dialoge und Beispielsätze auf den neuesten Sprachgebrauch hin überprüft haben.

Wir möchten unser Vorwort nicht abschließen, ohne unseren Dank allen denjenigen auszusprechen, die das Kursmaterial als Lernende an sich praktisch erprobt und durch ihre Kritik in nicht geringem Maße die endgültige Form des Kurses beeinflußt haben. Wir möchten auch herzlich der Rheinisch-Westfälischen Auslandsgesellschaft in Dortmund danken, die bereit war, den Kurs noch in seiner Erprobungsphase in ihr Kursprogramm aufzunehmen, und die uns damit die Gelegenheit gegeben hat, ihn vor der Drucklegung ein letztes Mal auf Herz und Nieren zu prüfen.

Bochum, September 1978

Für Lehrer und Lernende:
Hinweise zur Arbeit mit dem Lehrbuch

Sie haben ein Lehrbuch in Händen, das sich in vieler Hinsicht von traditionellen Lehrbüchern unterscheidet. Es handelt sich um ein Lehrbuch, das strikt auf eine bestimmte kommunikative Kompetenz ausgerichtet ist, das heißt: wenn Sie die fest umschriebenen Lernziele dieses Kurses erreicht haben, so verfügen Sie über unmittelbar praktisch verwertbare Sprechfertigkeit. Sie müssen allerdings, wenn Sie die Ziele des Kurses in der angegebenen Zeit erreichen wollen, unsere methodischen Hinweise genau beachten.

Hinweise für Hörer von Kursen mit Lehrer und für Selbstlerner:
Der wesentlichste Punkt, den Sie beachten sollten, ist folgender: Sprechen lernt man nur durch Sprechen. Man muß das, was man sprechen lernen will, zunächst so oft wie möglich anhören und selbst nachsprechen. Deshalb unser erster Rat: Hören Sie sich die Dialoge (**A**-Teil der Lektion) vom Tonband so oft wie möglich an, zunächst ohne dabei in das Buch zu schauen, dann mit Textunterstützung. Es muß Ihnen dabei ganz klar sein, *was* Sie hören. Sollte dies nicht der Fall sein, so schlagen Sie die Übersetzung der Dialoge auf und lesen Sie, während Sie den chinesischen Text hören, die deutsche Übersetzung mit. Eventuell noch verbleibende Unklarheiten können Sie mit Hilfe des Wörterverzeichnisses und der Erläuterungen beheben. Wenn Sie die Texte völlig verstanden haben, hören Sie sich diese noch einige Male an, ohne dabei in den Text zu schauen. Halten Sie dabei das Tonband nach den einzelnen Sätzen an und sprechen Sie das Gehörte nach. Sie können sich dabei auf diejenigen Rollen beschränken, die Sie selbst können müssen. Die Äußerungen bestimmter Rollen (Kellner, Postbeamter etc.) können Sie beim Nachsprechen übergehen. Es genügt, wenn Sie diese Äußerungen verstehen.

Wenn Sie die Dialoge beherrschen, d. h. wenn Sie diese Dialoge im Wechselgespräch mit Mitlernenden oder dem Lehrer hersagen können, und wenn Sie sich auch das zur Situation gehörige Zusatzmaterial (**B**-Teil der Lektion) angeeignet haben, können Sie sich den Tonbandübungen (**C**-Teil der Lektion) zuwenden. Die Tonbandübungen sind für das Selbstlernen geeignet. Auf dem Band ist jeweils an der Stelle, wo Sie sprechen sollen, eine Pause vorgesehen. Nach Ihrer Äußerung bringt das Tonband die geforderte Antwort noch einmal in mustergültiger Form und Aussprache. Die von Ihnen geforderte Leistung ergibt sich eindeutig aus der in deutscher Formulierung gegebenen Beschreibung der betreffenden Übung und aus dem Muster, das der Übung vorangestellt ist.

Und schließlich noch ein allgemeiner Rat: Sprechen Sie immer halblaut oder laut vor sich hin, wenn Sie lernen. Nur durch Zuhören oder allein mit den Augen lesend lernt man nicht sprechen. Sie müssen beim Üben Ihre Sprechwerkzeuge in Bewegung setzen.

Hinweise für den Lehrer:

1. Verwenden Sie bei der Präsentation der Dialoge die zum Lehrwerk gehörigen *Folien* und Cassetten. Den Lernenden müssen beim Anhören der Dialoge die Situation und die Gesprächspartner klar vor Augen sein. Ein Dialog sollte nicht von ein und derselben Person vorgetragen werden.
2. Scheuen Sie sich nicht, wenn die Hörer Verständnisschwierigkeiten haben, kurz und unaufdringlich die deutsche Übersetzung zu geben.
3. Vermeiden Sie überflüssige und weitschweifige grammatische Erklärungen. Zum Verständnis der Dialoge, auf das es bei der Präsentation allein ankommt, genügen die Erklärungen, die im Arbeitsheft gegeben werden. Verwenden Sie die Ihnen zur Verfügung stehende Zeit zum Üben der Dialoge.
4. Die Sprechübungen des C-Teils der Lektionen sind für das Sprachlabor oder für die Arbeit mit dem eigenen Cassettenrecorder bestimmt. Der Lehrer kann die Arbeit mit dem Tonband in der Klasse vorbereiten, indem er die gleichen Übungen mit den Hörern durchführt. Er übernimmt dabei einfach die Rolle des Tonbandes. Die Übungen sind so konstruiert, daß man sie mit zusätzlichem lexikalischen Material verlängern und soweit ausdehnen kann, bis Sicherheit und Geläufigkeit bei den Hörern erzielt sind.
5. Die wichtigste Aufgabe des Lehrers besteht darin, nach den Phasen **A**, **B** und **C** die *Gesprächsphase* zu organisieren. Anregungen dazu werden am Ende einiger Lektionen unter **Ü** gegeben. Es ist wesentlich, daß die Lernenden in dieser Phase unter Verwendung und im Rahmen dessen, was sie bisher gelernt haben, miteinander sprechen. Der Lehrer sollte möglichst schweigen bzw. in den Gesprächen nur jene Rollen übernehmen, die die Hörer nicht aktiv beherrschen müssen (Verkäufer, Kellner usw.).
6. Der Lehrer kann das freie Gespräch mit *Vorgaben in Deutsch* lenken. Er wählt z.B. zwei Hörer aus und sagt: "Hörer A ist Chinese, Hörer B Ausländer in Peking. Sie treffen sich auf der Straße, begrüßen sich und laden sich gegenseitig ein. Aus irgendeinem Grund kann der Hörer B die Einladung nicht annehmen." Dann nehmen die Lernenden das Gespräch in Chinesisch auf.

Hinweise zum Erlernen der Umschrift und der Aussprache für Lehrer und Lernende

In diesem Kurs spielen die chinesischen Schriftzeichen praktisch keine Rolle. Sie begegnen nur im Wörterverzeichnis und sind für diejenigen Hörer bestimmt, die bereits Schriftzeichenkenntnisse haben oder parallel zu diesem Kurs auch in einem Lesekurs lernen. Der Lernende, der keine Schriftzeichen kennt und nur Sprechfähigkeit anstrebt, kann die Schriftzeichen ohne nachteilige Folgen für die Erreichung der Lernziele ignorieren. Lesefähigkeit kann mit dem auf dieses Lehrbuch abgestimmten Lesekurs Chinesisch erworben werden. Es ist auch sinnlos und für die Erreichung der eigentlichen Ziele des Kurses hinderlich, wenn der Lehrer die im Buch abgedruckten Texte laut vorlesen läßt bzw. das Vorlesen einübt, etwa in der Absicht, dadurch die Lernenden zu einer richtigen Aussprache und Betonung zu führen. Die richtige Aussprache und Betonung wird am besten über das Ohr und durch Nachsprechen des Gehörten vermittelt. Die Rolle des Lehrers besteht darin, die Aussprache des Lernenden, wenn notwendig, zu verbessern und gegebenenfalls die Artikulation zu erläutern. Die Pīnyīn-Umschrift wird dabei nur rezeptiv gelernt, d.h. nur soweit, wie es nötig ist, um Gehörtes in der schriftlichen Form wiedererkennen und Wörter im Wörterverzeichnis nachschlagen zu können.

Als Methode zur rezeptiven Beherrschung der pinyin-Umschrift wird ein ganzheitliches Verfahren empfohlen. Man geht beim Lesenlernen sogleich von ganzen Texten und Sätzen aus. Das vollzieht sich so, daß man die bereits mündlich beherrschten Texte bei geöffneten Büchern anhört und den Text mitliest. Der Hörer lernt auf diese Weise nicht nur die auf akustischem Wege gelernten Wörter in der schriftlichen Form wiederzuerkennen, sondern erarbeitet sich auch schrittweise eine richtige Vorstellung darüber, welche Buchstaben und Buchstabenverbindungen in der Pīnyīn-Umschrift welchen Lauten und Lautverbindungen entsprechen. Eine solche Methode ist am ehesten geeignet, Interferenzen der Muttersprache zu vermeiden, d.h. Fehler, die dadurch bedingt sind, daß die gleichen Buchstaben im Chinesischen und im Deutschen zum Teil ganz anderen Lauten entsprechen und der Lernende unwillkürlich die Laute seiner Muttersprache in chinesischen Wörtern verwendet. Es ist bei dieser Methode nicht nötig, das chinesische Lautsystem und die Pīnyīn-Umschrift vollständig zu beschreiben. Es genügt, wenn der Lehrer auf einige wichtige Unterschiede zwischen der chinesischen und deutschen Lautung und Schreibung hinweist:

1. Die Pīnyīn-Umschrift hat mit dem deutschen Alphabet die Buchstaben *b*, *d*, *g* und *p*, *t*, *k* gemeinsam. Während aber im Deutschen die Buchstaben *b*, *d*, *g* stimmhafte und die Buchstaben *p*, *t*, *k* stimmlose Verschlußlaute anzeigen, sind im Chinesischen die durch diese Buchstaben repräsentierten Laute sämtlich stimmlos.

Der Unterschied zwischen *b*, *d*, *g* einerseits und *p*, *t*, *k* andererseits liegt in dem Fehlen oder Vorhandensein einer starken Behauchung. *b*, *d*, *g* werden im Chinesischen ohne Behauchung, *p*, *t*, *k* dagegen mit einer starken Behauchung (aspiriert) gesprochen. Die Lernenden kann man auf den Unterschied zwischen behauchten und nicht-behauchten Lauten aufmerksam machen, indem man sie auffordert, beim Sprechen die Hand vor den Mund zu halten und auf den Luftstrom zu achten.

2. Die Buchstaben *s*, *x* bezeichnen in der pinyin-Umschrift zwei stimmlose s-ähnliche Reibelaute. Der Unterschied zwischen ihnen liegt hauptsächlich in der Artikulationsstelle: *s* ist ein dentaler (an den Zähnen gebildeter), *x* ein palataler (am Gaumen gebildeter) Reibelaut. Bei *s* wird die Zungenspitze gegen die Hinterfront der unteren Zähne gepresst, bei *x* nähert sich die Zunge dem harten Gaumen, ohne ihn dabei zu berühren.

3. *sh* wird im Unterschied zu dem ähnlich lautendem deutschen *sch* mit nach oben gekrümmter Zunge (retroflex) gesprochen.

4. *z, c* sind zwei stimmlose Verschluß-Reibelaute (Affrikate), ähnlich dem deutschen *z* (in „Zahn", „Zeichen"). Die Zunge wird bei der Artikulation zunächst gegen den oberen Zahndamm gedrückt (alveolar) und dann freigegeben. *z* ist nicht behaucht, *c* ist stark behaucht.

5. *zh, ch* sind zwei stimmlose Verschluß-Reibelaute, die mit nach oben gekrümmter Zunge (retroflex) am harten Gaumen (palatal) gebildet werden. *zh* ist nicht behaucht, *ch* ist stark behaucht.

6. *j, q* sind ebenfalls zwei am harten Gaumen gebildete Verschluß-Reibelaute. Im Unterschied zu *zh, ch* werden diese beiden Laute nicht mit nach oben gekrümmter Zungenspitze (retroflex), sondern unter Beteiligung des ganzen vorderen Teiles der Zunge gebildet. Der Zungenspitze wird gegen den Rücken der Unterzähne gedrückt und der vordere Teil der Zungenfläche gegen den Gaumen gelegt. *q* ist behaucht, *j* nicht behaucht.

7. *h* ist im Unterschied zum deutschen Hauchlaut *h* ein Reibelaut, d.h. die Luft entweicht mit einem deutlich hörbaren, durch Reibung verursachten Geräusch.

8. Die Vokale klingen zum Teil anders als im Deutschen. Das *e* klingt in manchen Kontexten wie das französische e in „Renault", das *o* ist in manchen Positionen offen wie das englische o in „pot". Der in der Umschrift mit einem i bezeichnete Vokal hat nach *zh, ch, sh, r, z, c, x* einen besonderen Klang, der dadurch hervorgerufen wird, daß die Zunge bei der Aussprache in der Stellung des vorangehenden Konsonanten verharrt.

9. Das *u* wird nach *j, q, x* (nach palatalen Konsonanten) wie *ü* gesprochen.

10. Wenn *i, ü* eine Silbe bilden oder eröffnen, so steht vor ihnen der Buchstabe *y*, der dann aber keinen Lautwert hat (*yi*, gesprochen *i*, *yu*, gesprochen *ü*). Wenn *u* eine Silbe bildet oder eröffnet, so steht vor dem *u* ein *w*, das ebenfalls nicht gesprochen wird (*wu*, gesprochen *u*).

11. *-iu, -ui, -un* im Silbenauslaut werden *iou, uei, uen* gesprochen.

12. das *a* wird in der Verbindung *ian* wie *e* gesprochen.

Merken Sie sich:

nicht behaucht:	*b, d, g, z, zh, j*
behaucht:	*p, t, k, c, ch, q*
mit zurückgebogener Zungenspitze:	*r – sh, zh – ch*
Verschlußlaute:	*b – t, d – t, q – k*
Reibelaute:	*r – sh, s, x, h*
Verschluß-Reibelaute:	*z – c, zh – ch, j – q*

Und wie lernt man die Töne beherrschen?

Für die mündliche Verständigung ist es im Chinesischen äußerst wichtig, daß man die einzelnen Silben mit der richtigen Betonung spricht. In sehr vielen Silben und Wörtern ist allein schon der Ton sinnunterscheidend. In diesem Kurs wird die Betonung grundsätzlich und konsequent im Kommunikations- und Satzzusammenhang gelernt. Die Präsentation des sprachlichen Materials erfolgt in einer Weise, daß der Lernende die Funktion der Töne am gesprochenen Wort beobachten und im Nachsprechen einüben kann. Der Lehrer muß gegebenenfalls auf Fehler aufmerksam machen und korrigieren. Die in Umschrifttexten verwendeten Tonzeichen geben die Aussprache nur bedingt wieder. *Yī* wird z.B. in *yīxià* mit einem leicht steigenden Ton (fast wie *yi*) gesprochen. Der Lernende muß sich deshalb bei der Aneignung der richtigen Aussprache und der Töne in erster Linie auf das Tonband und die Aussprache des Lehrers verlassen.

Weitere Hinweise finden sich unter 3A in den Erläuterungen im Arbeitsheft.

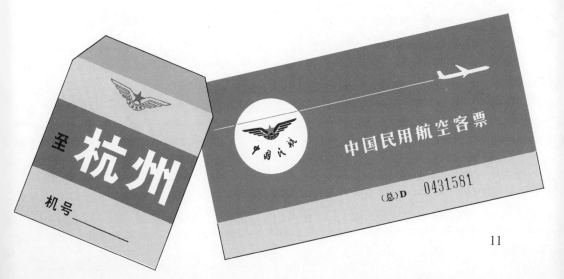

1 Begrüßung, Vorstellung

A 1 *Zu Beginn unseres Kurses begrüßen wir einander und stellen uns vor. Dies ist im Chinesischen sehr einfach. Sie brauchen noch nicht nachzusprechen, denn Sie sollen sich zunächst nur an den Klang der chinesischen Sprache gewöhnen:*

Nín hǎo. Ràng wǒ zìjǐ jièshào yīxià:
Wǒ shì Liáng Lìméi.
Wǒ shì Zhōngguó rén.
Wǒ zài Bōhóng Dàxué xuéxí.

Nín hǎo. Ràng wǒ zìjǐ jièshào yīxià:
Wǒ shì Klaus Meier.
Wǒ shì jiàoxuéfǎ de jiàoshòu.
Wǒ zài Bōhóng Dàxué jiāo jiàoxuéfǎ.

Nín hǎo. Ràng wǒ zìjǐ jièshào yīxià:
Wǒ shì Peter Müller.
Wǒ shì Déguó rén.
Wǒ zài Bōhóng Dàxué jiāo Zhōngwén.

Nín hǎo. Ràng wǒ zìjǐ jièshào yīxià:
Wǒ shì Barbara Keller.
Wǒ shì wàiwén jiàoxuéfǎ zhuānjiā.

Hören Sie sich die vier Vorstellungen noch einmal an und achten Sie dabei besonders auf die Ausdrücke Nín hǎo *und* Wǒ shì.... *Diese Ausdrücke brauchen Sie, wenn Sie sich in der folgenden Übung selbst vorstellen.*

B 1 *Nun können Sie sich gegenseitig begrüßen und vorstellen. Sie brauchen dabei Ihren Beruf noch nicht zu nennen. Das lernen Sie später. Sagen Sie einfach:*

Nín hǎo. Ràng wǒ zìjǐ jièshào yīxià:
Wǒ shì Werner Müller.

B 2 *Wenn sich Ihnen jemand auf diese Weise vorstellt, so antworten Sie:*

Huānyíng huānyíng! *oder einfach nur:* Nín hǎo.

C 1 Ü *Begrüßen Sie einander und stellen Sie sich gegenseitig vor.*

2 Begrüßung, Erkundigung nach dem Befinden

In Ihrem Bekanntenkreis in Deutschland gibt es auch einige Chinesen. Wenn sich Ihre deutschen und chinesischen Bekannten auf Chinesisch begrüßen, werden Sie Zeuge der folgenden Begrüßungsszenen:

A 1
— Müller xiānshēng, nín hǎo ma?
— Hǎo, nín ne?
— Xièxiè. Lǎo yàngzi.

A 2
— Meier nǚshì, nín hǎo. Nín jìnlái zěnmeyàng?
— Xièxiè, wǒ jìnlái hěn máng. Nín ne?
— Wǒ jìnlái yě hěn máng.

A 3
— Weiss nǚshì, nín hǎo. Nín jìnlái zěnmeyàng?
— Xièxiè, lǎo yàngzi. Nín ne?
— Yě shì lǎo yàngzi.

A 4
— Wáng Píng, nǐ hǎo ma?
— Hǎo. Nǐ ne?
— Mǎmǎ hūhū.

A 5
— Klaus, nǐ jìnlái zěnmeyàng?
— Wǒ hěn hǎo, xièxiè. Nǐ ne?
— Xièxiè, yě hǎo.

A 6
— Heinz, Bernd, nǐmen hǎo ma?
— Xièxiè, wǒmen hěn hǎo. Nǐmen ne?
— Wǒmen yě hěn hǎo.

A 7
— Péihuá, wǒmen hǎo jiǔ bú jiàn le.
— Shì, hǎo jiǔ bú jiàn le. Nǐ zěnmeyàng?
— Lǎo yàngzi.

A 8
— Péiyīng, nǐ chīguǒ le ma?
— Chīguǒ le. Nǐ ne?
— Yě chīguǒ le.

Hören Sie sich diese Begrüßungsgespräche wiederholt an und sprechen Sie nach. Üben Sie, bis Sie Aussprache und Tonfall nachahmen können.

B 1 *Wenn Sie Ihre Bekannten auf Chinesisch begrüßen wollen, so haben Sie verschiedene Wendungen zur Auswahl:*

Müller xiānshēng, nín hǎo.
Xiǎoqīng, nǐ hǎo.
Peter, Hans, nǐmen hǎo.
Meier xiānshēng, Meier nǚshì, nínmen hǎo.
Wáng nǚshì, nín hǎo. Nín jìnlái zěnmeyàng?
Hans, wǒmen hǎo jiǔ bú jiàn le.
Péihuá, nǐ chīguǒ le ma?

Lektion 2

B 2 *Werden Sie selbst so angesprochen, können Sie mit einer der folgenden Wendungen antworten:*

Xièxiè, lǎo yàngzi.
Xièxiè, wǒ hěn hǎo. Nín ne?
Xièxiè, wǒmen hěn hǎo. Nǐmen ne?
Hǎo, nǐ ne?
Wǒ jìnlái hěn máng. Nín ne?
Mǎmǎ hūhū. Nǐ ne?
Hǎo jiǔ bú jiàn le. Nǐ zěnmeyàng?

B 3 *Wenn Sie sich der Aussage Ihres Gesprächspartners anschließen wollen, so nehmen Sie dessen Wendung mit dem Wörtchen yě auf:*

Wǒ jìnlái yě hěn máng.
Yě shì lǎo yàngzi.
Xièxiè, yě hǎo.
Wǒmen yě hěn hǎo.
Yě chīguo le.

C 1 Ü *Üben Sie die gelernten Begrüßungsformeln, indem Sie Ihre Mitlernenden und Ihre Lehrer ansprechen bzw. indem Sie auf deren Begrüßung antworten.*

3 Bekanntschaften: Nationalität, Herkunft, Firmenvertretung

Sie sind auf der Messe in Guangzhou (Kanton). Dort versammeln sich Geschäftsleute und Journalisten aus aller Welt. Man stellt Ihnen einige Personen vor.

Ràng wǒ gěi nín jièshào yīxià:

Zhè shì Baker xiānsheng.
Tā shì Měiguó rén.
Tā cóng Niǔyuē lái de.
Tā shì Niǔyuē Yínháng de dàibiǎo.

Ràng wǒ gěi nín jièshào yīxià:

Zhè shì Hannon xiānsheng.
Tā shì Yīngguó rén.
Tā cóng Lúndūn lái de.
Tā shì Bākèlái Yínháng de dàibiǎo.

A 3

Ràng wǒ gěi nín jièshào yīxià:

Zhè shì Dupont xiānsheng.
Tā shì Fǎguó rén.
Tā cóng Bālí lái de.
Tā shì Bālí Guómín Yínháng de dàibiǎo.

Sie haben sich die Namen einiger Personen nicht gemerkt und fragen deshalb noch einmal nach:

A 4

— Zhè shì Hannon xiānsheng ma?
— Shì. Zhè shì Peter Hannon.
— Tā shì Yīngguó rén ma?
— Shì. Tā shì Yīngguó rén.
— Tā cóng Lúndūn lái de ma?
— Shì. Tā cóng Lúndūn lái de.
— Tā shì Bākèlái Yínháng de dàibiǎo ma?
— Shì. Tā shì Bākèlái Yínháng de dàibiǎo.

A 5

— Zhè shì shuí?
— Zhè shì Baker xiānsheng.
— Tā shì nǎguó rén?
— Tā shì Měiguó rén.
— Tā cóng nǎr lái de?
— Tā cóng Niǔyuē lái de.
— Tā zuò shénme?
— Tā shì Niǔyuē Yínháng de dàibiǎo.

A 6

— Zhè shì shuí?
— Zhè shì Hannon xiānsheng.
— Tā zài nǎr?
— Tā zài Běijīng.
— Tā zài Běijīng zuò shénme?
— Tā shì Bākèlái Yínháng zài Běijīng de dàibiǎo.

Hören Sie sich den Text zu den Bildern wiederholt an und sprechen Sie laut nach. Üben Sie so lange, bis Sie in Aussprache und Tonfall dem Vorbild des Tonbandes nahekommen.

B 1 *Personen können Sie mit folgenden Worten vorstellen:*

Zhè shì | Meier xiānsheng.
         | Meier nǚshì.
         | Hannon xiānsheng.
         | Hannon nǚshì.

B 2 *Die Nationalität wird folgendermaßen bezeichnet:*

Hannon xiānsheng | shì | Yīngguó | rén.
Dupont nǚshì | | Fǎguó |
Baker xiānsheng | | Měiguó |

B 3 *Wenn Sie mitteilen wollen, woher jemand kommt, so sagen Sie:*

Hannon xiānsheng | cóng | Lúndūn | lái de.
Dupont xiānsheng | | Bālí |
Baker xiānsheng | | Niǔyuē |

B 4 *Wenn Geschäftsleute vorgestellt werden, nennt man oft die Firma, die sie vertreten:*

Hannon xiānsheng | shì | Bākèlái Yínháng | de dàibiǎo.
Dupont xiānsheng | | Bālí Guómín Yínháng |
Baker xiānsheng | | Niǔyuē Yínháng |

B 5 *Die entsprechenden Fragen zu Personen lauten:*

Zhè shì Hannon xiānsheng ma?
Zhè shì shuí?
Tā shì nǎguó rén?
Tā cóng nǎr lái de?
Tā zuò shénme?

C 1 *Beantworten Sie die folgenden Fragen mit „ja":*

— Zhè shì Peter Baker ma?
— Shì. Zhè shì Peter Baker.

Und jetzt sind Sie an der Reihe:

Zhè shì Baker xiānsheng ma?/Tā shì Měiguó rén ma?/Tā cóng Niǔyuē lái de ma?/Tā shì Niǔyuē Yínháng de dàibiǎo ma?/Zhè shì Hannon xiānsheng ma?/Tā shì Yīngguó rén ma?/Tā cóng Lúndūn lái de ma?/Tā shì Bākèlái Yínháng de dàibiǎo ma?/Zhè shì Dupont xiānshēng ma?/Tā shì Fǎguó rén ma?/Tā cóng Bālí lái de ma?/Tā shì Bālí Guómín Yínháng de dàibiǎo ma?

C2 *Beantworten Sie die folgenden Fragen zu den ersten drei Bildern:*

— Zhè shì shuí? (Baker xiānshēng)
— Zhè shì Baker xiānshēng.
— Tā shì nǎguó rén?
— Tā shì Měiguó rén.

Jetzt sind Sie an der Reihe:

Zhè shì shuí? (Baker xiānshēng)/Tā shì nǎguó rén?/Tā cóng nǎr lái de?/Tā zuò shénme?/Zhè shì shuí? (Hannon xiānshēng)/Tā shì nǎguó rén?/Tā cóng nǎr lái de?/Tā zuò shénme?/Zhè shì shuí? (Dupont xiānshēng)/Tā shì nǎguó rén?/Tā cóng nǎr lái de?/Tā zuò shénme?

— *Nín cóng nǎr lái de?* — *Wǒ cóng Shànghǎi lái de.*

C 3 *In den folgenden Äußerungen ist eine bestimmte Stelle nicht klar verständlich. Fragen Sie zurück.*

— Zhè shì ~~Peter Hannon~~.
— Zhè shì shuí?
— Baker xiānsheng ~~shì Niǔyuē Yínháng de dàibiǎo~~.
— Baker xiānsheng zuò shénme?

Jetzt sind Sie an der Reihe:

Zhè shì ~~Baker~~ xiānsheng. / Tā cóng ~~Niǔyuē~~ lái de. / Tā shì ~~Měiguó~~ rén. / Tā cóng ~~Bālí~~ lái de. / Zhè shì ~~Dupont~~ xiānsheng. / Tā shì ~~Fǎguó~~ rén. / Baker xiānsheng shì ~~Niǔyuē Yínháng de dàibiǎo~~. / Dupont xiānsheng shì ~~Bālí Guómín Yínháng de dàibiǎo~~.

C 4 Ü *Stellen Sie nun Ihren Mitlernenden zu den Bildern Fragen mit* ma *und lassen Sie sich diese beantworten.*

C 5 Ü *Stellen Sie Ihren Mitlernenden zu den Bildern die Fragen* Zhè shì shuí?, Tā shì nǎguó rén?, Tā cóng nǎr lái de?, Tā zuò shénme? *und lassen Sie sich diese Fragen beantworten.*

4 Weitere Bekanntschaften: Firmenangestellte

Man stellt Ihnen weitere Leute vor, darunter auch Chinesen:

A 1

Ràng wǒ gěi nín jièshào yīxià:

Zhè shì Schumacher xiānsheng.
Tā shì Déguó rén.
Tā cóng Bólín lái de.
Tā shì Xīménzi Gōngsī de zhíyuán.

A 2

Ràng wǒ gěi nín jièshào yīxià:

Zhè shì Wáng Píng hé Zhāng Lì.
Tāmen shì Zhōngguó rén.
Tāmen cóng Běijīng lái de.
Tāmen shì Zhōngguó Rénmín Yínháng de dàibiǎo.

A 3

Ràng wǒ gěi nín jièshào yīxià:

Zhè shì Lǐ Guǎngshēng.
Tā shì Zhōngguó rén.
Tā cóng Shànghǎi lái de.
Tā shì Guójì Shūdiàn de zhíyuán.

A 4

Ràng wǒ gěi nín jièshào yīxià:

Zhè shì Meier nǚshì.
Tā shì Déguó rén.
Tā cóng Fǎlánkèfú lái de.
Tā shì Fǎlánkèfú Huìbào de jìzhě.

Sie haben sich die Namen der Ihnen soeben vorgestellten Personen nicht gemerkt und fragen deshalb noch einmal nach:

A 5

— Zhè shì Peter Schumacher ma?
— Bú shì. Tā shì Peter Baker.
— Tā shì Déguó rén ma?
— Bú shì. Tā shì Měiguó rén.
— Tā cóng Bólín lái de ma?
— Tā bú shì cóng Bólín lái de. Tā cóng Niǔyuē lái de. Tā shì Niǔyuē Yínháng de dàibiǎo.

Hören Sie sich den Text zu den Bildern wiederholt an und sprechen Sie laut nach. Üben Sie so lange, bis Sie in Aussprache und Tonfall dem Vorbild des Tonbandes möglichst nahekommen.

B 1 *Feststellungen kann man in folgender Weise verneinen:*

Zhè bú shì Schumacher xiānsheng, zhè shì Hannon xiānsheng.
Tā bú shì Déguó rén, tā shì Zhōngguó rén.
Tā bú shì cóng Bólín lái de, tā cóng Lúndūn lái de.

Lektion 4

B 2 *Die Ausdrücke* shì *und* bú shì *werden auch im Sinne von* „*ja*" *und* „*nein*" *gebraucht:*
— Schumacher xiānshēng shì Měiguó rén må?
— Bú shì.
— Tā shì Déguó rén må?
— Shì.

C 1 *Beantworten Sie die folgenden Fragen mit* „*ja*":
— Zhè shì Schumacher xiānshēng må?
— Shì. Zhè shì Schumacher xiānshēng.

Und nun sind Sie an der Reihe:
Zhè shì Schumacher xiānshēng må?/Tā shì Déguó rén må?/Tā cóng Bólín lái de må?/Tā shì Xīménzǐ Gōngsī de zhíyuán må?/Zhè shì Wáng Píng hé Zhāng Lì må?/Tāmen shì Zhōngguó rén må?/Tāmen cóng Běijīng lái de må?/Tāmen shì Zhōngguó Rénmín Yínháng de zhíyuán må?

C 2 *Beantworten Sie die folgenden Fragen zu den vorangegangenen Bildern:*
— Zhè shì shuí? (Lǐ Guǎngshēng)
— Zhè shì Lǐ Guǎngshēng.

Nun sind Sie an der Reihe:
Zhè shì shuí? (Lǐ Guǎngshēng)/Tā shì nǎguó rén?/Tā cóng nǎr lái de?/Tā zuò shénme?/Zhè shì shuí? (Meier nǚshì)/Tā shì nǎguó rén?/Tā cóng nǎr lái de?/Tā zuò shénme?/Zhè shì shuí? (Schumacher xiānshēng)/Tā shì nǎguó rén?/Tā cóng nǎr lái de?/Tā zuò shénme?

C 3 *Beantworten Sie die folgenden Fragen sinngemäß:*
— Baker xiānshēng shì Měiguó rén må?
— Shì. Tā shì Měiguó rén.
— Tā cóng Lúndūn lái de må?
— Bú shì. Tā cóng Niǔyuē lái de.

Und nun sind Sie an der Reihe:
Baker xiānshēng shì Měiguó rén må?/Tā cóng Lúndūn lái de må?/Dupont xiānshēng shì Yīngguó rén må?/Tā cóng Niǔyuē lái de må?/Meier nǚshì shì Zhōngguó rén må?/Tā cóng Fǎlánkèfú lái de må?/Tā shì Xīménzǐ Gōngsī de dàibiǎo må?/Lǐ

Guǎngshēng shǐ Zhōngguó rén må? / Tā cóng Běijīng lái de må? / Tā shǐ Zhōngguó Rénmín Yínháng de zhíyuán må? / Hannon xiānshēng shǐ Fǎguó rén må? / Tā cóng Lúndūn lái de må? / Tā shǐ Bālí Guómín Yínháng de dàibiǎo må?

C 4 *Stellen Sie die folgenden Personen unter Angabe ihrer Nationalität vor:*

(Baker xiānshēng)
Ràng wǒ gěi nín jièshào yīxià: zhè shǐ Baker xiānshēng. Tā shǐ Měiguó rén.

Nun sind Sie an der Reihe:
Baker xiānshēng / Hannon xiānshēng / Dupont xiānshēng / Schumacher xiānshēng / Wáng xiānshēng / Meier nǚshì.

C 5 Ü *Stellen Sie Ihren Mitlernenden zu den Bildern Fragen mit* må *und lassen Sie sich diese beantworten.*

C 6 Ü *Stellen Sie nun Ihren Mitlernenden zu allen bisherigen Bildern die Fragen* Zhè shǐ shuí?, Tā shǐ nǎguó rén?, Tā cóng nǎr lái de?, Tā zuò shénme?, *und lassen Sie sich diese beantworten.*

5 Weitere Bekanntschaften: berufliche Spezialisierung

Man stellt Ihnen noch weitere Personen vor:

A 1

— Ràng wǒ gěi nín jièshào yīxià:

Zhè shì Tiánzhōng xiānshēng.
Tā shì Rìběn rén.
Tā cóng Dōngjīng lái dè.
Tā shì Rìběn Shāngyè Yínháng dè zhíyuán.
Tā shì jīngjì zhuānjiā.
— Tā shì shénmě zhuānjiā?
— Tā shì jīngjì zhuānjiā.

A 2

— Ràng wǒ gěi nín jièshào yīxià:

Zhè shì Wagemann nǔshì.
Tā shì Déguó rén.
Tā cóng Mùníhēi lái dè.
Tā shì IBM Gōngsī dè zhíyuán.
Tā shì jìsuànjī zhuānjiā.
— IBM shì shénmě?
— IBM shì Guójì Shāngyè Jīqì Gōngsī.

A 3

— Ràng wǒ gěi nín jièshào yīxià:

Zhè shì Wilson xiānshēng.
Tā shì Měiguó rén.
Tā cóng Huáshèngdùn lái dè.
Tā shì hángkōng gōngchéng zhuānjiā.
Tā shì Bōyīn Fēijī Gōngsī dè zhíyuán.
— Tā shì shénmě gōngsī dè zhíyuán?
— Tā shì Bōyīn Fēijī Gōngsī dè zhíyuán.

A 4

— Ràng wǒ gěi nín jièshào yīxià:

Zhè shì Heinz Schulte hé Bernd Müller.
Tāmen shì Déguó rén.
Tāmen cóng Dùsèěrduōfū lái dė.
Tāmen shì Mànnàsīmàn Gōngsī dė zhíyuán.
Tāmen shì gāngtiě zhuānjiā.
— Tāmen shì shénmė zhuānjiā?
— Tāmen shì gāngtiě zhuānjiā.

Hören Sie sich die Texte zu den Bildern mehrere Male an. Sprechen Sie die Sätze laut nach.

B 1 *Wenn man die Angabe des Berufes nicht verstanden hat, kann man noch einmal rückfragen:*

Tiánzhōng xiānshėng zuò shénmė?
Wagemann nǚshì zuò shénmė?
Wilson xiānshėng zuò shénmė?

B 2 *Man kann die Frage aber auch so formulieren:*

Tiánzhōng xiānshėng shì shénmė?
Wagemann nǚshì shì shénmė?
Wilson xiānshėng shì shénmė?

B 3 *Wenn man nicht verstanden hat, von was für einem Spezialisten oder von was für einer Firma die Rede war, kann man folgendermaßen Rückfrage halten:*

Tiánzhōng xiānshėng shì shénmė zhuānjiā?
Wagemann nǚshì shì shénmė zhuānjiā?
Bōyīn Gōngsī shì shénmė gōngsī?
IBM shì shénmė gōngsī?

C 1 *Beantworten Sie zu den vorangegangenen Bildern die folgenden Fragen:*

— Tiánzhōng xiānshėng shì shénmė yínháng dė zhíyuán?
— Tiánzhōng xiānshėng shì Rìběn Shāngyè Yínháng dė zhíyuán.

Lektion 5

— Tiánzhōng xiānsheng shì shénme zhuānjiā?
— Tiánzhōng xiānsheng shì jīngjì zhuānjiā.

Jetzt sind Sie an der Reihe:

Tiánzhōng xiānsheng shì shénme yínháng de zhíyuán?/Tiánzhōng xiānsheng shì shénme zhuānjiā?/Wagemann nǚshì shì shénme gōngsī de zhíyuán?/Wagemann nǚshì shì shénme zhuānjiā?/Wilson xiānsheng shì shénme gōngsī de zhíyuán?/Wilson xiānsheng shì shénme zhuānjiā?/Heinz hé Bernd shì shénme gōngsī de zhíyuán?/Heinz hé Bernd shì shénme zhuānjiā?/Baker xiānsheng shì shénme yínháng de dàibiǎo?

C 2   *In den folgenden Äußerungen ist eine bestimmte Stelle nicht klar verständlich. Fragen Sie zurück.*

— Tiánzhōng xiānsheng shì ~~Rìběn~~ rén.
— Tā shì nǎguó rén?
— Tiánzhōng xiānsheng cóng ~~Dōngjīng~~ lái de.
— Tā cóng nǎr lái de?

Jetzt sind Sie an der Reihe:

Tiánzhōng xiānsheng shì ~~Rìběn~~ rén./Tiánzhōng xiānsheng cóng ~~Dōngjīng~~ lái de./Wagemann nǚshì shì ~~Déguó~~ rén./Wagemann nǚshì cóng ~~Mùníhēi~~ lái de./Wilson xiānsheng shì ~~Měiguó~~ rén./Wilson xiānsheng cóng ~~Huáshèngdùn~~ lái de./Heinz hé Bernd shì ~~Déguó~~ rén./Heinz hé Bernd cóng ~~Dùsèěrduōfū~~ lái de./Wáng Píng hé Zhāng Lì shì ~~Zhōngguó~~ rén./Wáng Píng hé Zhāng Lì cóng ~~Běijīng~~ lái de.

C 3   Ü   *Stellen Sie nun Ihren Mitlernenden zu den vorangegangenen Bildern Fragen unter Verwendung der Ausdrücke* shénme yínháng, shénme gōngsī, shénme zhuānjiā *usw. und lassen Sie sich diese Fragen beantworten.*

6 Eine chinesische Familie: Beruf, Wohnsitz, Arbeitsplatz

Sie lernen in China Wáng Píng kennen, mit dem Sie ins Gespräch kommen. Wáng Píng zeigt Ihnen Fotos seiner Familie und seiner Bekannten und stellt Ihnen die dort abgebildeten Personen vor:

A1 Zhè shǐ wǒ dě gēgě.
Tā jiào Wáng Lì.
Tā shǐ jiàoyuán.
Tā zài Běijīng Dàxué jiāo Fǎwén.

A2 Zhè shǐ wǒ dě jiějiě.
Tā jiào Wáng Méi.
Tā shǐ yīshěng.
Tā zhù zài Wǔhàn.
Tā zài yī gě yīyuàn gōngzuò.

A3 Zhè shǐ wǒ hé wǒ dě péngyǒu.
Wǒměn shǐ lǎo péngyǒu.
Wǒ dě péngyǒu jiào Sūn Píng.
Tā shǐ gōngrén.
Tā zài yī gě gāngtiě gōngchǎng gōngzuò.

A4 Zhè shǐ wǒ dě dìdǐ.
Tā jiào Wáng Fú.
Tā shǐ xuéshěng.
Tā zài Qīnghuá Dàxué xuéxí.

A5 Zhè shǐ wǒ dě mèiměi.
Tā jiào Wáng Huá.
Tā shǐ shòuhuòyuán.
Tā zài shūdiàn gōngzuò.

A6 Zhè shǐ wǒ dě hǎo péngyǒu.
Tā jiào Zhāng Dànián.
Tā shǐ gōngchéngshī.
Tā zhù zài Shànghǎi.
Tā zài yī gě jìsuànjī gōngchǎng gōngzuò.

B 1 *Will man Familienangehörige vorstellen, so muß man die Bezeichnungen für die verschiedenen Verwandtschaftsgrade kennen:*

Zhè shì wǒ de | gēge.
 | dìdi.
 | jiějie.
 | mèimei.
 | fùqīn.
 | mǔqīn.

B 2 *Der Vorname wird mit folgender Wendung angegeben:*

Tā jiào | Fúfu.
 | Dàzhēng.
 | Huànzhēng.
 | Shènglì.

B 3 *Dieselbe Wendung kann auch bei Familien- und Vornamen verwendet werden:*

Tā jiào | Wáng Lì.
 | Wáng Méi.
 | Wáng Fú.
 | Wáng Huá.
 | Zhāng Dànián.
 | Lǐ Guǎngshēng.

— Tā shì shuí? — Zhè shì wǒ de mèimei, tā jiào Wáng Huá. Tā shì shòuhuòyuán. Tā zài shūdiàn gōngzuò.

Wǒ dė péngyǒu jiào Sūn Píng. Tā shỉ gōngrén. Tā zài yī gẻ gāngtiẻ gōngchǎng gōngzuò.

B 4 *Es gibt zwei Möglichkeiten, den Arbeitsplatz einer Person zu bezeichnen:*

Tā zài yīyuàn gōngzuò.
Tā zài yī gẻ yīyuàn gōngzuò.

Tā zài shūdiàn gōngzuò.
Tā zài yī gẻ shūdiàn gōngzuò.

Tā zài gāngtiẻ gōngchǎng gōngzuò.
Tā zài yī gẻ gāngtiẻ gōngchǎng gōngzuò.

C 1 *Beantworten Sie die folgenden Fragen zur Verwandtschaft und zum Bekanntenkreis des Herrn Wáng:*

— Wáng Píng dẻ gēgẻ jiào shénmẻ?
— Wáng Píng dẻ gēgẻ jiào Wáng Lì.

Und nun sind Sie an der Reihe:

Wáng Píng dẻ gēgẻ jiào shénmẻ? / Wáng Píng dẻ jiějiẻ jiào shénmẻ? / Wáng Píng dẻ dìdỉ jiào shénmẻ? / Wáng Píng dẻ mèimẻi jiào shénmẻ? / Wáng Píng dẻ lǎo péngyǒu jiào shénmẻ?

Lektion 6

C 2 *In welchem Verhältnis stehen die folgenden Personen zu Wáng Píng?*

— Wáng Lì shì Wáng Píng de shuí?
— Wáng Lì shì Wáng Píng de gēge.

Nun sind Sie an der Reihe:

Wáng Lì shì Wáng Píng de shuí?/Wáng Méi shì Wáng Píng de shuí?/Wáng Huá shì Wáng Píng de shuí?/Wáng Fú shì Wáng Píng de shuí?/Zhāng Dànián shì Wáng Píng de shuí?

C 3 *Beantworten Sie die folgenden Fragen zur beruflichen Tätigkeit der Verwandten und Freunde des Herrn Wáng:*

— Wáng Lì zuò shénme?
— Tā shì jiàoyuán.
— Tā zài nǎr gōngzuò?
— Tā zài Běijīng Dàxué gōngzuò.

Nun sind Sie an der Reihe:

Wáng Lì zuò shénme?/Tā zài nǎr gōngzuò?/Wáng Méi zuò shénme?/Tā zài nǎr gōngzuò?/Wáng Huá zuò shénme?/Tā zài nǎr gōngzuò?/Zhāng Dànián zuò shénme?/Tā zài nǎr gōngzuò?/Sūn Píng zuò shénme?/Tā zài nǎr gōngzuò?

C 4 Ü *Unterhalten Sie sich über die Familie des Herrn Wáng. Stellen Sie einander Fragen zum Verwandtschaftsverhältnis, zum Wohnort und zum Arbeitsplatz seiner Familienangehörigen.*

7 Weitere Familienangehörige: Ausbildung, Sprachkenntnisse

Wáng Píng zeigt Ihnen weitere Fotos. Es entwickelt sich folgendes Gespräch:

A 1

— Zhè shì nín dẻ àirẻn mả?
— Shì, zhè shì wỏ dẻ àirẻn.
— Tā zuò shénmẻ?
— Tā shì Xīnhuáshè dẻ jìzhẻ.
— Tā huì wàiwén mả?
— Huì. Tā huì Yīngwén hé Fǎwén.

A 2

— Tāmẻn shì shuí?
— Tāmẻn shì wǒmẻn dẻ háizỉ. Tā jiào Xiǎopíng, tā jiào Lìméi.
— Tāmẻn shàng zhōngxué mả?
— Shì, tāmẻn shàng zhōngxué.
— Tāmẻn zài zhōngxué xué shénmẻ wàiwén?
— Tāmẻn xué Yīngwén.
— Tāmẻn dẻ Yīngwén lǎoshī shì Zhōngguó rén mả?
— Bú shì. Tāmẻn dẻ Yīngwén lǎoshī shì Yīngguó rén.

A 3

— Zhè shì shuí?
— Zhè shì Liú nǚshì. Tā shì wǒ dẻ lǎo péngyǒu Zhāng Dànián dẻ àirẻn.
— Liú nǚshì zuò shénmẻ?
— Tā zài zhōngxué jiāo Yīngwén. Tā dẻ Yīngwén hěn hǎo.

A 4

— Tāmen shì shuí?
— Tāmen shì wǒ de fùmǔ.
— Tāmen gōngzuò ma?
— Shì. Wǒ de fùqīn shì Hóngxīng Gōngshè de gànbù. Wǒ de mǔqīn shì bǎihuò gōngsī de shòuhuòyuán.
— Tāmen huì wàiwén ma?
— Bú huì. Tāmen zhǐ huì Zhōngwén.

B 1 *Es ist wichtig zu wissen, in welcher Sprache man sich mit jemandem unterhalten kann:*

Lín Shènglì	huì	Déwén.
Lín Dàzhēng		Yīngwén.
Lín Hànzhēng		Fǎwén.
Lín Lì		Rìwén.
Meier xiānsheng		Zhōngwén.

B 2 *Will man jemandes gute Sprachbeherrschung hervorheben, kann man dies mit folgenden Worten tun:*

Lín Shènglì	de	Déwén	hěn hǎo.
Lín Dàzhēng		Yīngwén	
Lín Hànzhēng		Fǎwén	
Lín Lì		Rìwén	
Meier xiānsheng		Zhōngwén	

B 3 *Viele Personen beherrschen nur ihre Muttersprache:*

Wáng Píng de fùqīn	zhǐ huì	Zhōngwén.
Meier xiānsheng de mǔqīn		Déwén.
Baker xiānsheng de jiějie		Yīngwén.
Dupont xiānsheng de mǔqīn		Fǎwén.

C 1 *Beantworten Sie die folgenden Fragen zu Wáng Píngs Verwandten und Freunden:*

— Tā de àiren zuò shénme?
— *Tā de àiren shì Xīnhuáshè de jìzhě.*

Jetzt sind Sie an der Reihe:

Tā dẻ àirẻn zuò shénmẻ?/Tā dẻ àirẻn huì Yīngwén mả?/Tā dẻ háizỉ zài nả̆r xuéxi?/ Tā dẻ lǎo péngyǒu dẻ àirẻn zuò shénmẻ?/Tā dẻ fùqīn zuò shénmẻ?/Tā dẻ mǔqīn zuò shénmẻ?/Tā dẻ fùmǔ huì wàiwén mả?/Tā dẻ gēgẻ jiào shénmẻ?/Tā dẻ mèimẻi zuò shénmẻ?

C2 *Beantworten Sie die folgenden Fragen zu den Angehörigen und Freunden des Herrn Wáng und seiner Frau:*

— Tāmẻn dẻ háizỉ shàng zhōngxué mả?
— Shì. Tāmẻn dẻ háizỉ shàng zhōngxué.

Und nun sind Sie an der Reihe:

Tāmẻn dẻ háizỉ shàng zhōngxué mả?/Tāmẻn dẻ háizỉ huì Fǎwén mả?/Tāmẻn dẻ lǎo péngyǒu Zhāng Dànián zài nả̆r gōngzuò?/Tāmẻn dẻ péngyǒu Sūn Píng zài nả̆r gōngzuò?

Wǒ dẻ háizỉ zài zhōngxué xué wàiwén.

Lektion 7

8 Eine deutsche Familie: Berufe, Wohnsitz, Arbeitsplatz, Alter

Sie werden Zeuge eines Gespräches, in dessen Verlauf ein Deutscher, Herr Koch, einem chinesischen Bekannten einige Fotos seiner Familienangehörigen zeigt:

A 1

— Ràng wǒ gěi nín jièshào yīxià wǒ de jiārén:

Zhè shì wǒ de àirén. Tā shì zhōngxué jiàoyuán. Tā jiāo ... wǒ bù zhīdào Chemie Zhōngwén zěnme shuō.
— Huàxué.
— Huàxué. Tā zài zhōngxué jiāo huàxué.

A 2

— Tāmen shì nǐmen de háizi ba?
— Shì. Tāmen shì wǒmen de háizi. Tā jiào Konstantin, tā jiào Natascha.
— Tāmen jǐ suì ne?
— Konstantin èrshí suì, Natascha èrshíyī suì.
— Tāmen zài nǎr xuéxí?
— Tāmen zài Mùníhēi Dàxué xué Zhōngwén.

A 3

— Zhè shì shuí?
— Tā shì wǒ de gēge. Tā jiào Peter. Tā shì yīshēng. Tā zài Hànbǎo de yī ge yīyuàn gōngzuò.
— Nín de gēge duō dà le?
— Tā sìshíbā suì.

A 4

— Zhè shì nín de dìdi ba?
— Shì. Tā jiào Walter.
— Tā shì xuésheng ma?
— Bú shì, tā shì jīngjì zhuānjiā. Tā zài Fǎlánkèfú de yī ge yínháng gōngzuò.

A 5

— Zhè shì shuí?
— Zhè shì wǒ de mèimei hé tā de àiren. Wǒ de mèimei jiào Erika, tā de àiren jiào Hans. Tāmen zhù zài Fǎlánkèfú shì. Hans shì Shāngyè Yínháng de zhíyuán. Erika shì jiātíng fùnǚ.

A 6

— Zhè yě shì nín de mèimei ma?
— Bú shì, tā shì wǒ de jiějie. Tā shì nóngyè zhuānjiā. Tā zài Bāfálìyà de yī ge nóngchǎng gōngzuò. Tā zhù zài Mùníhēi fùjìn.
— Tā jiào shénme?
— Tā jiào Barbara.
— Nín de jiějie duō dà le, nín de mèimei ne?
— Barbara sìshíqī suì, Erika sānshísān suì.
— Nín ne?
— Wǒ zìjǐ sìshíwǔ suì.

A 7

— Zhè shì Erika dẻ háizỉ bả?
— Shì. Zhè shì Erika dẻ háizỉ. Tāmẻn jiào Hans, Andreas, Claudia.
— Tāmẻn jỉ suì?
— Hans sān suì, Andreas wǔ suì, Claudia jiǔ suì. Claudia shàng xiǎoxué.

B 1 *Bei Gesprächen über Personen findet häufig deren Alter Erwähnung:*

Wǒ	gēgẻ	sìshíqī	suì.
Wǒ dẻ	dìdỉ	sānshísān	
Tā dẻ	àirẻn	sìshíwǔ	
Wáng nǚshì dẻ	fùqīn	yī	
Meier xiānshẻng dẻ	mǔqīn	liǎng	
	jiějiẻ	shíèr	
	érzỉ	sì	
	nǚér	liù	
		qī	
		bā	
		shí	

B 2 *Bei Gesprächen über Personen werden oft Beruf, Studium oder die Schule erwähnt:*

Wǒ dẻ	gēgẻ	shì	gōngrén.	
Tā dẻ	dìdỉ		shāngrén.	
Wáng nǚshì dẻ	àirẻn		zhíyuán.	
Zhāng xiānshẻng dẻ	mǔqīn		jiàoyuán.	
Zhāng Dànián dẻ	fùqīn		shòuhuòyuán.	
Meier nǚshì dẻ	jiějiẻ		jīngjì zhuānjiā.	
Becker xiānshẻng dẻ	péngyǒu		gāngtiě zhuānjiā.	
Lǐ nǚshì dẻ	mèimẻi		jìsuànjī zhuānjiā.	
Xiǎohuá dẻ	érzỉ		gōngyè zhuānjiā.	yīshẻng.
Wǒ dẻ fùqīn dẻ	nǚér		nóngyè zhuānjiā.	xuéshẻng.
Wǒ dẻ mǔqīn dẻ			gōngchéngshī.	xiǎoxuéshēng.
Wǒ dẻ péngyǒu dẻ			jiàoshī.	zhōngxuéshēng.
Tā dẻ péngyǒu dẻ			lǎoshī.	dàxuéshēng.

B 3 *Oft wird auch der Arbeitsplatz von Personen genannt:*

Tā zài	Duōtèméngdé	shì	de yī ge	gōngchǎng	gōngzuò.
	Kēlóng	fùjìn		nóngchǎng	
	Hànbǎo			yīyuàn	
	Hànnuòwēi			xuéyuàn	

B 4 *Bei Kindern kommt oft die Schule zur Sprache, die sie besuchen:*

Wǒ de	háizi	shàng	xiǎoxué.
Tā de	érzi		zhōngxué.
Tāmen de	nǚér		dàxué.
Zhāng nǚshì de			nóngyè dàxué.
Meier nǚshì de			gōngyè dàxué.
Weiss xiānsheng de			Hànbǎo Dàxué.
			Kēlóng Dàxué.

B 5 *Die im Folgenden genannten Damen und Herren sind Vertreter und Angestellte bekannter Firmen:*

Wilson xiānsheng	shì	Yīngguó Gāngtiě Gōngsī	de	dàibiǎo.
Black xiānsheng		Měiguó Gāngtiě Gōngsī		zhíyuán.
White xiānsheng		Hèshī Gāngtiě Gōngsī		
Dubois xiānsheng		Léinuò Qìchē Gōngsī		
Carlo xiānsheng		Fēiyàtè Qìchē Gōngsī		
Bauer xiānsheng		Fútè Qìchē Gōngsī		
Maurer xiānsheng		Bàiěr Huàxué Gōngsī		
Zimmermann nǚshì		Shāngyè Yínháng		
Schwarz nǚshì		Gōngyè Yínháng		
Grund xiānsheng		Nóngyè Yínháng		
Wagemann nǚshì		Guójì Shāngyè Jīqì Gōngsī		
Wáng Pī		Guójì Shūdiàn		
Green xiānsheng		Guójì Diànhuà Diànbào Gōngsī		

C 1 *Beantworten Sie Fragen nach dem Alter der Verwandten des Herrn Koch. Wenn Sie hierüber keine Information im Text finden, so sagen Sie, daß Sie es nicht wissen.*

— Koch xiānsheng de àirén duō dà niánjì?
— *Wǒ bù zhīdào Koch xiānsheng de àirén duō dà niánjì.*

— Koch xiānsheng de gēge Peter duō dà niánjì?
— *Koch xiānsheng de gēge Peter sìshíbā suì.*

Nun sind Sie an der Reihe:

Koch xiānshēng dẻ àirẻn duō dà niánjì?/Koch xiānshēng dẻ gēgẻ Peter duō dà niánjì?/Koch xiānshēng dẻ dìdỉ Walter duō dà niánjì?/Koch xiānshēng dẻ mèimẻi Erika duō dà niánjì?/Tā dẻ àirẻn Hans duō dà niánjì?/Koch xiānshēng dẻ háizỉ Konstantin duō dà niánjì?/Koch xiānshēng dẻ fùqīn duō dà niánjì?

C2 *Beantworten Sie die folgenden Fragen. Sagen Sie, wo die genannten Personen wohnen und wo sie arbeiten:*

— Baker xiānshēng zhù zài nǎr?
— Baker xiānshēng zhù zài Niǔyuē.
— Tā zài nǎr gōngzuò?
— Tā zài Niǔyuē dẻ yī gẻ yínháng gōngzuò.

Und nun sind Sie an der Reihe:

Baker xiānshēng zhù zài nǎr? Tā zài nǎr gōngzuò?/Hannon xiānshēng zhù zài nǎr? Tā zài nǎr gōngzuò?/Dupont xiānshēng zhù zài nǎr? Tā zài nǎr gōngzuò?/Tiánzhōng xiānshēng zhù zài nǎr? Tā zài nǎr gōngzuò?/Wilson xiānshēng zhù zài nǎr? Tā zài nǎr gōngzuò?/Wáng Píng dẻ dìdỉ zhù zài nǎr? Tā zài nǎr gōngzuò?

C3 *Die Person, nach der man Sie fragt, übt den gleichen Beruf aus wie die zuerst genannte:*

— Wǒ dẻ péngyǒu shỉ jìsuànjī zhuānjiā. Nỉ dẻ érzỉ nẻ?
— Wǒ dẻ érzỉ yẻ shỉ jìsuànjī zhuānjiā.

Nun sind Sie an der Reihe:

Wǒ dẻ péngyǒu shỉ jìsuànjī zhuānjiā. Nỉ dẻ érzỉ nẻ?/Wáng Lì dẻ nǚér shỉ dàxuéshēng. Nỉ nẻ?/Lỉ nǚshì dẻ àirẻn shỉ gōngyè zhuānjiā. Nỉ dẻ àirẻn nẻ?/Wǒ dẻ dìdỉ shỉ gōngchéngshī. Nỉ dẻ gēgẻ nẻ?/Maurer xiānshēng shỉ Bàiěr Gōngsī dẻ dàibiǎo. Müller xiānshēng nẻ?/Müller xiānshēng dẻ érzỉ shàng zhōngxué. Tā dẻ nǚér nẻ?/Wǒ dẻ mèimẻi shỉ shòuhuòyuán. Nỉ dẻ mèimẻi nẻ?

C4 Ü *Lesen Sie die folgenden Zahlen auf Chinesisch:*

1, 2, 3, 4, 5, 6, 7, 8, 9, 10, 11, 19, 21, 22, 28, 29, 30, 33, 34, 35, 36, 37, 38, 39, 40, 44, 49, 50, 55, 56, 57, 58, 59, 60, 66, 67, 68, 69, 70, 77, 78, 79, 80, 88, 89, 90, 91, 92, 93, 94, 95, 96, 97, 98, 99, 100.

C 5 Ü Üben Sie die Zahlen, indem Sie alle Reihen des kleinen Einmaleins aufsagen. Wir geben Ihnen jeweils den Anfang einer Reihe. Beachten Sie, wie Mal- und Gleichheitszeichen gesprochen werden: 1 × 1 = 1 (yī chéng yī děngyú yi), 3 × 2 = 6 (sān chéng èr děngyú liù) usw.:

1 × 1 = 1,	1 × 2 = 2,	1 × 3 = 3,	1 × 4 = 4, ...
yī yī yī,	yī èr èr,	yī sān sān,	yī sì sì, ...
1 × 1 = 1,	1 × 2 = 2,	1 × 3 = 3,	1 × 4 = 4, ...
2 × 1 = 2,	2 × 2 = 4,	2 × 3 = 6,	2 × 4 = 8, ...
3 × 1 = 3,	3 × 2 = 6,	3 × 3 = 9,	3 × 4 = 12, ...
4 × 1 = 4,	4 × 2 = 8,	4 × 3 = 12,	4 × 4 = 16, ...
5 × 1 = 5,	5 × 2 = 10,	5 × 3 = 15,	5 × 4 = 20, ...
6 × 1 = 6,	6 × 2 = 12,	6 × 3 = 18,	6 × 4 = 24, ...
7 × 1 = 7,	7 × 2 = 14,	7 × 3 = 21,	7 × 4 = 28, ...
8 × 1 = 8,	8 × 2 = 16,	8 × 3 = 24,	8 × 4 = 32, ...
9 × 1 = 9,	9 × 2 = 18,	9 × 3 = 27,	9 × 4 = 36, ...
10 × 1 = 10,	10 × 2 = 20,	10 × 3 = 30,	10 × 4 = 40, ...

... 10 × 10 = 100
shí shí yībǎi.

C 6 Das Kind, dessen Alter im Folgenden erfragt wird, ist jeweils ein Jahr älter als der Fragesteller vermutet:

— Nǐ de érzi shí suì ba?
— Wǒ de érzi bú shì shí suì, tā shíyī suì.

Jetzt sind Sie an der Reihe:

Nǐ de érzi shí suì ba?/Nǐ de nǚér jiǔ suì ba?/Wáng Lì de érzi bā suì ba?/Wáng Lì de nǚér qī suì ba?/Müller xiānsheng de háizi liù suì ba?/Lìméi de mèimei sān suì ba?/Meier xiānsheng de nǚér wǔ suì ba?/Becker nǚshì de érzi liǎng suì ba?

C 7 Die Person, nach deren Alter gefragt wird, ist jeweils ein Jahr jünger als der Fragesteller vermutet:

— Hèshī Gāngtiě Gōngsī de dàibiǎo, Koch xiānsheng, sānshíbā suì ba?
— Bù, tā sānshiqī suì.

Jetzt sind Sie an der Reihe:

Hèshī Gāngtiě Gōngsī de dàibiǎo, Koch xiānsheng, sānshíbā suì ba?/Léinuò Qìchē Gōngsī de dàibiǎo, Dubois xiānsheng, sānshísān suì ba?/Koch xiānsheng de àiren sānshíyī suì ba?/Dubois xiānsheng de àiren sānshíèr suì ba?/Bōyīn Fēijī Gōngsī de dàibiǎo, Wilson xiānsheng, sānshíqī suì ba?/Wilson xiānsheng de àiren sānshísì suì ba?/Shāngyè Yínháng de zhíyuán, Zimmermann nǚshì, sānshíwǔ suì ba?/ Gōngyè Yínháng de dàibiǎo, Müller xiānsheng, sānshíliù suì ba?

C 8 Ü *Stellen Sie einander Fragen zu den Familien Wáng und Koch.*

C 9 Ü *Erzählen Sie von sich, Ihren Verwandten und Bekannten. Beantworten Sie Fragen nach deren Alter, Beruf, Wohnort und Arbeitsplatz.*

9 Eine chinesische und eine deutsche Familie: Kinder, Schulen

Herr Hú erzählt Herrn Klein von seinen Kindern und ihren Schulen:

A 1

— Nǐmen yǒu háizǐ må?
— Wǒmen yǒu sì gě háizǐ.
— Tāmen jǐ suì?
— Wǒ yǒu xiàngpiàn, nǐ kàn. Zhèi gě shí suì. Tā jiào Hú Yī. Zhèi gě jiǔ suì. Tā jiào Hú Èr.
— Zhè liǎng gě nė?
— Zhèi gě bā suì, nèi gě qī suì. Tāmen jiào Hú Sān hé Hú Sì.
— Tāmen shàngxué må?
— Tāmen dōu shàngxué. Hú Yī shàng Běijīng Dì Yī Xiǎoxué. Hú Èr, Hú Sān hé Hú Sì shàng Běijīng Dì Yīlíngsān Xiǎoxué.
— Tāmen dě xuéxiào dà må?
— Dì Yī Xiǎoxué hěn dà. Yǒu jiǔbǎiwǔshí gě xuéshěng, Dì Yīlíngsān Xiǎoxué hěn xiǎo, zhǐ yǒu sānbǎi gě xuéshěng.
— Zài Běijīng yǒu duōshǎo gě xiǎoxué nė?
— Yǒu jǐ bǎi gě bå.

Anschließend erzählt Herr Klein von seinen Kindern, als Herr Hú ihn danach fragt:

A 2

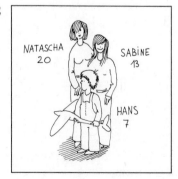

— Nǐ yě yǒu háizǐ må?
— Yǒu. Wǒ yǒu sān gě háizǐ, yī gě érzǐ, liǎng gě nǚér.
— Tāmen yě shàngxué må?
— Tāmen dōu shàngxué. Wǒ dě érzǐ Hans shàng xiǎoxué. Tā qī suì. Wǒ dě yī gě nǚér Sabine shàng zhōngxué. Tā shísān suì. Wǒ dě dà nǚér shàng dàxué. Tā jiào Natascha. Tā èrshí suì.
— Tā shàng shénmě dàxué?
— Bōhóng Dàxué.
— Bōhóng Dàxué dà må?
— Hěn dà, yǒu yī wàn bā qiān gě xuéshěng.

Lektion 9 41

B 1 *Die uns von früherer Stelle her bereits bekannten Personen haben alle Kinder:*

Hannon xiānshēng	yǒu	yī gè háizi.
Baker xiānshēng		yī gè érzi hé yī gè nǚér.
Wagemann nǚshì		yī gè érzi hé liǎng gè nǚér.
Dupont xiānshēng		sān gè háizi.
Wáng Píng de fùmǔ		wǔ gè háizi.

B 2 *Auf den Fotos, welche die folgenden beiden Gesprächspartner betrachten, sind jeweils zwei Personen abgebildet:*

— Tāmen shì shuí?
— Zhèi gè shì wǒ de érzi. Nèi gè shì Wáng Lì de érzi.

— Zhèi liǎng gè háizi jǐ suì?
— Zhèi gè bā suì. Nèi gè liù suì.

— Tāmen shì shuí de nǚér?
— Zhèi gè shì wǒ de, nèi gè shì wǒ de péngyou de.

C 1 *Es ist jeweils eine Person oder ein Ding mehr als der Fragesteller vermutet:*

— Nǐ yǒu sān gè háizi ba?
— Bù, wǒ yǒu sì gè háizi.

Und nun sind Sie an der Reihe:

Nǐ yǒu sān gè háizi ba? / Wáng Lì yǒu liǎng gè gēge ba? / Zài zhèi gè yīyuàn yǒu wǔ gè yīshēng ba? / Hànbǎo yǒu jǐ gè yīyuàn? Wǔ gè ba? / Zài Duōtèméngdé yǒu sān gè gāngtiě gōngsī ba? / Zài nèi gè shūdiàn yǒu liù gè shòuhuòyuán ba? / Nín yǒu yī gè érzi ba? / Zài zhèi gè zhōngxué yǒu bā gè Yīngguó lǎoshī ba?

C 2 *Es sind jeweils zehn Personen oder Dinge mehr als der Fragesteller vermutet:*

— Zài zhèi gè gōngchǎng yǒu shíwǔ gè gōngchéngshī ba?
— Bù, zài zhèi gè gōngchǎng yǒu èrshíwǔ gè gōngchéngshī.

Nun sind Sie an der Reihe:

Zài zhèi gè gōngchǎng yǒu shíwǔ gè gōngchéngshī ba? / Zài nèi gè gōngchǎng yǒu èrshí gè gōngchéngshī ba? / Fǎlánkèfú shì yǒu shíbā gè bǎihuò gōngsī ba? / Zài Kēlóng shì yǒu liùshíbā gè fàndiàn ba? / Zài zhèi gè bǎihuò gōngsī yǒu sìshí gè shòuhuòyuán ba? / Zài nèi gè bǎihuò gōngsī yǒu yībǎiwǔshí gè shòuhuòyuán ba?

C 3 *In dem folgenden Übungsdialog sind es jeweils einhundert mehr als vom Fragesteller vermutet:*
— Zài zhèi ge xiǎoxué yǒu yībǎi ge xuéshēng ba?
— Bù, zài zhèi ge xiǎoxué yǒu liǎngbǎi ge xuéshēng.

Nun sind Sie an der Reihe:

Zài zhèi ge xiǎoxué yǒu yībǎi ge xuéshēng ba?/Zài nèi ge xiǎoxué yǒu sìbǎiwǔshí ge xuéshēng ba?/Zài zhèi ge gōngchǎng yǒu bābǎi ge gōngrén ba?/Zài nèi ge gōngchǎng yǒu qībǎiwǔshí ge gōngrén ba?/Zài zhèi ge dàxué yǒu sānbǎi ge jiàoyuán ba?/Zài nèi ge dàxué yǒu liǎngbǎiwǔshí ge jiàoyuán ba?/Zài Kēlóng shì yǒu sānbǎi ge yīshēng ba?

C 4 *Der Fragesteller irrt sich jeweils um eine Ziffer:*
— Nǐ de érzi shàng Dì Bā Xiǎoxué ba?
— Bù, wǒ de érzi shàng Dì Jiǔ Xiǎoxué.

Nun sind Sie an der Reihe:

Nǐ de érzi shàng Dì Bā Xiǎoxué ba?/Qián xiānsheng zài Dì Èrlíngjiǔ Zhōngxué gōngzuò ba?/Zhèi ge yīshēng zài Nánjīng Dì Wǔ Yīyuàn gōngzuò ba?/Wáng Lì de àiren zài Shànghǎi Dì Yī Bǎihuò Gōngsī gōngzuò ba?

10 Auf Empfängen: Begegnung, Vorstellung, Verständigung

Auf internationalen Empfängen ist es nützlich, Fremdsprachen zu beherrschen:

A 1

— Ràng wǒ gěi nín jièshào yīxià: zhè shì Wagner nǚshì. Tā shì Konrad Wagner dě àirén.
— Huānyíng huānyíng. Wagner nǚshì huì bú huì Zhōngwén?
— Tā bú huì Zhōngwén, dànshì huì Fǎwén hé Éwén. Nín kěyǐ gēn tā shuō Fǎwén hé Éwén.

A 2

— Ràng wǒ gěi nǐ jièshào yīxià: zhè shì wǒ dě péngyǒu Detlev Gross hé Peter Klein. Tāmen zài Bōhóng Dàxué xuéxí.
— Huānyíng huānyíng. Tāmen huì Zhōngwén bú huì?
— Tāmen dōu huì Zhōngwén. Tāmen dě Zhōngwén hěn hǎo. Nǐ kěyǐ gēn tāmen shuō Zhōngwén.

A 3

— Ràng wǒ gěi nín jièshào yīxià: zhè shì Shíjǐng xiānshēng. Shíjǐng xiānshēng shì Rìběn rén. Tā shì Rìběn Hángkōng dě dàibiǎo.
— Hǎo, hǎo. Shíjǐng xiānshēng tīng dě dǒng Zhōngwén mǎ?
— Tā tīng bù dǒng Zhōngwén. Tā zhǐ huì Rìwén.
— Méiguānxì. Wǒ huì shuō Rìwén. Wǒ kěyǐ bāng nǐ fānyì.

A4

— Ràng wǒ gěi nín jièshào yīxià: zhè shì wǒ de érzi. Tā jiào Hans.
— Huānyíng huānyíng. Tā huì Zhōngwén bú huì?
— Tā tīng de dǒng Zhōngwén, dànshì bú huì shuō. Nín huì Yīngwén ma?
— Wǒ bú huì shuō Yīngwén, dànshì wǒ tīng de dǒng, yě kàn de dǒng Yīngwén.
— Hǎo. Hans huì shuō Yīngwén. Nín kěyǐ gēn tā shuō Zhōngwén, tā kěyǐ gēn nín shuō Yīngwén, hǎo bù hǎo?

B1 *Man beherrscht Fremdsprachen im allgemeinen unterschiedlich: manche Leute können die Fremdsprache lesen, aber nicht sprechen. Andere können die Fremdsprache verstehen und sprechen, aber nicht lesen. Letzteres ist häufig bei Nicht-Asiaten der Fall, die zwar im Umgang Chinesisch sprechen gelernt haben, dabei die Schriftzeichen aber nicht kennen. Koreaner und Japaner beispielsweise, die in ihrer eigenen Schrift auch chinesische Zeichen benutzen, können Chinesisch dagegen häufig lesen, gesprochenes Chinesisch aber nicht verstehen.*

Baker xiānsheng tīng de dǒng Zhōngwén, dànshì bú huì shuō. Tiánzhōng xiānsheng kàn de dǒng Zhōngwén, dànshì tīng bù dǒng. Wagemann nǚshì kàn bu dǒng Zhōngwén, dànshì tīng de dǒng. Dupont xiānsheng tīng bù dǒng Zhōngwén, yě kàn bù dǒng. Tā zhǐ huì Fǎwén.
Heinz de Zhōngwén hěn hǎo: tā tīng de dǒng, kàn de dǒng, yě huì shuō Zhōngwén.

C1 *Sie werden gefragt, ob eine bestimmte Person eine bestimmte Sprache beherrscht. Bejahen Sie die Frage:*

— Müller xiānsheng huì Yīngwén ma?
— Tā huì Yīngwén. Nín kěyǐ gēn tā shuō Yīngwén.

Nun sind Sie an der Reihe:

Müller xiānsheng huì Yīngwén ma? / Baker xiānsheng huì bú huì Zhōngwén? / Wáng nǚshì huì Éwén bú huì? / Dupont xiānsheng huì Déwén ma? / Zhū xiānsheng huì bú huì Rìwén? / Schulte xiānsheng huì Fǎwén bú huì?

Lektion 10

C 2 *Es wird Ihnen eine Person genannt. Stellen Sie die genannte Person einem Dritten vor. Nennen Sie bei Ihrer Vorstellung die Nationalität der betreffenden Person und die Sprache, in welcher man sich mit ihr verständigen kann:*

(Hannon xiānsheng)
Ràng wǒ gěi nǐ jièshào Hannon xiānsheng. Tā shì Yīngguó rén. Nǐ kěyǐ gēn tā shuō Yīngwén.

Nun sind Sie an der Reihe:

Hannon xiānsheng / Dupont xiānsheng / Wáng nǚshì / Baker xiānsheng / Wagner xiānsheng / Tiánzhōng xiānsheng / Lǐ xiānsheng

C 3 *Sie werden gefragt, ob Sie eine bestimmte Sprache verstehen können. Verneinen Sie jedesmal. Verweisen Sie anschließend darauf, daß Sie Englisch können:*

— Nǐ tīng de dǒng Fǎwén må?
— Wǒ tīng bù dǒng Fǎwén, dànshì wǒ huì Yīngwén.

Nun sind Sie an der Reihe:

Nǐ tīng de dǒng Fǎwén må? / Nǐ tīng de dǒng Éwén må? / Nǐ tīng de dǒng Déwén må? / Nǐ tīng de dǒng Rìwén må? / Nǐ tīng de dǒng Zhōngwén må?

C 4 *Sie werden gefragt, ob Sie eine bestimmte Sprache beherrschen. Antworten Sie jedesmal, Sie könnten die betreffende Sprache zwar verstehen, aber nicht sprechen:*

— Nǐ huì Éwén må?
— Wǒ tīng de dǒng Éwén, dànshì bù huì shuō Éwén.

Nun sind Sie an der Reihe:

Nǐ huì Éwén må? / Nǐ huì bú huì Rìwén? / Nǐ huì Yīngwén bú huì? / Nǐ huì Fǎwén må? / Nǐ huì bú huì Déwén? / Nǐ huì Zhōngwén må?

C 5 Ü *Üben Sie das Gelernte im freien Gespräch. Denken Sie sich verschiedene Rollen aus und verhalten Sie sich so, als seien Sie auf einem Empfang.*

11 Auf Treffen: nähere Bekanntschaft, Einzelheiten und Eindrücke

Auf einem Empfang in Peking hören Sie, wie ein Chinese mit seiner aus Europa kommenden Tischnachbarin ein Gespräch beginnt:

A 1

— Nín hǎo. Qǐngwèn nín xìng shénmě?
— (Hǎo.) Wǒ xìng Ives, cóng Lúndūn lái dě. Nín xìng shénmě?
— Wǒ xìng Zhāng, cóng Shànghǎi lái dě. Wǒ shì Rénmín Huàbào dě shèyǐngyuán.
— Wǒ shì Lúndūn Shíbào dě jìzhě.
— Huānyíng huānyíng. Nín lái Zhōngguó cǎifǎng dě mǎ?
— Wǒ lái Zhōngguó cānguān.
— Nín duì zhèr yìnxiàng rúhé?
— Tǐng hǎo.

Auf einem Empfang in der chinesischen Botschaft in Bonn stehen sich ein Deutscher und ein Chinese im Gespräch gegenüber:

A 2

— Nín hǎo.
— Qǐngwèn nín shì . . . ?
— (Hǎo.) Wǒ xìng Wáng. Nín nē?
— Wǒ xìng Wagner. Wǒ zài Hànbǎo Dàxué jiāo Zhōngwén.
— À, nín cóng Hànbǎo lái dě. Nín rènshi Klaus Meier mǎ? Klaus shì wǒ dě péngyǒu. Tā yě zhù zài Hànbǎo.
— Kěxī wǒ bú rènshi tā. Nín lái Déguó zuò shénmě?
— Wǒ lái Déguó xué Déwén.
— Nín zài nǎr xué Déwén?
— Zài Hǎidéěrbǎo Dàxué.
— Nín xǐhuān Hǎidéěrbǎo mǎ?
— Fēicháng xǐhuān.

Lektion 11

B 1 *Fragt man Besucher, mit welchem Ziel sie in ein Land oder eine Stadt gekommen sind, so gebraucht man die folgende Wendung:*

Nǐ lái | zhèr | zuò shénmě?
　　　| Déguó |
　　　| Fǎguó |
　　　| Yīngguó |
　　　| Běijīng |
　　　| Guǎngzhōu |

B 2 *Die Ziele, mit welchen man in ein Land oder in eine Stadt gekommen ist, kann man folgendermaßen bezeichnen:*

Wǒ lái | zhèr | gōngzuò.
　　　| Déguó | xué Déwén.
　　　| Fǎguó | jiāo Zhōngwén.
　　　| Yīngguó | cānguān.
　　　| Běijīng | xué Zhōngwén.
　　　| Guǎngzhōu | cānjiā Guǎngjiāohuì.

B 3 *Nach Eindrücken von Besuchern kann man in der folgenden Weise fragen:*

Nǐ duì | zhèr | yìnxiàng rúhé?
　　　| Déguó |
　　　| Zhōngguó |
　　　| Rìběn |
　　　| Bōhóng |
　　　| Lúndūn |
　　　| Bālí |
　　　| Hǎidéérbǎo |
　　　| Nánjīng |
　　　| Měiyīnzī |

C 1 *Fragen Sie stets mit dem gleichen Ausdruck nach dem Familiennamen Ihres chinesischen Gesprächspartners. Nachdem er geantwortet hat, fragen Sie weiter nach seinem Eindruck vom Ort seiner Tätigkeit in Deutschland:*

— Nín hǎo. Qǐngwèn nín xìng shénmě?
— Wǒ xìng Yáng, cóng Shànghǎi lái dě. Wǒ zài Hǎidéérbǎo xuéxí.
— Nín duì Hǎidéérbǎo yìnxiàng rúhé?

— Nín hǎo. Qǐngwèn nín xìng shénmě?
— Wǒ xìng Hú, cóng Wǔhàn lái dě. Wǒ zài Hànnuòwēi gōngzuò.
— Nín duì Hànnuòwēi yìnxiàng rúhé?

Und nun sind Sie an der Reihe:

Wǒ xìng Yáng, cóng Shànghǎi lái dě. Wǒ zài Hǎidéérbǎo xuéxí. / Wǒ xìng Hú, cóng Wǔhàn lái dě. Wǒ zài Hànnuòwēi gōngzuò. / Wǒ xìng Suí, cóng Nánjīng lái dě. Wǒ lái Déguó cānguān. / Wǒ xìng Wáng, cóng Běijīng lái dě. Wǒ lái Mùníhēi xué Déwén. / Wǒ xìng Hé, cóng Nánjīng lái dě. Wǒ lái Duōtèméngdé gōngzuò.

C2 *Fragen Sie Ihre chinesischen Gesprächspartner, wo diese in Deutschland wohnen und ob ihnen der genannte Wohnort gefällt:*

— Nín zhù zài nǎr?
— Wǒ zhù zài Hànbǎo shì.
— Nín xǐhuān Hànbǎo mǎ?
— Fēicháng xǐhuān.

Und jetzt sind Sie an der Reihe:

Wǒ zhù zài Hànbǎo. / Wǒ zhù zài Mùníhēi fùjìn. / Wǒ zhù zài Měiyīnzī shì. / Wǒ zhù zài Bōhóng shì. / Wǒ zhù zài Fǎlánkèfú fùjìn. / Wǒ zhù zài Kēlóng shì.

C3 *Fragen Sie Ihren Gesprächspartner, zu welchem Zweck er in eine bestimmte Stadt oder ein bestimmtes Land gekommen ist:*

(Zhōngguó)
Nín lái Zhōngguó zuò shénmě?

Nun sind Sie an der Reihe:

Zhōngguó / Běijīng / Nánjīng / Déguó / Fǎguó / Mùníhēi / Bālí / Niǔyuē / Guǎngzhōu

C4 *Sagen Sie schließlich, zu welchem Zweck Sie nach China gekommen sind:*

(cānguān)
Wǒ lái Zhōngguó cānguān.

Nun sind Sie an der Reihe:

cānguān / jiāo Déwén / xué Zhōngwén / cānjiā Guǎngjiāohuì / xuéxí / gōngzuò / cǎifǎng

C5 Ü *Versuchen Sie nun, unter Verwendung aller bisher gelernten Ausdrücke ein freies Gespräch zu führen. Üben Sie dabei,*

wie man sich begrüßt,
wie man sich vorstellt,
wie man nach Nationalität,
    Herkunft,
    Beruf,
    Verwandten und Freunden,
    Alter,
    Sprachkenntnissen,
    Wohnort und dem
    Eindruck vom Wohnort fragt und auf alle diese Fragen antwortet.

2 Einladung

A 1

— Wáng xiānshēng, nín hǎo.
— Nín hǎo.
— Wáng xiānshēng, wǒ xiǎng qǐng nín chīfàn.
— Hǎo, xièxiě, wǒ lái. Jǐ diǎnzhōng ne?
— Jīntiān wǎnshàng liù diǎnzhōng, hǎo ma?
— Hǎo, xíng.

A 2

— Wáng xiānshēng, wǒ xiǎng qǐng nǐ hé nǐ de péngyǒu chīfàn.
— Nǐ tài kèqì, bú yòng le.
— Bù, wǒ yīdìng yào qǐng nǐmen. Shénme shíhòu nǐmen yǒu kòng?
— Nà jiù míngtiān wǎnshàng ba.
— Liù diǎn bàn, hǎo ma?
— Hǎo, xièxiě nǐ. Míngtiān jiàn.
— Míngtiān jiàn.

A 3

— Lìméi, hǎo jiǔ bú jiàn le. Nǐ jìnlái zěnmeyàng?
— Xièxiě, wǒ hěn hǎo. Nǐ ne?
— Yě hǎo. Lìméi, wǒ xiǎng gěi nǐ jièshào wǒ de péngyǒu. Nǐ sānyuè sānhào yǒu kòng ma?
— Xièxiě. Kěxī wǒ jìnlái hěn máng, méi yǒu kòng, bù néng lái.

Lektion 12

A 4

— Bernd, Heinz, nǐmen hǎo.
— Nǐ hǎo.
— Wǒ xiǎng qǐng nǐmen chīfàn. Nǐmen xià xīngqīyī wǎnshang yǒu kòng ma?
— Hǎo, xíng. Jǐ diǎnzhōng ne?
— Qī diǎnzhōng, hǎo ma?
— Hǎo, xièxie nǐ. Wǒmen lái.

A 5

— Klaus, nǐ hǎo. Nǐ jìnlái zěnmeyàng?
— Xièxie, lǎo yàngzi.
— Klaus, nǐ hòutiān wǎnshang yǒu kòng méi yǒu? Wǒ xiǎng qǐng nǐ zài Běijīng Kǎoyādiàn chī wǎnfàn.
— Duì bu qǐ, „Kǎoyādiàn" shì shénme?
— „Kǎoyādiàn" shì fàndiàn. Zhèi ge kǎoyādiàn tǐng hǎo. Nǐ yīdìng děi qù shìshi.
— Xièxie nǐ. Wǒ yīdìng lái.

A 6

— Měilì, nǐ hǎo.
— Nǐ hǎo.
— Měilì, nǐ jīntiān yǒu méi yǒu kòng? Wǒ xiǎng qǐng nǐ dào wǒ jiā hē chá, yě xiǎng gěi nǐ jièshào wǒ de jiějie.
— Jīntiān shénme shíhour?
— Xiànzài xíng ma? Wǒ de jiějie xiànzài zài wǒ jiā.
— Xiànzài jǐ diǎnzhōng le?
— Liǎng diǎn wǔ fēn.
— Wǒ xiànzài yǒu shì. Děng bàn ge zhōngtóu yǐhòu wǒ cái yǒu kòng.
— Nà wǒmen sān diǎn chā yī kè zài wǒ jiā jiàn.
— Hǎo. Yīhuǐr jiàn.

B1 *Sie wissen nun, wie im Chinesischen ein Einladungsgespräch verläuft. Im Folgenden sollen Sie verstehen, wohin und wozu man Sie einlädt. Orientieren Sie sich dabei an dem dazugehörigen Bild:*

Wǒ xiǎng qǐng nǐ

B2 *Wollen Sie eine Einladung annehmen, so sagen Sie zu und fragen nach der genaueren Zeit:*

Hǎo, xièxiě, | wǒ | lái. | Jǐ diǎnzhōngně?
| wǒmen | | Shénme shíhòur?
| | | Jǐshí ně?

B 3 *Man schlägt Ihnen dann die Uhrzeit vor:*

Shíèr | diǎnzhōng, hǎo må?
Shíèr | diǎn bàn,
Yī
Liǎng
Sān
Sì
Wǔ
Liù
Qī
Bā
Jiǔ
Shí
Shíyī

B 4 *Oder man schlägt Ihnen die Tageszeit mit der Uhrzeit vor:*

Wǎnshång | jiǔ diǎnzhōng, | hǎo må?
Zǎoshång | qī diǎn bàn,
Shàngwǔ | ...
Zhōngwǔ | ...
Xiàwǔ | ...

B 5 *Möglicherweise nennt man Ihnen auch den Tag mit der Tages- und Uhrzeit:*

Jīntiān | zhōngwǔ | shíèr diǎnzhōng, | hǎo må?
Míngtiān | xiàwǔ | sān diǎnzhōng,
Hòutiān | | sì diǎnzhōng,
Xīngqīyī | wǎnshång | liù diǎn bàn,
Xīngqīèr | | qī diǎnzhōng,
Xīngqīsān | | qī diǎn bàn,
Xīngqīsì | | bā diǎnzhōng,
Xīngqīwǔ | | jiǔ diǎnzhōng,
Xīngqīliù
Xīngqīrì
Xià xīngqīyī
Xià xīngqīèr

B 6 *Vielleicht gibt man die Uhrzeit auch auf die Viertelstunde genau an. Wie im Deutschen steht bei „viertel nach" die Viertelstunde (kè) nach der vollen Stunde, bei „viertel vor" kann sie auch davor stehen:*

| Zhōngwǔ | shíèr | diǎn | yī | kè, hǎo mǎ? |
| | yī | | sān | |

Xiàwǔ	chā yī kè	sì	diǎn, hǎo mǎ?
		wǔ	
		liù	

B 7 *Schließlich kommt es auch vor, daß man ein Zusammentreffen auf Minuten genau verabredet:*

Shàngwǔ shí diǎn | wǔ | fēn, hǎo mǎ?
 | liù |
 | qī |
 | shíèr |
 | shíwǔ |
 | èrshí |
 | sānshí |
 | sìshí |
 | sìshíwǔ |
 | wǔshí |

B 8 *Ähnlich wie bei der Viertelstunde kann man die Minuten, die zu einer vollen Stunde fehlen, vor der vollen Stunde nennen:*

Chā | shíèr | fēn qī diǎn.
 | shí |
 | wǔ |
 | sān |
 | shísì |
 | shíyī |
 | jiǔ |
 | bā |
 | qī |
 | liù |
 | yī |

Lektion 12

B9 *Sie werden gefragt, an welchem Tag des Monats Sie Zeit haben:*

Nǐ | yīhào | yǒu kòng mǎ?
| èrhào |
| sānhào |
| sìhào |
| wǔhào |
| shíbāhào |
| èrshíqīhào |
| sānshíhào |
| sānshíyīhào |

B10 *Sicher werden Sie auch öfters gefragt, ob Sie an einem bestimmten Datum Zeit haben:*

Nǐ | yīyuè | yīhào | yǒu kòng mǎ?
èryuè	èrhào
sānyuè	sānhào
sìyuè	sìhào
wǔyuè	wǔhào
liùyuè	liùhào
qīyuè	qīhào
bāyuè	bāhào
jiǔyuè	jiǔhào
shíyuè	shíhào
shíyīyuè	shíyīhào
shíèryuè	shíèrhào

B11 *Sie werden gefragt, ob Sie zu einer bestimmten Zeit frei sind:*

Nǐ míngtiān xiàwǔ | yǒu kòng mǎ?
| yǒu méi yǒu kòng?
| yǒu kòng méi yǒu?

B12 *Oder Sie werden gefragt, wann Sie Zeit haben:*

Nǐ | shénmě shíhòu | yǒu kòng ne?
| shénmě shíhòur |
| jǐshí |
| jǐ diǎnzhōng |

56 Lektion 12

B 13 *Sie antworten dann, an welchem Tag Sie Zeit haben und fragen anschließend nach der genaueren Uhrzeit der Einladung:*

Wǒ	míngtiān	yǒu kòng. Jǐ diǎnzhōng ne?
Wǒmen	jīntiān	
	hòutiān	
	dàhòutiān	
	xīngqīyī	
	xīngqī'èr	
	xīngqīsān	
	xīngqīsì	
	xīngqīwǔ	
	xīngqīliù	
	xīngqīrì	
	(xīngqītiān)	
	xià xīngqīyī	
	xià xīngqī'èr	
	...	

B 14 *Natürlich kommt es vor, daß man eine Einladung aus bestimmten Gründen ablehnen muß:*

Xièxiè nǐ. Kěxī	wǒ	jìnlái hěn máng, bù néng lái.		
Xiè le. Duì bù qǐ,	wǒmen	bù néng lái.	Wǒ	yǒu shì.
			Wǒmen	méi yǒu kòng.
				jìnlái hěn máng.
			Nà tiān	wǒ	bú zài.
Nǐ tài kèqi, bú yòng le.				wǒmen

B 15 *Sie entschuldigen sich mit dem Hinweis auf andere Verpflichtungen und geben an, wie lange es dauern wird, bis Sie wieder frei sind.*

Wǒ xiànzài yǒu shì. Děng	yī ge zhōngtóu	yǐhòu wǒ cái yǒu kòng.
	sān ge zhōngtóu	
	yī ge bàn zhōngtóu	
	sān tiān	
	sì tiān	

Lektion 12

B 16 *Wenn jemand Ihnen seine Verwandten und Bekannten vorstellen möchte, so hören Sie:*

Wǒ xiǎng gěi nǐ jièshào wǒ de | péngyǒu.
　　　　　　　　　　　　　　| àirén.
　　　　　　　　　　　　　　| fùqīn.
　　　　　　　　　　　　　　| mǔqīn.
　　　　　　　　　　　　　　| fùmǔ.
　　　　　　　　　　　　　　| jiārén.
　　　　　　　　　　　　　　| tóngshì.
　　　　　　　　　　　　　　| tóngzhì.

C 1 *Sprechen Sie verschiedene Einladungen aus:*

(chīfàn)
Wǒ xiǎng qǐng nǐ chīfàn.

Nun sind Sie an der Reihe:

chīfàn / zài fàndiàn chīfàn / zài wǒ jiā chīfàn / kàn diànyǐng / hē jiǔ / hē chá / dào wǒ jiā wár / kàn zájì / kàn xì

C 2 *Sie möchten Ihrem Gast Familienangehörige und Bekannte vorstellen:*

(fùmǔ)
Wǒ xiǎng gěi nǐ jièshào wǒ de fùmǔ.

Nun sind Sie an der Reihe:

fùmǔ / gēge / péngyǒu / tóngshì / tóngzhì / àirén / Baker xiānsheng / Zhāng nǚshì / Wáng Fú

C 3 *Sie wollen jemanden einladen und fragen ihn, ob er an einem bestimmten Tag Zeit hat. Beachten Sie seine Antwort:*

(jīntiān)
— Nǐ jīntiān yǒu kòng ma?
— Wǒ jīntiān méi yǒu kòng. Wǒ míngtiān yǒu kòng.

Nun sind Sie an der Reihe:

jīntiān / míngtiān / míngtiān xiàwǔ / xīngqī'èr / xià xīngqī'èr / sānyuè sìhào / wǔyuè èrshíhào / shíyuè èrshíjiǔhào / xià xīngqīwǔ / xīngqītiān

C 4 *Ihr chinesischer Bekannter fragt Sie, ob Sie an einem bestimmten Tag Zeit haben. Verneinen Sie und schlagen Sie den darauffolgenden Tag vor:*

— Nǐ míngtiān yǒu kòng méi yǒu?
— Wǒ míngtiān méi yǒu kòng. Wǒ hòutiān yǒu kòng.

Nun sind Sie an der Reihe:

míngtiān / jīntiān wǎnshǎng / xīngqīèr xiàwǔ / xīngqīsān zhōngwǔ / xīngqīliù / xià xīngqīsì / sānyuè jiǔhào / bāyuè sānshíyīhào / yīyuè shíqīhào / shíyuè jiǔhào

C 5 *Ihr chinesischer Bekannter schlägt Ihnen eine Uhrzeit vor. Ihnen paßt es aber erst eine halbe Stunde später:*

— Liù diǎnzhōng, hǎo mǎ?
— Wǒ liù diǎnzhōng bù néng lái, liù diǎn bàn bǎ.
— Bā diǎn bàn, hǎo mǎ?
— Wǒ bā diǎn bàn bù néng lái, jiǔ diǎnzhōng bǎ.

Nun sind Sie an der Reihe:

liù diǎnzhōng / bā diǎn bàn / wǔ diǎnzhōng / wǔ diǎn bàn / qī diǎnzhōng / qī diǎn bàn / shí diǎnzhōng / shí diǎn bàn / liǎng diǎnzhōng / yī diǎn bàn

C 6 *Ihr chinesischer Bekannter fragt Sie, ob Sie zu einer bestimmten Zeit frei sind. Der genannte Zeitpunkt paßt Ihnen nicht, Sie können erst eine Viertelstunde später:*

— Jiǔ diǎn bàn kěyǐ mǎ?
— Jiǔ diǎn bàn wǒ bù néng lái, chā yī kè shí diǎn bǎ.

Und nun sind Sie an der Reihe:

jiǔ diǎn bàn / jiǔ diǎn sān kè / shí diǎnzhōng / shí diǎn yī kè / sān diǎn sān kè / chā yī kè sān diǎn / sān diǎnzhōng / sān diǎn bàn / chā yī kè wǔ diǎn

C 7 *Vor einer Verabredung will Ihr chinesischer Bekannter überprüfen, ob seine Uhr richtig geht. Sie stellen fest, daß sie fünf Minuten nachgeht:*

— Xiànzài shì qī diǎn qī fēn bǎ?
— Bú shì, xiànzài qī diǎn shíèr fēn le.

Nun sind Sie an der Reihe:

qī diǎn qī fēn / sān diǎn èrshí fēn / chā wǔ fēn sān diǎn / liù diǎn èrshíwǔ fēn / bā diǎn bàn / sì diǎn wǔshí fēn / sì diǎn wǔshíwǔ fēn / chā wǔ fēn wǔ diǎn

C 8 Ihr chinesischer Bekannter nimmt Ihre Einladung an und schlägt eine bestimmte Uhrzeit vor. Da Sie zu der genannten Zeit schon etwas vorhaben, können Sie jeweils erst eine Stunde später kommen:

— Hǎo, xièxiè. Shénme shíhòur? Qī diǎnzhōng, hǎo ma?
— Wǒ qī diǎnzhōng yǒu shì, bù néng lái. Bā diǎnzhōng bà?

Und nun sind Sie an der Reihe:

qī / bā / jiǔ / shí / shíyī / shíèr / yī / liǎng / sān / sì

C 9 Sie und Ihr Freund wollen einen chinesischen Bekannten in ein Restaurant zum Essen einladen. Sie fragen ihn, wann er Zeit hat. Daraufhin schlägt Ihr chinesischer Bekannter eine Zeit vor, die Sie für Ihren deutschen Freund ins Deutsche übersetzen. Nachdem Ihr deutscher Freund dem Zeitvorschlag zugestimmt hat, treffen Sie eine feste Verabredung für die genannte Zeit:

— Wǒ hé wǒ de péngyǒu xiǎng qǐng nǐ zài fàndiàn chīfàn. Nǐ shénme shíhòur yǒu kòng ne?
— Míngtiān wǎnshàng bā diǎnzhōng, hǎo ma?
— Morgen abend um acht.
— **Morgen abend um acht kann ich.**
— Nà jiù míngtiān wǎnshàng bā diǎnzhōng bà.

Nun sind Sie an der Reihe:

míngtiān wǎnshàng bā diǎnzhōng / hòutiān wǎnshàng liù diǎn bàn / míngtiān zhōngwǔ shíèr diǎn bàn / xīngqīrì zhōngwǔ yī diǎnzhōng / sānyuè sìhào wǎnshàng qī diǎnzhōng / shíèryuè èrhào wǎnshàng / xīngqītiān wǎnshàng

C 10 Sie werden mehrere Male hintereinander für den morgigen Abend eingeladen. Sagen Sie jeweils für den nächsten noch freien Abend zu.

— Wǒ xiǎng qǐng nǐ chī wǎnfàn. Nǐ míngtiān yǒu kòng ma?
— Shì. Yǒu kòng. Xièxiè nǐ.

— Wǒ xiǎng qǐng nǐ dào wǒ jiā hē chá. Nǐ míngtiān wǎnshàng yǒu kòng ma?
— Wǒ míngtiān méi yǒu kòng. Děng liǎng tiān yǐhòu wǒ cái yǒu kòng.

— Wǒ xiǎng qǐng nǐ kàn diànyǐng. Nǐ míngtiān yǒu kòng méi yǒu?
— Wǒ míngtiān méi yǒu kòng. Děng sān tiān yǐhòu wǒ cái yǒu kòng.

Und nun sind Sie an der Reihe:

Wǒ xiǎng qǐng nǐ chī wǎnfàn. Nǐ míngtiān yǒu kòng má? / Wǒ xiǎng qǐng nǐ dào wǒ jiā hē chá. Nǐ míngtiān wǎnshàng yǒu kòng má? / Wǒ xiǎng qǐng nǐ kàn diànyǐng. Nǐ míngtiān yǒu kòng méi yǒu? / Wǒ xiǎng qǐng nǐ dào wǒ jiā wár. Nǐ míngtiān wǎnshàng yǒu méi yǒu kòng? / Wǒ xiǎng qǐng nǐ kàn zájì. Nǐ míngtiān wǎnshàng yǒu kòng méi yǒu? / Wǒ xiǎng qǐng nǐ dào wǒ jiā hē jiǔ. Nǐ míngtiān wǎnshàng yǒu kòng má?

C 11 Sie und Ihr Freund können Chinesisch. Sie werden von einem chinesischen Bekannten eingeladen.
Zunächst lehnt Ihr Freund die Einladung unter Angabe bestimmter Gründe ab, und Sie schließen sich Ihrem Freund mit der gleichen Begründung an:

— Wǒ xiǎng qǐng nǐmen kàn diànyǐng. Nǐmen míngtiān wǎnshàng yǒu kòng má?
— **Xièxiě nǐ. Duì bǔ qǐ, wǒ bù néng lái. Wǒ míngtiān wǎnshàng yǒu shì.**
— *Wǒ yě bù néng lái. Wǒ míngtiān wǎnshàng yě yǒu shì.*
— Wǒ xiǎng qǐng nǐmen chīfàn. Nǐmen míngtiān zhōngwǔ yǒu kòng má?
— **Xièxiě nǐ. Duì bǔ qǐ, wǒ bù néng lái. Wǒ míngtiān zhōngwǔ méi yǒu kòng.**
— *Wǒ yě bù néng lái. Wǒ míngtiān zhōngwǔ yě méi yǒu kòng.*

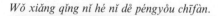

Wǒ xiǎng qǐng nǐ hé nǐ de péngyǒu chīfàn.

Nun sind Sie an der Reihe:

kàn diànyǐng – míngtiān wǎnshång – yǒu shì / chīfàn – míngtiān zhōngwǔ – méi yǒu kòng / dào wǒ jiā hē chá – xīngqīrì xiàwǔ – bú zài / kàn xì – jīntiān wǎnshång – hěn máng

C 12 *Sprechen Sie aufgrund der Zeitvorschläge Ihrer Frau eine Einladung aus:*
— **Morgen abend zum Abendessen nach Hause.**
— *Wǒmén xiǎng qǐng nǐ dào wǒ jiā chī wǎnfàn. Nǐ míngtiān wǎnshång yǒu kòng må?*
— *Yǒu. Jǐ diǎnzhōng ně? (Jǐshí ně? / Shénme shíhòur)*
— **Um halb sieben.**
— *Liù diǎn bàn, hǎo mǎ?*

Nun sind Sie an der Reihe:

morgen abend zum Abendessen nach Hause: um halb sieben / heute mittag zum Mittagessen im Restaurant: um halb eins / Mittwoch abend ins Kino: um sieben / Sonntag abend nach Hause zum Tee: um sechs / Donnerstag abend zum Glas Wein: um halb neun / am 3. April nach Hause zu einer Party: um sechs

C 13 Ü *Üben Sie das Gelernte im freien Gespräch und laden Sie sich gegenseitig ein.*

3 Erkundigungen

Stellen Sie sich vor, Sie gehen in Beijing (Peking) auf der Straße spazieren. Sie beobachten, wie verschiedene Passanten sich bei Einheimischen nach dem Weg erkundigen:

A 1

— Duì bǔ qǐ, qǐngwèn Běijīng Fàndiàn zài nǎr?
— Cóng zhèr wàng qián zǒu, bù yuǎn, jiù zài zuǒbiǎr.
— Xièxiě. Zàijiàn.
— Bú yòng xiè lě.

A 2

— Duì bǔ qǐ, qǐngwèn dào Qīnghuá Dàxué zěnmě zǒu?
— Qīnghuá Dàxué cóng zhèr qù hěn yuǎn.
— Wǒ yǒu dìtú, qǐng nín zhǐ gěi wǒ kàn.
— Qīnghuá Dàxué jiù zài zhèr.
— Xièxiě nín. Zàijiàn.
— Bú xiè, bú xiè.

A 3

— Duì bǔ qǐ, qǐngwèn dào Liúlíchǎng zěnmě zǒu?
— Cóng zhèr wàng qián zǒu, yòubiǎr dì yī tiáo jiē wàng yòu zhuǎn, zài wàng qián zǒu...
— Duì bǔ qǐ, wǒ méi tīng dǒng. Néng bù néng qǐng nín shuō màn yīdiǎr?
— Cóng zhèr wàng qián zǒu, yòubiǎr dì yī tiáo jiē wàng yòu zhuǎn, zài wàng qián zǒu...
— Xièxiě, wǒ dǒng lě.

Lektion 13

A 4

— Qǐngwèn, yóujú zài nǎr?
— Duì bu qǐ, wǒ bú zhù zài Běijīng. Wǒ yě bù zhīdào. Nín kěyǐ wènwen cóng Běijīng lái de tóngzhì.
— Hǎo, xièxie.

A 5

— Qǐngwèn, dào dòngwùyuán zěnme zǒu?
— Dòngwùyuán cóng zhèr qù hěn yuǎn. Nǐ kěyǐ zuò gōnggòng qìchē qù.
— Gōnggòng qìchē zhàn zài nǎr?
— Hěn jìn, jiù zài nàr.
— Zuò jǐ lù?
— Qī lù.

— Gōnggòng qìchē zhàn zài nǎr?   — Hěn jìn, jiù zài nàr.

— Zhè shǐ shénme? — Zuǒbiǎr shǐ Rénmín Yīngxióng Jìniànbēi, yòubiǎr shǐ Máo Zhǔxí Jìniàntáng.

Zhè shǐ Shísān Líng de yī ge.

— Wǒmen zài nǎr? — Wǒmen zài Tiānānmén qiánbiǎr.

A 6 Ein Stadtplan von Beijing (Peking) – Běijīng shì dìtú

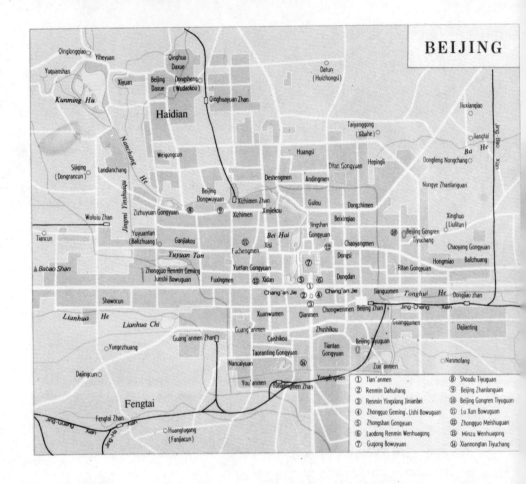

1 Tiānānmén
2 Rénmín Dà Huìtáng
3 Rénmín Yīngxióng Jìniànbēi
4 Zhōngguó Gémìng Lìshǐ Bówùguǎn
5 Zhōngshān Gōngyuán
6 Láodòng Rénmín Wénhuàgōng
7 Gùgōng Bówùyuàn
8 Shǒudū Tǐyùguǎn
9 Běijīng Zhǎnlǎnguǎn
10 Běijīng Gōngrén Tǐyùguǎn
11 Lǔ Xùn Bówùguǎn
12 Zhōngguó Měishùguǎn
13 Mínzú Wénhuàgōng
14 Xiānnóngtán Tǐyùchǎng

A 7 Ein Stadtplan von Beijing (Peking) 北京市地图

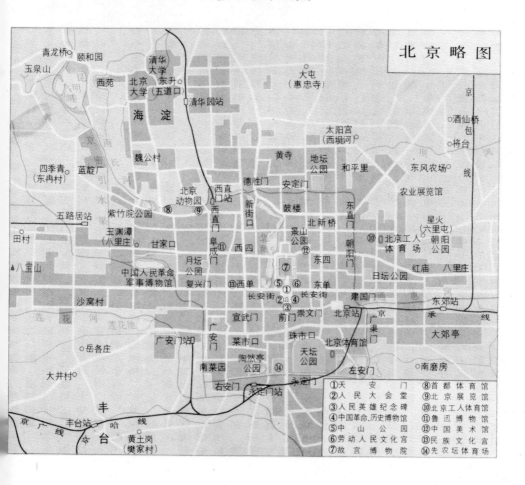

1　天安门
2　人民大会堂
3　人民英雄纪念碑
4　中国革命历史博物馆
5　中山公园
6　劳动人民文化宫
7　故宫博物院
8　首都体育馆
9　北京展览馆
10　北京工人体育馆
11　鲁迅博物馆
12　中国美术馆
13　民族文化宫
14　先农坛体育场

Wǒ yǒu dìtú, qǐng nín zhǐ gěi wǒ kàn Yíhéyuán zài nǎr.

B1 Sie fragen nach verschiedenen Plätzen und Sehenswürdigkeiten in der chinesischen Hauptstadt:

Duì bù qǐ, qǐngwèn	Tiānānmén Rénmín Dà Huìtáng Máo Zhǔxí Jìniàntáng Shísān Líng Běijīng Fàndiàn Mínzú Fàndiàn Xīnqiáo Fàndiàn	zài nǎr?

B2 Und wenn Sie wissen wollen, wie man zu einem bestimmten Ort hingelangt, müssen Sie folgendermaßen fragen:

Duì bù qǐ, qǐngwèn dào	Yíhéyuán dòngwùyuán Wángfǔjǐng Dà Jiē Dōngdān Xīdān Wàiwén Shūdiàn Xīnhuá Shūdiàn	zěnme zǒu?

B 3 Nach einer Busverbindung zu einem bestimmten Platz kann man sich auf die folgende Art und Weise erkundigen:

Duì bǔ qǐ, qǐngwèn dào | Shǒudū Jīchǎng | zuò jǐ lù?
| Běijīng Zhàn |
| Běijīng Dàxué |
| Qīnghuá Dàxué |
| Běijīng Dìyī Wàiyǔ Xuéyuàn |

B 4 Wenn Sie eine Wegbeschreibung nicht verstanden haben, so zeigen Sie Ihrem Gegenüber einen Stadtplan und bitten darum, Ihnen Ihr Ziel auf dem Plan zu zeigen:

Wǒ yǒu dìtú, qǐng nín zhǐ gěi wǒ kàn | Běi Hǎi Gōngyuán | zài nǎr?
| Tiāntán Gōngyuán |
| Zhōngshān Gōngyuán |
| Gùgōng Bówùyuàn |
| Lǔ Xùn Bówùguǎn |
| Yǒuyì Bīnguǎn |
| Xīdé Dàshǐguǎn |
| Yīngguó Dàshǐguǎn |
| huǒchēzhàn |

B 5 Manchmal sprechen die Einheimischen sehr schnell. Wenn Sie eine Auskunft dadurch nicht verstanden haben, so sagen Sie:

Duì bǔ qǐ, wǒ méi tīng dǒng. | Néng bù néng qǐng nín shuō màn yīdiǎr?
| Qǐng nín shuō màn yīdiǎr.
| Qǐng nín zài shuō yībiàn.
| Néng bù néng qǐng nín zài shuō yībiàn?

B 6 Versuchen Sie, die folgenden Wegbeschreibungen zu verstehen:

Cóng zhèr wàng qián zǒu, | bù yuǎn, | jiù zài zuǒbiǎr.
| hěn jìn, |
| yòubiǎr | dì yītiáo jiē wàng | yòu | zhuǎn.
zuǒbiǎr	dì èr	zuǒ
	dì sān
	dì sì
	...

Cóng zhèr qù | hěn jìn.
| hěn yuǎn.
| bù yuǎn.
| bú jìn.

Lektion 13

B 7 *Es gibt mehrere Möglichkeiten, sich für eine Auskunft zu bedanken:*

Xièxiě nín.
Xièxiě, zàijiàn.
Fēicháng xièxiě nín. Zàijiàn.
Zhēn xièxiě nín. Zàijiàn.

B 8 *Wenn Sie sich auf diese Weise bedankt haben, wird oft bescheiden abgewinkt:*

Bú xiè.
Bú yòng xiè le.
Bú kèqi.
Bú yào kèqi.

C 1 *Fragen Sie nach verschiedenen Plätzen und Sehenswürdigkeiten in Peking:*

(Máo Zhǔxí Jìniàntáng)
Duì bù qǐ, qǐngwèn Máo Zhǔxí Jìniàntáng zài nǎr?

Und nun sind Sie an der Reihe:

Máo Zhǔxí Jìniàntáng / Yīngguó Dàshǐguǎn / Xīdé Dàshǐguǎn / Lǔ Xùn Bówùguǎn / Gùgōng Bówùyuàn / Běi Hǎi Gōngyuán / Xīnhuá Shūdiàn / Dōngdān / Xīdān / Yǒuyì Shāngdiàn.

C 2 *Fragen Sie, wie man zu verschiedenen Orten hingelangt:*

(Běijīng Kǎoyādiàn)
Duì bù qǐ, qǐngwèn dào Běijīng Kǎoyādiàn zěnme zǒu?

Nun sind Sie an der Reihe:

Běijīng Kǎoyādiàn / Zhōngshān Gōngyuán / Běijīng Zhàn / Tiāntán Gōngyuán / Guójì Shūdiàn / Zhōngguó Rénmín Yínháng / Shǒudū Jīchǎng / Yíhéyuán / Zhōngguó Nóngyè Yínháng

C 3 *Bitten Sie darum, daß man Ihnen Ihr Ziel auf dem Stadtplan zeigt:*

(Dōngdān)
Wǒ yǒu dìtú, qǐng nín zhǐ gěi wǒ kàn Dōngdān zài nǎr.

Nun sind Sie an der Reihe:

Dōngdān / Lǔ Xùn Bówùguǎn / Wàiwén Shūdiàn / Běijīng Bǎihuòdiàn / Qīnghuá Dàxué / Běijīng Dìyī Wàiyǔ Xuéyuàn / Wángfǔjǐng Dà Jiē

C 4 *Fragen Sie nach der Verkehrsverbindung zu Ihrem jeweiligen Zielort. Übersetzen Sie die zuletzt erhaltene Auskunft für Ihren Reisegefährten ins Deutsche:*

(Shísān Líng)
— *Duì bù qǐ, qǐngwèn dào Shísān Líng zěnme zǒu?*
— *Nǐ kěyǐ zuò gōnggòng qìchē qù.*
— *Gōnggòng qìchē zhàn zài nǎr?*
— *Hěn jìn, jiù zài nàr.*
— *Zuò jǐ lù?*
— *Sānshísān lù.*
— Buslinie 33.

Und nun sind Sie an der Reihe:

Shísān Líng / Dòngwùyuán / Běijīng Zhàn / Qīnghuá Dàxué / Běijīng Dàxué / Shǒudū Jīchǎng

C 5 Ü *Üben Sie das Gelernte im freien Gespräch. Bitten Sie Ihren Lehrer, die Rolle des Ortskundigen zu übernehmen und seine Erläuterungen durch Skizzen auf dem Papier oder an der Tafel zu veranschaulichen.*

14 Einkäufe

Sie suchen während Ihres Aufenthaltes in Peking nacheinander verschiedene Geschäfte auf. Dort hören Sie die folgenden Gespräche:

A 1

— Duì bu qǐ, wǒ xiǎng mǎi xiē sīchóu. Qǐngwèn zài nǎr kěyǐ mǎidào?
— Zài Yǒuyì Shāngdiàn.
— Yǒuyì Shāngdiàn xiànzài kāi bù kāi?
— Kāi.
— Xièxiě nín.

A 2

— Duì bu qǐ, wǒ xiǎng mǎi xiē cíqì.
— Hǎo, dōu zài zhèr. Qǐng nín zìjǐ mànmàn kàn.
— Duì bu qǐ, néng bù néng qǐng nín gěi wǒ kànkan zhèi ge?
— Hǎo.
— Bú shì nèi ge, shì qiánbiār zhèi ge lán de.
— Zhèi ge?
— Shì. Xièxiě.

A 3

— Qǐngwèn, zhèi běn shū duōshǎo qián?
— Sān máo wǔ fēn.
— Duì bu qǐ, wǒ tīng bù dǒng. Néng bù néng qǐng nín xiě yīxià?
— Kěyǐ.
— Xièxiě nín, wǒ mǎi. Nín yǒu Déwén bǎn Rénmín Huàbào méi yǒu?
— Kěxī méi yǒu le. Wàiwén Shūdiàn yīdìng yǒu.
— Wàiwén Shūdiàn shénme shíhòur kāi?
— Cóng zǎoshàng jiǔ diǎnzhōng dào xiàwǔ liù diǎnzhōng dōu kāi.
— Xièxiě.

A 4

— Duì bu qǐ, wǒ xiǎng mǎi Zhōngguó mínyáo chàngpiàn.
— Hǎo. Qǐng guò lái zhèr. Qǐng nín zìjǐ xuǎn.
— Zhèi zhāng duōshǎo qián?
— Wǔ máo qián.
— Hǎo, wǒ mǎi zhèi zhāng.

A 5

— Wǒ xiǎng mǎi Shàoxīng Jiǔ.
— Nín yào jǐ píng?
— Sān píng. Hái yǒu bié de jiǔ ma?
— Píjiǔ, Máotái, Fén Jiǔ, pútáojiǔ dōu yǒu.
— Wǒ hái yào yī píng Máotái.
— Nín yào dà píng de háishi xiǎo píng de?
— Xiǎo píng de.

A 6

— Wǒ xiǎng mǎi fēngjǐng míngxìnpiàn.
— Zhèr yǒu. Qǐng nín zìjǐ xuǎn.
— Hǎo. Wǒ hái xiǎng mǎi . . . zhèi ge: wǒ bù zhīdào Zhōngwén zěnme shuō.
— Zhèi ge shì jíyóucè.
— Jíyóucè yī běn duōshǎo qián?
— Sìshí kuài.
— Hǎo. Fēngjǐng míngxìnpiàn hé jíyóucè wǒ dōu mǎi. Yīgòng duōshǎo qián?
— Sì zhāng míngxìnpiàn sān máo qián. Yī běn jíyóucè sìshí kuài qián. Yīgòng sìshí kuài sān máo qián.
— Hǎo.

B1 *Sie können nun in chinesischen Geschäften die verschiedensten Dinge in der Landessprache verlangen. Zeigen Sie, während Sie die folgenden Kaufwünsche nachsprechen, auf die entsprechenden Gegenstände des Bildes:*

Wǒ xiǎng mǎi xiē	sīchóu.	1
	cíqì.	2
	cháyè.	3
	huār.	4
	xiāngyān.	5
Wǒ xiǎng mǎi	máopí dàyī.	6
	máopí màozi.	7
	shǒubiǎo.	8
	jiāojuǎnr	9
	chàngpiār.	10
	Máotái.	11
	Huādiāo.	12
	Shàoxīng Jiǔ.	13
	píjiǔ.	14
	Běijīng shì dìtú.	15
	Zhōngguó dìtú.	16
	Huádé cídiǎn.	17
	Déhuá cídiǎn.	18
	Déwén bǎn Rénmín Huàbào.	19
	Déwén bǎn Běijīng Zhōubào.	20
	huǒchái.	21
	yù.	22
	zhàoxiàngjī.	23
	fēngjǐng míngxìnpiàn.	24
	gāngbǐ.	25
	qiānbǐ.	26

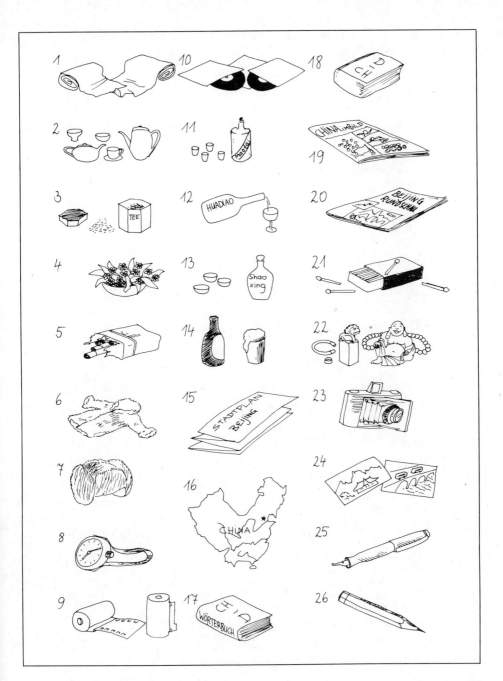

B2 *Sie fragen nun, wo es die von Ihnen gewünschte Ware zu kaufen gibt:*

Zài nǎr kěyǐ mǎidào | sīchóu?
| cíqì?
| máopí dàyī?
| ...

B3 *Auf Ihre Frage erhalten Sie die verschiedensten Auskünfte:*

Zài | Běijīng Bǎihuòdiàn.
| Běijīng Zhàn.
| Běijīng Fàndiàn.
| Xīnhuá Shūdiàn.
| Wàiwén Shūdiàn.
| bǎihuòdiàn.
| Yǒuyì Shāngdiàn.

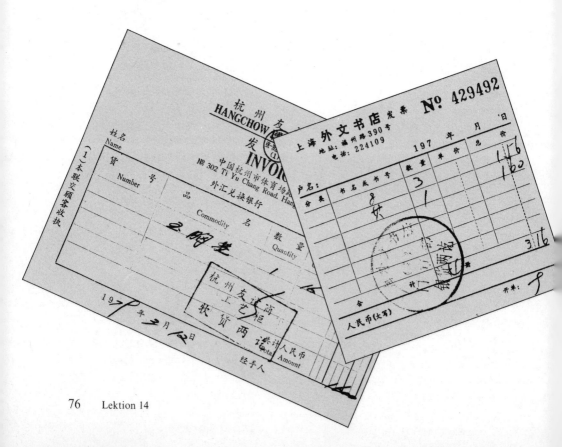

B 4 *Nach dem Preis einer bestimmten Ware fragen Sie auf die folgende Weise:*

Zhèi	běn shū	duōshǎo qián?
	běn cídiǎn	
	běn zìdiǎn	
	zhī bǐ	
	zhī qiānbǐ	
	zhāng fēngjǐng míngxìnpiàn	
	zhāng chàngpiàr	
	gè máopí dàyī	
	gè máopí màozi	
	píng píjiǔ	
	píng Máotái	
Zhè	xiē huār	
	xiē cíqì	
	xiē sīchóu	
	xiē cháyè	
	xiē xiāngyān	

Chūnhuā Bǎihuò Shāngdiàn

— Qǐngwèn, zhèi běn shū duōshǎo qián? — Sān máo wǔ fēn.

B5 *Auf die Frage nach einer bestimmten Ware hören Sie von den chinesischen Verkäufern oft die folgenden Sätze:*

Hǎo, qǐng guò lái zhèr.
Qǐng nín zìjǐ xuǎn.
Kěxī méi yǒu.
Kěxī méi yǒu lě.
Hǎo, dōu zài zhèr.
Qǐng nín zìjǐ mànmàn kàn.

B6 *Wenn Sie sich eine bestimmte Ware näher anschauen wollen, richten Sie an den Verkäufer die folgenden höflichen Sätze:*

Néng bù néng qǐng nín gěi wǒ kànkan | zhèi ge?
　　　　　　　　　　　　　　　　　　| nèi ge?
　　　　　　　　　　　　　　　　　　| zhèi běn shū?
　　　　　　　　　　　　　　　　　　| zhèi zhāng chàngpiàn?
　　　　　　　　　　　　　　　　　　| nèi běn Huádé cídiǎn?

Qǐngwèn nín yǒu qiānbǐ méi yǒu?

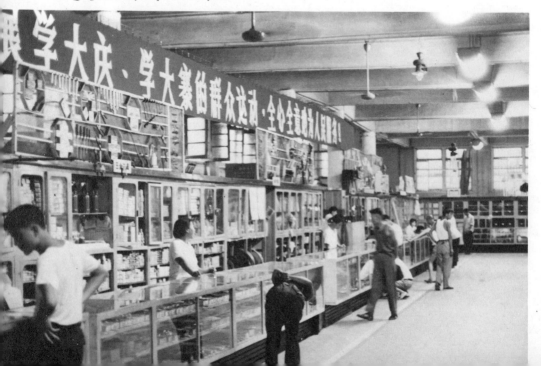

B 7 *Ihr Reisegefährte, der noch kein Chinesisch kann, möchte sich eine bestimmte Ware zeigen lassen. Sie stellen sich als Dolmetscher zur Verfügung und sagen zum Verkäufer:*

Néng bù néng qǐng nín gěi tā kànkàn	zhèi ge shǒubiǎo?
	nèi ge máopí dàyī?
	nèi ge zhàoxiàngjī?
	zhèi ge jiāojuǎnr?
	zhèi zhāng Zhōngguó dìtú?

B 8 *Sollte der Verkäufer nach einem falschen Stück greifen, so korrigieren Sie ihn:*

Bú shì	nèi ge,	shì	zhèi ge.
	zhèi ge,		nèi ge.
	shàngbiǎr nèi ge,		xiàbiǎr zhèi ge.
	zuǒbiǎr nèi ge,		xiàbiǎr zhèi ge.
	yòubiǎr nèi ge,		zuǒbiǎr zhèi ge.
	hòubiǎr nèi ge,		qiánbiǎr zhèi ge.
	qiánbiǎr nèi ge,		hòubiǎr zhèi ge.
	xiàbiǎr nèi ge,		shàngbiǎr zhèi ge.
	wàibiǎr nèi ge,		lǐbiǎr zhèi ge.
	lǐbiǎr nèi ge,		wàibiǎr zhèi ge.

Lektion 14

Zài bǎihuòdiàn shǒubiǎo, zhàoxiàngjī dōu yǒu.

B 9 Wenn Sie wissen möchten, ob es in einem Geschäft eine bestimmte Ware gibt, formulieren Sie die folgende Frage:

Nín yǒu | Zhōngguó mínyáo chàngpiār | méi yǒu?
Déwén bǎn Běijīng Zhōubào
Zhōngguó dìtú
Běijīng shì dìtú
Déhuá cídiǎn
yù
xiāngyān
huǒchái
fēngjǐng míngxìnpiàn
sīchóu

B 10 In einem großen Kaufhaus mit reichhaltiger Auswahl werden Sie auf Ihre Fragen sicher die folgende Antwort des Verkäufers hören:

Déwén bǎn Rénmín Huàbào, Yīngwén bǎn Rénmín Huàbào | dōu yǒu.
Shǒubiǎo, zhàoxiàngjī
Huádé cídiǎn, Déhuá cídiǎn
Xiāngyān, huǒchái

B 11 *Sie erklären dann jeweils, Sie wollten alles Angebotene kaufen:*

Déwén bǎn Rénmín Huàbào, Yīngwén bǎn Rénmín Huàbào	wǒ dōu mǎi.
Shǒubiǎo, zhàoxiàngjī	
Máotái, Shàoxīng Jiǔ, pútáojiǔ	
Běijīng shì dìtú, Zhōngguó dìtú	
Sīchóu, cíqì	

B 12 *Nachdem Sie dem Verkäufer gegenüber einen Kaufwunsch geäußert haben, will dieser manchmal genauer wissen, was Sie sich vorstellen:*

Nǐ	yào	xiǎo píng de	háishi	dà píng de?
Nín		lǜ de		lán de?
Nǐmen		huáng de		hēi de?
Nínmen		qīngsè de		huáng de?
		qīng de		zhòng de?
		hóng de		bái de?
		duǎn de		cháng de?
		xiǎo de		dà de?

B 13 *Wenn Sie eine größere Anzahl gleichartiger Dinge kaufen, nennt man Ihnen zum Schluß den Gesamtpreis:*

Zhè	shí	zhāng	yīgòng	wǔ máo qián.
	wǔ	ge		yī kuài qián.
	èrshí			shíbā kuài jiǔ máo wǔ fēn.
	èrshíjiǔ			sānshíyī kuài wǔ máo.
	sìshísì			sìshísì kuài qián.

C 1 *Bitten Sie den Verkäufer, Ihnen eine bestimmte Ware zu zeigen:*

(zhèi ge shǒubiǎo)
Néng bù néng qǐng nín gěi wǒ kànkan zhèi ge shǒubiǎo?

Und nun sind Sie an der Reihe:

zhèi ge shǒubiǎo / nèi ge máopí dàyī / nèi ge jiāojuǎnr / zhèi ge zhàoxiàngjī / nèi zhī qiānbǐ / zhèi běn shū / nèi běn cídiǎn / zhèi zhāng fēngjǐng míngxìnpiàn

C 2 *Übersetzen Sie für Ihren Reisegefährten in einem chinesischen Kaufhaus:*
— **Was kosten diese drei Bücher?**
— Zhè sān běn shū duōshǎo qián?
— Zhè sān běn shū yīgòng sān kuài wǔ máo qián.
— Drei fünfzig.

Und nun sind Sie an der Reihe:

diese drei Bücher / diese vier Filme / diese zwei Schallplatten / diese sieben Ansichtskarten / diese beiden Landkarten von China / diese acht Flaschen Bier

C 3 *Sie sind mit Ihrem deutschen Reisegefährten, der noch kein Chinesisch kann, in einem Kaufhaus in Peking. Er nennt Ihnen Dinge, die er gerne kaufen möchte. Sie geben seinen Wunsch auf Chinesisch an den Verkäufer weiter und fragen, wo man die gewünschte Ware bekommen kann und was sie kostet:*
(Seide)
— Wǒ dě péngyǒu xiǎng mǎi xiē sīchóu. Qǐngwèn zài nǎr kěyǐ mǎidào?
— Qǐng guò lái zhèr. Qǐng tā zìjǐ xuǎn.
— Zhè xiē sīchóu duōshǎo qián?

Und nun sind Sie an der Reihe:

Seide / Porzellan / Tee / Blumen / Zigaretten

C 4 *Übersetzen Sie für Ihren Freund in einem chinesischen Kaufhaus:*
(Pelzmütze)
— Wǒ dě péngyǒu xiǎng mǎi máopí màozi. Nín yǒu máopí màozi méi yǒu?
— Yǒu. Qǐng tā zìjǐ mànmàn kàn. Tā yào zhèi gě háishi nèi gě?
— Zhèi gě duōshǎo qián?
— Èrshísān kuài.
— 23 Yuan.

Nun sind Sie an der Reihe:

Pelzmantel / Landkarte von China / chinesisch-deutsches Wörterbuch / deutsch-chinesisches Wörterbuch / Stadtplan von Peking / Armbanduhr / Wein / Schallplatte / Füllfederhalter / Kamera

C 5 *Sie wollen beide genannten Artikel kaufen:*
— Nǐ yào Zhōngguó dìtú háishì Běijīng shì dìtú?
— Zhōngguó dìtú, Běijīng shì dìtú wǒ dōu yào.

Nun sind Sie an der Reihe:
Zhōngguó dìtú háishì Běijīng shì dìtú / Déwén bǎn Rénmín Huàbào háishì Zhōngwén bǎn Rénmín Huàbào / Huádé cídiǎn háishì Déhuá cídiǎn / shàngbiǎr de háishì xiàbiǎr de / zuǒbiǎr de háishì yòubiǎr de / hòubiǎr de háishì qiánbiǎr de / xiàbiǎr de háishì shàngbiǎr de / wàibiǎr de háishì lǐbiǎr de / duǎn de háishì cháng de / xiǎo de háishì dà de / lán de háishì lǜ de / hóng de háishì bái de

C 6 *Die Verkäuferin zeigt auf einen von zwei Artikeln und fragt, ob Sie diesen meinen. Sie aber meinen den anderen.*
— Hòubiǎr zhèi gè?
— Bú shì hòubiǎr nèi gè, shì qiánbiǎr zhèi gè.

Und nun sind Sie an der Reihe:
hòubiǎr / shàngbiǎr / wàibiǎr / yòubiǎr / qiánbiǎr / duǎn de / xiǎo de / dà de

C 7 Ü *Üben Sie das Gelernte im freien Gespräch. Bitten Sie Ihren Lehrer, die Rolle des Verkäufers zu übernehmen.*

C 8 Ü *Üben Sie das Gelernte im freien Gespräch. Bitten Sie Ihren Lehrer, die Rolle der Verkäufer zu übernehmen. Sie erleichtern sich das gegenseitige Verstehen, wenn Sie die Verkaufsgespräche durch Anschauungsmaterial auf dem Ladentisch unterstützen.*

15 Erledigungen auf der Post

Sie sind in Peking in ein Postamt gegangen. Dort hören Sie an einem Schalter die folgenden Gespräche:

A 1

— Yī zhāng hángkōng míngxìnpiàn jì dào Déguó yào duōshǎo yóufèi?
— Liù máo qián.
— Qǐng nín gěi wǒ wǔ zhāng liù máo qián de.

A 2

— Zhèi fēng hángkōng xìn jì dào Déguó yào duōshǎo yóufèi?
— Xiān chèngcheng kàn: yī kuài qián.
— Qǐng nín gěi wǒ liǎng zhāng wǔ máo qián de yóupiào, bā zhāng liù máo qián de.

— Zhèi fēng hángkōng xìn jì dào Déguó yào duōshǎo yóufèi? — Xiān chèngcheng kàn.

A 3

— Wǒ xiǎng pāi yī fēng diànbào huí Déguó. Zěnme bàn?
— Qǐng nín bǎ zhèi zhāng biǎo tián yīxià. Nín kěyǐ yòng Yīngwén dǎ.
— Hǎo, xièxie.
— Qǐng xiān dǎ shōubàorén xìngmíng, zài dǎ dìzhǐ.
— Hǎo. Yī ge zì duōshǎo qián?
— Yī ge zì wǔ máo qián.
 (Der Kunde schreibt das Telegramm)
— Yīgòng èrshíbā kuài qián.
— Hǎo. Shénme shíhour néng dào?
— Jīntiān néng dào.
— Xièxie.

A 4

— Wǒ xiǎng bǎ zhè xiē shū yòng hǎiyùn jì huí Déguó. Yào duōshǎo yóufèi?
— Xiān chēngcheng kàn: sān kuài qī máo.

A 5

— Qǐngwèn yǒu méi yǒu jíyóucè?
— Yǒu. Yào dà de háishi xiǎo de?
— Qǐng dōu gěi wǒ kànkan. – Xièxie.
 (Der Kunde betrachtet die Marken)
— Dà de duōshǎo qián? Xiǎo de ne?
— Dà de liùshí kuài, xiǎo de sìshí kuài.
— Hǎo, wǒ mǎi dà de.

B 1 *Sie sind nun in der Lage, das Porto für verschiedene Postsendungen in die verschiedensten Länder der Welt zu erfragen:*

Yī zhāng hángkōng míngxìnpiàn	jì dào	Déguó	yào duōshǎo yóufèi?
Yī fēng hángkōng xìn	jì huí	Fǎguó	
Yī fēng guàhào xìn		Yīngguó	
		Měiguó	
		Àodìlì	
		Ruìshì	
		Yìdàlì	
		Hélán	
		Sūlián	
		Àozhōu	
		Fēizhōu	
		Āijí	
		Rìběn	

B 2 *Stellen Sie beim Zuhören fest, aus welchen Ländern die Sprecher kommen:*

Wǒ xiǎng pāi yī fēng diànbào huí	Déguó.	Zěnme bàn?
	Fǎguó.	
	Měiguó.	
	Àodìlì.	
	Hélán.	
	Sūlián.	

B 3 *Bücher sind schwer, man schickt sie per Schiffspost, Zeitungen per Luftpost:*

Wǒ xiǎng bǎ	zhè xiē shū	yòng	hǎiyùn	jì dào	Déguó.
	zhèi běn shū		hángkōng		Měiguó.
	zhè xiē bàozhǐ				Yīngguó.

Yào duōshǎo yóufèi?

B 4 *Verlangen Sie nun von verschiedenen Briefmarkenwerten verschiedene Mengen:*

Qǐng nín gěi wǒ	yī	zhāng	sān máo qián de.	
	liǎng		sì máo qián de.	
	sān		wǔ máo qián de.	
	wǔ		liù máo qián de.	liǎng kuài qián de.
	shí		yī kuài qián de.	sān kuài qián de.

B 5 *Auf Ihren Wunsch an den chinesischen Postbeamten, ein Telegramm abzuschicken, erhalten Sie wahrscheinlich die folgende Antwort:*

Qǐng nín bǎ zhèi zhāng biǎo tián yīxià. Nín kěyǐ yòng | Yīngwén | dǎ.
| Déwén | xiě.
| Fǎwén |

B 6 *Auf Ihre Frage, wie das Telegrammformular auszufüllen ist* (zěnme bàn?) *erhalten Sie vom Schalterbeamten den folgenden Hinweis:*

Qǐng xiān | dǎ | shōubàorén xìngmíng, zài | dǎ | dìzhǐ.
| xiě | | xiě |

中华人民共和国电信总局

电报

TELEGRAM

报费
记帐号数
原来号数
营业员

流水号数
发出时日
值机员

报类　　发报局名　　字　数　　日　期　　时　间

备注
SERVICE INSTRUCTIONS:

字迹请写清楚
PLEASE WRITE LEGIBLY

发报人姓名住址及电话号码(不拍发)
SENDER'S NAME, ADDRESS AND TELEPHONE NUMBER
(NOT TO BE TRANSMITTED)

Lektion 15

B 7 *Zum Schluß erfahren Sie, wieviel Sie insgesamt zu zahlen haben:*

Yīgòng | sān kuài wǔ máo.
 | wǔ kuài qián.
 | shísì kuài jiǔ máo.
 | sìshíbā kuài sì máo.
 | qīshíèr kuài qián.

C 1 *Sie sind in China in ein Postamt gegangen und erkundigen sich nun nach dem Porto für verschiedene Sendungen nach bestimmten Ländern. Nach erfolgter Auskunft verlangen Sie die entsprechenden Briefmarken:*

(hángkōng míngxìnpiàn jì dào Déguó)
— Yī zhāng hángkōng míngxìnpiàn jì dào Déguó yào duōshǎo yóufèi?
— Liù máo qián.
— Qǐng nín gěi wǒ yī zhāng liù máo qián dě.

Und nun sind Sie an der Reihe:

hángkōng míngxìnpiàn jì dào Déguó / hángkōng míngxìnpiàn jì dào Shànghǎi / hángkōng xìn jì huí Fǎguó / hángkōng xìn jì dào Nánjīng / guàhào xìn jì huí Yīngguó / hángkōng xìn jì dào Měiguó

C 2 *Ihr Reisegefährte möchte verschiedene Dinge mit der Post verschicken. Führen Sie für ihn das Gespräch und übersetzen Sie die Porto-Angaben für ihn ins Deutsche:*

(diese drei Bücher – nach Deutschland)
— Wǒ dě péngyǒu xiǎng bǎ zhè sān běn shū jì dào Déguó. Yào duōshǎo yóufèi?
— Yòng hǎiyùn háishì hángkōng?
— Yòng hángkōng.
— Xiān chēngcheng kàn: sān kuài qī máo.
— Drei Renminbi 70.

Nun sind Sie an der Reihe:

diese drei Bücher – Deutschland / einen eingeschriebenen Brief – Italien / diese Ansichtskarte – Frankreich / diese Schallplatte – Österreich / diese Zeitungen – Schweiz

C 3 *Erkundigen Sie sich, wie man ein Telegramm in ein bestimmtes Land aufgibt. Fragen Sie anschließend, wieviel ein Buchstabe kostet und wann das Telegramm ankommt. Die Auskünfte, die Sie auf die beiden letzten Fragen erhalten, übersetzen Sie jeweils Ihrem deutschen Reisegefährten:*

(Deutschland)
— Wǒ xiǎng pāi yī fēng diànbào huí Déguó. Zěnme bàn?
— Qǐng nín bǎ zhèi zhāng biǎo tián yīxià.
— Yī ge zì duōshǎo qián?
— Yī ge zì wǔ máo qián.
— *Ein Buchstabe 5 mao.*
— Shénme shihòur néng dào?
— Jīntiān néng dào.
— *Es kommt heute an.*

Nun sind Sie an der Reihe:

Deutschland / Australien / Ägypten / Amerika / Peking / Holland / Sowjetunion

C 4 Ü *Üben Sie das Gelernte in freiem Gespräch. Bitten Sie Ihren Lehrer oder einen Mitlernenden, die Rolle des Postbeamten zu übernehmen Vergessen Sie nicht, entsprechendes Anschauungsmaterial vorzubereiten.*

16 Bestellung von Telefongesprächen

Fern- oder Auslandsgespräche melden Sie bei der Vermittlung an. Sie können sie auch für einen späteren Zeitpunkt anmelden und auf Ihr Zimmer legen lassen.

A 1

— Wǒ xiǎng wàng Déguó dǎ ge diànhuà. Qǐngwèn zěnme bàn?
— Kěyǐ. Qǐng nín xiěxià nín yào de diànhuà hàomǎr hé shòuhuàrén.
— Hǎo. *(schreibt)*
— Hǎo, wǒ gěi nín jiē. Děng jiē tōng le, wǒ jiào nín.
— Xièxie.

A 2

— Wǒ xiǎng zài jīntiān wǎnshang shí diǎnzhōng dǎ diànhuà dào Déguó. Néng bù néng qǐng nín dào shíhòu gěi wǒ jiē yīxià?
— Hǎo, kěyǐ. Qǐngwèn nín zhù jǐ hào fáng?
— Wǒ xìng Meier, zhù zài sān·líng·wǔ hào fángjiān.
— Qǐng nín zài zhèlǐ dēngjì yīxià.
— Hǎo de.
— Zhè jiù xíng le. Dào shíhòu zài fángjiān jiē.
— Xièxie nín. Wǎnshang jiàn.

A 3

— Wèi. Shǐ sān·líng·liù ma?
— Shì de.
— Déguó de diànhuà xiànzài dǎ bù tōng. Děng bàn ge zhōngtóu yǐhòu zài gěi nín shìshi, hǎo ma?
— Nà jiù duō xiè le. Wǒ zài zhèr děng. *(wartet)*
— Wèi. Sān·líng·liù ma?
— Shì de.
— Nín yào de Déguó diànhuà jiē tōng le.
— Hǎo, xièxie.

A 4

— Wèi. Zǒngjī må?
— Shì. Qǐngwèn nín yǒu shénmě shìqǐng?
— Wǒ xiǎng wàng Déguó dǎ gě diànhuà.
— Nín zhù jǐ hào fáng?
— Wǒ zhù sān·líng·liù.
— Nín yào dě diànhuà hàomǎr shì duōshǎo? Shòuhuàrén xìngmíng ně?
— Líng·èr·sì·èr·sì/qī·bā·wǔ·jiǔ·yāo, Wagner xiānshěng.
— Xiànzài yào må?
— Shì.
— Qǐng nín děngyìděng, wǒ mǎshàng gěi nín jiē.
— Xièxiě. Wǒ jiù zài zhèr děng. (wartet)
— Wéi. Déguó dě diànhuà xiànzài méi rén jiē.
— Xièxiě, wǒ bù dǎ lě. Qǐng xiāohào.

B 1 *Wenn Sie ins Ausland telefonieren wollen, so melden Sie Ihr Gespräch am besten einige Stunden vorher an und bestellen das Gespräch für eine bestimmte Zeit:*

Wǒ xiǎng zài jīntiān wǎnshǎng | shí diǎnzhōng | dǎ diànhuà | dào
| liù diǎnzhōng | | huí
qī diǎnzhōng	
qī diǎn bàn	
bā diǎnzhōng	
jiǔ diǎnzhōng	

Déguó. Néng bù néng qǐng nín dào shíhǒu gěi wǒ jiē yīxià.

B 2 *Haben Sie ein Gespräch für eine bestimmte Zeit angemeldet, so müssen Sie auch angeben, wo Sie zu der betreffenden Zeit erreichbar sein werden:*

Wǒ jiù zài | zhèr | děng.
| nàr |
| wǒ dě fángjiān |
| sān·líng·wǔ |
| èr·yāo·bā |
| sì·líng·yāo |

Wǒ xìng Müller, zhù zài | èr·líng·yāo | hào fángjiān.
| èr·líng·èr |
| sì·yāo·yāo |
| sān·líng·èr |
| wǔ·líng·jiǔ |
| sān·líng·wǔ |

B 3 *Sie sind nun in der Lage, Ferngespräche nach verschiedenen Orten und Ländern anzumelden:*

Wǒ xiǎng wàng | Déguó | dǎ ge diànhuà. Qǐngwèn zěnme bàn?
| Měiguó |
| Fǎguó |
| Yīngguó |
| Shànghǎi |
| Xiānggǎng |
| Guǎngzhōu |

B 4 *Sie sollten Telefonnummern einerseits verstehen, andererseits auch diktieren können. Üben Sie das Hörverständnis bei den folgenden Telefonnummern, indem Sie Bleistift und Papier zur Hand nehmen und mitschreiben:*

Líng·èr·sān·èr·sì / qī·bā·wǔ jiǔ·yāo.
Líng·èr·sān·èr·sì / qī·bā·èr·líng·qī.
Líng·èr·sān·yāo / qī·sān·wǔ·líng·èr·wǔ.
Líng·èr·sān·sì / qī·líng·líng·yāo·liù·bā·liù.
Líng·sān·líng / bā·sān·sān·wǔ·sān·qī·sān.
Líng·bā·jiǔ / yāo·èr·yāo·sān·sān·wǔ·bā.
Líng·èr·sān·sān·jiǔ/ sì·líng·líng·bā.
Líng·èr·yāo·yāo / èr·wǔ·líng·líng·bā·yāo.

B 5 *Wenn Sie die folgenden von der Telefonvermittlung gesprochenen Sätze verstehen, dann werden Sie in China beim Telefonieren keine Schwierigkeiten mehr haben:*

Qǐng nín xiěxià nín yào de diànhuà   Nín zhù jǐ hào fáng?
  hàomǎ hé shòuhuàrén.   Qǐng nín děngyīděng.
Hǎo, wǒ gěi nín jiē.   Wǒ mǎshàng gěi nín jiē.
Děng jiē tōng le, wǒ jiào nín.   Déguó de diànhuà xiànzài dǎ bù tōng.
Qǐngwèn nín zhù jǐ hào fáng?   Déguó de diànhuà xiànzài méi rén jiē.
Zhè jiù xíng le.   Qǐng nín zài zhèlǐ děngjì yīxià.

Dào shíhòu zài fángjiān jiē.
Dào shíhòu zài èr·líng·sì hào fángjiān jiē.
Nín yào dě diànhuà hàomǎ shǐ duōshǎo?
Shòuhuàrén xìngmíng ně?

Xiànzài yào mǎ?
Děng bàn gě zhōngtóu yǐhòu zài gěi nín shìshi, hǎo mǎ?
Nín yào dě Déguó diànhuà jiē tōng lě.

C 1 *Bestellen Sie Telefongespräche nach verschiedenen Ländern:*

(Měiguó)

— Wǒ xiǎng wàng Měiguó dǎ gě diànhuà.
— Xiànzài yào mǎ?
— Shì.
— Qǐng nín děngyiděng, wǒ mǎshàng gěi nín jiē.
— Xièxie. Wǒ jiù zài zhèr děng.

Und nun sind Sie an der Reihe:

Měiguó / Déguó / Rìběn / Shànghǎi / Guǎngzhōu / Nánjīng

Qǐng nín zài zhèlǐ dēngjì yīxià.

C 2 *Bestellen Sie Telefongespräche nach Deutschland und bitten Sie um eine pünktliche Verbindung. Achten Sie darauf, daß die Zentrale Ihre Zeitangabe auch richtig versteht. Verbessern Sie jeweils den Verständnisfehler:*

(jīntiān xiàwǔ sān diǎnzhōng)
— Wǒ xiǎng zài jīntiān xiàwǔ sān diǎnzhōng dǎ diànhuà dào Déguó. Néng bù néng qǐng nín dào shíhòu gěi wǒ jiē yīxià?
— Hǎo. Wǒ jīntiān xiàwǔ sì diǎnzhōng gěi nín jiē.
— Bú shì sì diǎnzhōng, shǐ sān diǎnzhōng.
— Duì bù qǐ, jīntiān xiàwǔ sān diǎnzhōng, shì má?
— Shì.

Und nun sind Sie an der Reihe:

jīntiān xiàwǔ s̶ā̶n̶ diǎnzhōng / j̶ī̶n̶tiān xiàwǔ sì diǎnzhōng / míngtiān z̶ǎ̶oshǎng qī diǎnzhōng / jīntiān wǎnshǎng j̶i̶ǔ̶ diǎnzhōng / m̶í̶n̶gtiān zhōngwǔ yī diǎnzhōng / jīntiān z̶h̶ō̶n̶gwǔ shíèr diǎnzhōng / míngtiān zǎoshǎng j̶i̶ǔ̶ diǎnzhōng / jīntiān w̶ǎ̶n̶shǎng bā diǎnzhōng

C 3 *Für Ihren Freund, der noch nicht Chinesisch kann, melden Sie ein Telefongespräch nach Deutschland an. Übersetzen Sie der Telefonvermittlung die von Ihrem Freund genannten Nummern ins Chinesische:*

— Wǒ de péngyǒu xiǎng dǎ diànhuà huí Déguó.
— Tā yào de diànhuà hàomǎ shǐ duōshǎo?
— 0231 / 735025
   Líng · èr · sān · yāo / qī · sān · wǔ · líng · èr · wǔ.
— Tā zhù jǐ hào fáng?
— 109
   Yāo · líng · jiǔ.

Nun sind Sie an der Reihe:
0231 / 735025 : 109 / / 02324 / 78596 : 222 / / 02324 / 78207 : 48 / / 0611 / 590988 : 211 / / 089 / 96021 : 428

C 4 *Die Telefonzentrale sagt Ihnen, wie lange die Leitung nach Deutschland vermutlich besetzt sein wird. Sagen Sie darauf, man möge es nach Ablauf der genannten Zeit bitte noch einmal für Sie versuchen:*

— Wèi. Nín yào dǎ diànhuà dào Déguó má?
— Shì de.

— Déguó de diànhuà xiànzài dǎ bù tōng. Qǐng nín děng yī ge zhōngtóu zài dǎ, kěyǐ ma?
— Hǎo. Qǐng nín děng yī ge zhōngtóu yǐhòu zài gěi wǒ shìshi.

Nun sind Sie an der Reihe:

yī ge zhōngtóu / liǎng ge zhōngtóu / bàn ge zhōngtóu / yī ge bàn zhōngtóu / sān ge bàn zhōngtóu / liǎng ge bàn zhōngtóu

C5 Ü *Üben Sie nun das Gelernte in freiem Gespräch. Bitten Sie Ihren Lehrer, die Rolle des Postbeamten, der Telefonvermittlung, des Hotelangestellten usw. zu übernehmen.*

17 Telefongespräche

Chinesen melden sich am Telefon meist mit Wei. *Sie müssen also nach dem gewünschten Gesprächspartner fragen und, wenn er nicht da ist, etwas ausrichten lassen.*

A 1

— Wèi.
— Meier xiānshēng mǎ?
— Shì, wǒ jiù shì Meier.
— Meier xiānshēng, nín hǎo. Wǒ shì Wáng Huá. Wǒ xiǎng qǐng nín chīfàn. Nín jīntiān wǎnshàng yǒu kòng mǎ?
— Yǒu. Wǒ lái. Xièxiè nín.
— Wǎnshàng jiàn.
— Wǎnshàng jiàn.

A 2

— Wèi.
— Qǐngwèn Meier xiānshēng zài mǎ?
— Qǐng nín děngyiděng, wǒ qù kànyikàn. . . . Tā bú zài. Nín shì nǎr?
— Wǒ xìng Zhāng. Wǒ dě diànhuà hàomǎ shì èr · liù · bā · líng · jiǔ · wǔ.
— Qǐng zài shuō yībiàr. Wǒ lái jìxià.
— Èr · liù · bā · líng · jiǔ · wǔ.

A 3

— Wèi.
— Qǐngwèn Xīménzǐ Gōngsī dě Wagner xiānshēng zài mǎ?
— Qǐng nín děngyiděng, wǒ qù kànyikàn. . . . Kěxī Wagner xiānshēng bú zài. Nín yào bú yào wǒ gěi nín liú huà?
— Wǒ xìng Zhāng, wǒ shì Guāngmíng Rìbào dě jìzhě. Néng bù néng qǐng Wagner xiānshēng gěi wǒ dǎ diànhuà? Wǒ dě diànhuà hàomǎ shì qī líng yāo èr wǔ.
— Hǎo ba.

A 4

— Qǐngwèn Rìběn Dōngjīng Yínháng de Téngyuán xiānsheng zài ma?
— Tā xiànzài bú zài. Qǐngwèn nín shì nǎr?
— Wǒ shì Xīnhuáshè de jìzhě.
— Nín yào bú yào wǒ gěi nín liú huà?
— Qǐng nín gēn tā shuō wǒ míngtiān wǎnshang shí diǎnzhōng zài dǎ diànhuà gěi tā. Xièxie.
— Hǎo, xíng.

A 5

— Wéi.
— Qǐngwèn Wáng xiānsheng zài ma?
— Tā xiànzài bú zài. Qǐngwèn nín nǎr?
— Wǒ shì Hèshī Gāngtiě Gōngsī de dàibiǎo.
— Nín yào bú yào wǒ gěi nín liú huà?
— Qǐng nín gàosu Wáng xiānsheng Hèshī Gāngtiě Gōngsī de dàibiǎo Strunck jīntiān dǎguo diànhuà gěi tā. Xiǎng qǐng tā dào wǒ jiā wár.
— Nín yào bú yào Wáng xiānsheng gěi nín dǎ ge diànhuà?
— Bú yòng le. Xièxie.
— Bú kèqi.

B 1 *Hören Sie sich die folgenden Satzmuster an. Sie müssen in diesem Falle beide Rollen beherrschen: die Rolle des Anrufers und die Rolle der Person, die einen Anruf entgegennnimmt:*

Das Telefon läutet. Sie heben ab und sagen: Wéi.

B 2 *Nun rufen Sie jemanden an und fragen zunächst, ob die von Ihnen gewünschte Person anwesend ist:*

Wéi.
Wéi. Qǐngwèn | Meier xiānsheng | zài ma?
Mànnàsīmàn Gōngsī de dàibiǎo
Guāngmíng Rìbào de jìzhě Wáng xiānsheng
Rìběn Zhùyǒu Yínháng de Shānkǒu xiānsheng
Bōhóng Dàxué de Wagner xiānsheng
Niǔyuē Yínháng de Baker xiānsheng

Lektion 17

B 3 Wenn die von Ihnen gewünschte Person nicht anwesend ist, so können Sie in der folgenden Weise um Rückruf bitten:

Néng bù néng qǐng | Meier xiānshēng | gěi wǒ dǎ diànhuà?
| Zhāng nǚshì |
| Baker xiānshēng |
| Chén nǚshì |
| Lǐ xiānshēng |

B 4 Dabei müssen Sie Ihre eigene Telefonnummer zum Mitschreiben durchgeben:

Wǒ dė diànhuà hàomǎ shǐ | qī·líng·yāo·èr·bā·wǔ.
| yāo·bā·sān·líng·wǔ·yāo.
| sān·yāo·jiǔ·jiǔ·yāo·yāo.
| bā·líng·wǔ·líng·yāo·wǔ·yāo.
| wǔ·èr·líng·yāo·jiǔ·sān·jiǔ.

B 5 Möchten Sie jemandem eine Botschaft hinterlassen, so können Sie die entsprechende Bitte folgendermaßen formulieren:

Qǐng nín | gēn Wáng xiānshēng shuō wǒ dǎguǒ diànhuà gěi tā.
| gàosù Wáng nǚshì wǒ wǎnshàng zài dǎ diànhuà gěi tā.

B 6 Die Person, die Sie sprechen wollen, ist nicht anwesend. Sie sagen nun unter Angabe der genauen Zeit, wann Sie noch einmal anrufen werden:

Jīntiān	zhōngwǔ	shíèr	diǎnzhōng wǒ zài dǎ diànhuà gěi tā.
Míngtiān		yī	
	xiàwǔ	sān	
		sì	
	wǎnshàng	qī	
	zǎoshàng	bā	
	shàngwǔ	jiǔ	
		shí	
		...	

B 7 Wenn Sie anrufen und eine bestimmte Person sprechen wollen, so können Sie die folgenden Antworten hören:

Tā xiànzài bú zài. | Qǐngwèn nín nǎr?
| Qǐngwèn nín shǐ nǎr?
| Nín yào bú yào wǒ gěi nín liú huà?

Shì. Wǒ jiù shì | Meier.
　　　　　　　| Mànnàsīmàn Gōngsī de dàibiǎo.
Qǐng nín děngyiděng, wǒ qù kànyikàn.
Zài. Qǐng nín děngyiděng.

Kěxī	Meier xiānshēng	bú zài.	Nín yào bú yào wǒ gěi nín liú huà?
	Lǐ nǚshì		Qǐng nín	děng yīhuǐr zài dǎlái.
	Zhāng xiānshēng			děng yīxià.
	Baker xiānshēng			
	Chén nǚshì			

C1 *Laden Sie für den heutigen Abend per Telefon verschiedene Personen ein:*

(Müller xiānshēng: chīfàn)
— Wèi.
— Qǐngwèn Müller xiānshēng zài ma?
— Shì, wǒ jiù shì Müller.
— Müller xiānshēng, nín hǎo. Wǒ xiǎng qǐng nín chīfàn. Nín jīntiān wǎnshàng yǒu kòng ma?

Nun sind Sie an der Reihe:

Müller xiānshēng: chīfàn / Guójì Shūdiàn de Lǐ xiānshēng: chī wǎnfàn / Hóngxīng Gōngshè de Zhāng xiānshēng: dào wǒ jiā wár / Qīnghuá Dàxué de Hú nǚshì: dào wǒ jiā hē chá / Zhōngguó Rénmín Yínháng de Wáng xiānshēng: dào wǒ jiā hē jiǔ

C2 *Laden Sie nun dieselben Personen für morgen abend ein. Diesmal wird Ihre Einladung auf andere Weise übermittelt:*

(Müller xiānshēng: chīfàn)
— Wèi.
— Qǐngwèn Müller xiānshēng zài ma?
— Kěxí Müller xiānshēng bú zài. Nín yào bú yào wǒ gěi nín liú huà?
— Qǐng nín gàosu tā míngtiān wǎnshàng qǐng tā chīfàn.

Nun sind Sie an der Reihe:

Müller xiānshēng: chīfàn / Guójì Shūdiàn de Lǐ xiānshēng: chī wǎnfàn / Hóngxīng Gōngshè de Zhāng xiānshēng: dào wǒ jiā wár / Qīnghuá Dàxué de Hú nǚshì: dào wǒ jiā hē chá / Zhōngguó Rénmín Yínháng de Wáng xiānshēng: dào wǒ jiā hē jiǔ

C 3 *Ein Telefon läutet, Sie heben ab. Da die vom Anrufer gewünschte Person nicht anwesend ist, bitten Sie ihn, später noch einmal anzurufen. Der Anrufer bittet jedoch um Rückruf und hinterläßt zu diesem Zweck seinen Namen und seine Telefonnummer. Schreiben Sie mit:*

— *Wèi.*
— *Kessler xiānshēng zài mǎ?*
— *Kessler xiānshēng xiànzài bú zài. Qǐng nín děng yīhuǐr zài dǎlái.*
— *Néng bù néng qǐng Kessler xiānshēng gěi wǒ dǎ diànhuà? Wǒ xìng Yáng. Wǒ dě diànhuà hàomǎ shí èr · wǔ · qī · bā · líng · jiǔ.*
— *Qǐng zài shuō yībiàn. Wǒ lái jìxià.*
— *Wǒ xìng Yáng. Diànhuà hàomǎ shí èr · wǔ · qī · bā · líng · jiǔ.*

Und nun sind Sie an der Reihe:

Kessler xiānshēng / Meier nǚshì / Wáng Píng / Bauer xiānshēng / Hannon xiānshēng / Lǐ xiānshēng

Zur Kontrolle geben wir Ihnen hier noch einmal die Namen der Anrufer und deren Telefonnummern: Yáng / 257809. Hú / 12754. Zhāng / 89421. Dupont / 45732. Chén / 54281. Müller / 20001.

C 4 *In Ihrer Reisegruppe sind Engländer und Deutsche. Die Engländer sind gerade auf einer Besichtigungsfahrt, die Deutschen sind im Hotel:*

— *Müller xiānshēng zài mǎ?*
— *Qǐng nín děngyīděng, wǒ qù kànyīkàn.*
— *Baker xiānshēng zài mǎ?*
— *Bú zài. Nín yào bú yào wǒ gěi nín liú huà?*
— *Qǐng nín gēn tā shuō wǒ míngtiān xiàwǔ sān diǎnzhōng zài dǎ diànhuà gěi tā. Wǒ xìng Lǐ.*
— *Wǒ lái jìxià: Lǐ xiānshēng, míngtiān xiàwǔ sān diǎnzhōng, shì mǎ?*
— *Hǎo. Xièxiě.*

Nun sind Sie an der Reihe:

Müller xiānshēng / Baker xiānshēng / Hunter xiānshēng / Smith nǚshì / Jones nǚshì

Zur Kontrolle geben wir Ihnen noch einmal die Namen der Anrufer mit der Zeit des angekündigten späteren Anrufes: Lǐ / morgen nachmittag um drei. Yáng / heute abend um halb zehn. Hú / morgen früh um halb neun. Zhāng / morgen mittag um eins. Chén / heute mittag um halb eins.

C 5 Ü *Üben Sie das Gelernte im freien Gespräch.*

18 Im Restaurant

Als Gast in einem chinesischen Restaurant werden Sie oft in die folgenden Situationen kommen:

A 1

— Wǒ xiǎng dìng sì gè rén dě fàncài, zài míngtiān wǎnshàng liù diǎn bàn, kěyǐ mǎ?
— Kěyǐ. Zhōngcān háishǐ Xīcān?
— Zhōngcān. Qǐng nín gěi wǒmen pèi sì cài yī tāng, kěyǐ mǎ?
— Xíng.
— Xièxiě. Míngtiān wǎnshàng jiàn.

A 2

— Wǒmen kěyǐ zuò zhèr mǎ?
— Kěyǐ, qǐngqǐng...
  Nǐmen chī shénmě?
— Wǒmen chī jiǎozǐ hé suānlàtāng.
— Duōshǎo jiǎozǐ?
— Sānshí gè. Hái yào liǎng píng píjiǔ.
— Hǎo. Hái yào bié dě mǎ?
— Hái yào yī gè chǎozhūròu, yī gè chǎoniúròu.

A 3

— Nǐmen chī shénmě?
— Yǒu méi yǒu huángyú sān chī?
— Yǒu. Nǐmen chī fàn háishǐ chī yínsījuǎr?
— Yínsījuǎr.
— Hǎo. Hái yào bié dě mǎ?
— Lái yī píng Shàoxīng Jiǔ.

A 4

— Fúwùyuán tóngzhì, qǐng nín gěi wǒmen suàn yīxià zhàng ba.
— Yīgòng sì kuài liù máo qián.
— Hǎo. Zhè shǐ wǔ kuài qián.
— Zhǎo nín sì máo qián.
— Xièxiě, zàijiàn.

A 5

— Zǎo.
— Zǎo.
— Nín yào chī shénmě?
— Wǒ yào yī bēi kāfēi, yī bēi júzizhī, liǎng gě chǎojīdàn, yī piàn huǒtuǐ, miànbāo, huángyóu, guǒjiàng.
— Hái yào bié dě mǎ?
— Bú yào lě, xièxiě.

B 1 *Sie gehen in China in ein Speiserestaurant und bestellen einen Tisch für eine bestimmte Anzahl von Personen für eine bestimmte Zeit:*

Wǒ xiǎng dìng	sì gě rén wǔ gě rén liù gě rén qī gě rén bā gě rén	dě fàncài,		
	zài	míngtiān hòutiān	wǎnshǎng	wǔ diǎnzhōng, liù diǎnzhōng, liù diǎn bàn, qī diǎnzhōng, qī diǎn bàn,	kěyǐ mǎ?
			zhōngwǔ	shíèr diǎnzhōng, shíèr diǎn bàn, yī diǎnzhōng,	

B 2 *Wenn Sie mit der Speisekarte Schwierigkeiten haben, so denken Sie daran, daß es in China durchaus üblich ist, dem Restaurant die Auswahl der Speisen zu überlassen. In diesem Falle bestellen Sie pauschal:*

Qǐng nín gěi wǒmen pèi | sì | cài yī tāng, kěyǐ må?
                                     wǔ
                                     liù
                                     qī
                                     bā

B 3 *Wenn Sie sich in einem Lokal zu anderen Leuten an den Tisch setzen, sollten Sie wie folgt fragen:*

Wǒmen kěyǐ zuò | zhèr | må?
                     nàr

B 4 *Sie sitzen am Tisch und bestellen einige der landesüblichen Gerichte:*

Wǒmen chī | jiǎozi.
Wǒmen yào chī | suānlàtāng.
Yǒu méi yǒu | huángyú sān chī.
Hái yào | fàn.
                   | yínsījuǎr.
                   | chǎozhūròu.
                   | chǎoniúròu.

B 5 *In Ihrem Hotel können Sie sich ein reichhaltiges Frühstück bestellen:*

Wǒ yào | yī bēi | kāfēi.
Wǒmen yào | | hóngchá.
                          | lǜchá.
                          | niúnǎi.
                          | júzizhī.
                          | fānqiézhī.
                          | kuàngquánshuǐ.

            | yī ge | chǎojīdàn.
            | liǎng ge | hébāodàn.
                           | zhǔjīdàn.
                           | huǒtuǐ chǎojīdàn.

            | chī Zhōngguó shì de zǎofàn.

B6 Sie können in einem Lokal auch Bier
oder Schnaps kommen lassen:

Lái | liǎng píng píjiǔ.
　　| yī píng Máotái.
　　| sì bēi Máotái.

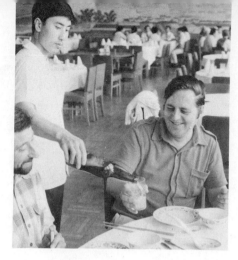

B7 Der chinesische Kellner fragt nach
Ihren Wünschen:
Zhōngcān háishì Xīcān?
Nǐmen chī shénme?
Hái yào bié de må?
Nǐmen chī fàn háishì chī yínsījuǎr?

Lái yī píng píjiǔ. Xièxie.

B8 Nachdem Sie gerufen haben
„Fúwùyuán tóngzhì, qǐng nín gěi wǒmen suàn yīxià zhàng bǎ.",
bringt der Kellner die Rechnung. Sie haben nur einen Zehn-Renminbi-Schein. Der Kellner erklärt Ihnen:
Yīgòng sì kuài qián. Nín gěi wǒ shí kuài qián, wǒ zhǎo nín liù kuài.
Yīgòng wǔ kuài qián. Nín gěi wǒ shí kuài qián, wǒ zhǎo nín wǔ kuài.
Yīgòng bā kuài qián. Nín gěi wǒ shí kuài qián, wǒ zhǎo nín liǎng kuài.

C1 Bestellen Sie für einen bestimmten Tag abends um halb sieben einen Tisch für eine bestimmte Anzahl von Personen. Überlassen Sie die Zusammenstellung der Gerichte dem Restaurant. Wenn es an dem gewünschten Tag nicht geht, schlagen Sie den darauffolgenden Tag vor:

(vier Personen – Mittwoch)
— Wǒ xiǎng dìng sì ge rén de fàncài, zài xīngqīsān wǎnshàng liù diǎn bàn, kěyǐ må?
— Kěxí bù xíng. Xīngqīsān wǎnshàng fàndiàn bù kāi.
— Xīngqīsì kěyǐ må?
— Kěyǐ. Zhōngcān háishì Xīcān?
— Zhōngcān. Qǐng nín gěi wǒmen pèi sì cài yī tāng.
— Xíng.
— Xièxie. Xīngqīsì wǎnshàng jiàn.

Nun sind Sie an der Reihe:

vier Personen – Mittwoch / zwei Personen – Sonntag / fünf Personen – Samstag
acht Personen – Dienstag / sechs Personen – Freitag

C 2 Bestellen Sie aus dem Angebot des Kellners jeweils das zuletzt genannte Gericht:
— Nǐmen chī shénme?
— Nǐmen yǒu shénme Zhōngcān?
— Jiǎozi, suānlàtāng, huángyú sān chī dōu yǒu.
— Wǒmen chī huángyú sān chī.

Nun sind Sie an der Reihe:
Jiǎozi, suānlàtāng, huángyú sān chī / suānlàtāng, huángyú sān chī, jiǎozi / huángyú sān chī, jiǎozi, suānlàtāng / jiǎozi, huángyú sān chī, chǎozhūròu / suānlàtāng, jiǎozi, chǎoniúròu

C 3 Bestellen Sie ein Frühstück nach den Angaben Ihres deutschen Reisegefährten:
— Nǐmen yào chī shénme?
— **Kaffee, zwei gekochte Eier, Brot**
— Wǒmen yào kāfēi, liǎng ge zhǔjīdàn, miànbāo.

Nun sind Sie an der Reihe:
Kaffee, zwei gekochte Eier, Brot / eine Tasse schwarzen Tee, Brot, Butter / eine Tasse grünen Tee, ein Schinkenomelett, Brot / Kaffee, drei Spiegeleier, ein Glas Mineralwasser

C 4 Sie rechnen mit dem Kellner ab. Wiederholen Sie den vom Kellner genannten Preis und übersetzen Sie ihn anschließend für Ihren Freund ins Deutsche:
— Fúwùyuán tóngzhì, gěi wǒmen suàn yīxià zhàng ba.
— Yīgòng sì kuài wǔ máo qián.
— Sì kuài wǔ máo: vier fünfzig.

Nun sind Sie an der Reihe:
sì kuài wǔ máo / shíwǔ kuài wǔ máo / èrshí kuài / qī kuài sān máo / shíèr kuài wǔ máo / èrshíèr kuài liǎng máo / sìshíèr kuài wǔ máo / sānshíèr kuài wǔ máo

C 5 Sie müssen zahlen und haben einen Fünf-Renminbi-Schein:
— Yīgòng sì kuài sān máo qián.
— Wǒ zhǐ yǒu yī zhāng wǔ kuài qián de, qǐng nín zhǎo qī máo qián.

Und nun sind Sie an der Reihe:
4.30 / 2.50 / 1.30 / 2.20 / 1.60 / 2.90 / 3.80

C 6 Ü Üben Sie das Gelernte im freien Gespräch. Bitten Sie den Lehrer, die Rolle des Kellners zu übernehmen.

19 Auf Besuch, bei Tisch

Sie haben bereits gelernt, wie man Gäste zu sich zum Essen einlädt. In den folgenden Dialogen hören Sie, wie Gast und Gastgeber in China sich bei Besuchen sprachlich verhalten:

A 1

— Nǐ lái lẻ, huānyíng huānyíng. Qǐng jìn, qǐng jìn.
— Xièxiě. Zhèi gẻ xiǎo dōngxǐ sòng gěi nǐ.
— Nǐ tài kèqỉ lẻ, xièxiě. Qǐng zuò. Qǐng hē chá.
— Hǎo, xièxiě.

A 2

— Lǐ Huì, wǒ zhù nǐ shēngrì hǎo. Zhèi diǎr xiǎo lǐwù qǐng shōuxià.
— Nǐ tài kèqỉ lẻ, xièxiě. Qǐng kuān nǐ dẻ dàyī. Qǐng zhèr zuò.
— Xièxiě. Nǐ dẻ jiā zhēn búcuò.
— Mǎmǎ hūhǔ.

A 3

— Zhào xiānshẻng, jiérì hǎo.
— Hǎo, xièxiě. Qǐng zuò. Hē yīdiǎr chá bả.
— Hǎo, xièxiě.
— Wǒ qù ná. Qǐng nǐ děng yīxià.

A 4

— Fàn hǎo lẻ. Qǐng shàngzhuō. Nǐ hē shénmẻ jiǔ?
— Yàoshỉ nǐ yǒu píjiǔ, wǒ jiù hē píjiǔ.
— Yǒu dẻ, yǒu dẻ.
— Xièxiẻ nǐ qǐng wǒ chīfàn. Wǒ xiān jìng nǐ.
— Wǒ yẻ jìng nǐ.

A 5

— Qǐng chī cài.
— Xièxiẻ.
— Nǐ hē shénmẻ?
— Suíbiàn.
— Hē chá, hǎo mả?
— Hǎo.
— Qǐng chī cài bả.
— Xièxiẻ.
— Qǐng duō chī yīdiǎr.
— Gòu lẻ, gòu lẻ.
— Zài hē yīdiǎr píjiǔ bả.
— Hǎo, xièxiẻ.
— Nǐ zěnmẻ bù chī lẻ?
— Wǒ chī bǎo lẻ.

A 6

— Dé xiānshẻng, huānyíng nǐ dào Zhōngguó lái. Wǒ xiān jìng nǐ yī bēi.
— Xièxiẻ. Wèi wǒmẻn dẻ yǒuyì gān yī bēi.
(Man ißt weiter)
— Láilải, zài gān yī bēi.
— Wǒ yẻ jìng nǐ yī bēi, zhù nǐ jiànkāng.
(Man ißt weiter. Alle heben die Gläser)
— Yīqǐ gān lẻ bả.

A 7

— Fēicháng gǎnxiè nǐmen de zhāodài. Wǒ dǎrǎo nǐmen tài jiǔ le. Wǒ xiǎng wǒ děi zǒu le.
— Bù, bù, bù. Duō zuò yīhuǐr.
— Bú zuò le, xièxie. Shíhou bù zǎo le. Wǒ zhēn de děi zǒu le. Míngtiān jiàn ba.
— Nà wǒ jiù bù liú nǐ le. Míngtiān jiàn.

B 1 *Wenn Sie chinesische Gäste bewirten, können Sie die folgenden Ausdrücke gut gebrauchen.*

Nǐ lái le, huānyíng huānyíng.
Qǐng jìn, qǐng jìn. Qǐng kuān nǐ de dàyī.
Nǐ tài kèqi le.
Qǐng zuò.
Qǐng hē chá.
Fàn hǎo le.
Qǐng shàngzhuō.
Nǐ hē shénme?
Yǒu de, yǒu de.
Wǒ jìng nín.
Qǐng chī cài.

Qǐng chī cài ba.
Qǐng duō chī yīdiǎr.
Zài hē yīdiǎr píjiǔ ba.
Nǐ zěnme bù chī le?
Huānyíng nǐ dào Zhōngguó lái.
Wǒ xiān jìng nǐ yī bēi.
Láilái, zài gān yī bēi.
Yīqǐ gān le ba.
Duō zuò yīhuǐr.
Qǐng zài lái wár.
Gānbēi.

Dé xiānsheng, huānyíng nǐ dào Zhōngguó lái.

B 2 *Wenn Sie irgendwo zu Gast sind, werden Ihnen die folgenden Ausdrücke nützlich sein:*

Zhèi ge xiǎo dōngxi sòng gěi nǐ.　　Wǒ chī bǎo le.
Yàoshi nǐ yǒu píjiǔ, wǒ jiù hē píjiǔ.　Wǒ xiǎng wǒ dǎrǎo nǐmen tài jiǔ le.
Xièxie nǐ qǐng wǒ chīfàn.　　Wǒ xiǎng wǒ děi huí jiā le.
Wǒ xiān jìng nǐ.　　Xièxie nǐmen de zhāodài.
Gòu le, gòu le.

B 3 *Wenn Sie zum Geburtstag eingeladen sind, gratulieren Sie folgendermaßen:*

Lǐ Huì,　　　　|　wǒ zhù nǐ shēngrì hǎo.
Chén Shòuyī,　|　jiérì hǎo.
Wáng xiānsheng,|
Liú nǚshì,　　　|
Chén Xiānghóng,|

B 4 *Dann überreichen Sie ein kleines Geschenk:*

Zhèi diǎr xiǎo | dōngxi　| qǐng shōuxià.
　　　　　　　| lǐwù　　|
　　　　　　　| jìniànpǐn |

B 5 *Man bedankt sich für das Geschenk:*

Xièxie. | Nǐ tài kèqi le.
　　　　| Bùgǎndāng.

B 6 *Auf ein Kompliment kann man antworten:*

Mǎmǎ hūhū.　　　Hái kěyǐ.
Nǎlǐ nǎlǐ.　　　　Bùgǎndāng.

B 7 *Ihre Gastgeberin hat Ihnen ein Getränk angeboten und geht, um es zu holen:*

Wǒ qù ná. Qǐng nǐ děng yīxià.

B 8 *Sie sollten die wichtigsten chinesischen Trinksprüche beherrschen:*

Wèi wǒmen de yǒuyì gān yī bēi.　　Gānbēi.
Wǒ jìng nǐ yī bēi, zhù nǐ jiànkāng.　Yīqǐ gān le ba.

C1 *Sie haben einen chinesischen Bekannten zu sich nach Hause zum Essen eingeladen. Reagieren Sie den im Folgenden aufgezählten Situationen angemessen:*

Der Gast erscheint an Ihrer Tür.
Nǐ lái lě, huānyíng huānyíng.

Nun sind Sie an der Reihe:

Der Gast erscheint an Ihrer Tür. / Sie möchten, dass der Gast eintritt. / Sie möchten, dass der Gast seinen Mantel ablegt. / Der Gast überreicht Ihnen ein Geschenk. / Sie möchten, dass der Gast Platz nimmt. / Sie bieten Tee an. / Sie bitten zu Tisch. / Sie fragen, was der Gast zu trinken wünscht. / Sie eröffnen das Essen mit einem Toast auf den Gast. / Sie fordern den Gast auf, noch etwas mehr zu essen. / Sie fordern den Gast auf, noch etwas mehr zu trinken. / Sie bitten den Gast, noch eine Weile sitzen zu bleiben. / Sie laden den Gast ein, wiederzukommen.

C2 *Sie werden als Gast bei chinesischen Bekannten empfangen. Reagieren Sie den folgenden Situationen angemessen:*

Sie überreichen ein kleines Geschenk.
Zhèi gě xiǎo dōngxi sòng gěi nǐ.

Nun sind Sie an der Reihe:

Sie überreichen ein kleines Geschenk. / Sie bedanken sich für die Einladung zum Essen. / Sie würden gerne Bier trinken. / Sie lehnen weitere Speisen ab. / Sie begründen, warum Sie weitere Speisen ablehnen. / Sie trinken auf die Gesundheit Ihrer Gastgeber. / Sie deuten an, daß Sie gehen müssen. / Sie erklären, daß Sie jetzt unbedingt nach Hause gehen müssen. / Sie bedanken sich für die Bewirtung.

C3 *Auf die Frage, welches Getränk Sie bevorzugen, schließen Sie sich dem anderen Gast an:*

— Nǐmen hē shénme?
— **Shàoxīng jiǔ.**
— Yàoshi tā hē Shàoxīng jiǔ, wǒ yě hē Shàoxīng jiǔ.

Nun sind Sie an der Reihe:

Shàoxīng jiǔ / kāfēi / píjiǔ / kuàngquánshuǐ / Máotái / júzizhī / zhúyèqīng / Fén jiǔ

C 4 *Ihr Gastgeber schlägt ein Getränk vor. Sie sind einverstanden:*
— Nǐ hē shénme jiǔ? Píjiǔ ba?
— Yàoshi nǐ yǒu píjiǔ, wǒ jiù hē píjiǔ.

Nun sind Sie an der Reihe:
píjiǔ / jiǔ / pútáojiǔ / Shàoxīng jiǔ / Huādiāo / Máotái / zhúyèqīng

C 5 *Sie erfahren, daß eine im Raum anwesende Person Geburtstag hat. Sie gehen hin und gratulieren:*
— Jīntiān shì Wáng Píng de shēngrì.
— Wáng Píng, wǒ zhù nǐ shēngrì hǎo.

Nun sind Sie an der Reihe:
Wáng Píng / Zhāng xiānsheng / Liú nǚshì / Dànián / Xiǎolǐ / Lǎozhāng / Lǐ xiānsheng

C 6 **Ü** *Üben Sie das Gelernte im freien Gespräch. Beschränken Sie sich aber nicht nur auf das in dieser Lektion Gelernte, sondern beziehen Sie auch das früher Gelernte in das Gespräch bei Tisch ein.*

Zài hē yī píng píjiǔ ba.

Lektion 19

20 Verabschiedung

Während Ihres Chinaaufenthaltes müssen Sie in verschiedenen Situationen für kürzere oder für längere Zeit Abschied nehmen:

A 1

— Fēicháng gǎnxiè nǐmen de zhāodài. Shíhòu bù zǎo le, wǒ xiǎng wǒ děi zǒu le.
— Hái zǎo ne. Qǐng zài duō zuò yīhuǐr.
— Bù le. Bù hǎo zài dǎrǎo le. Xièxiè nǐ.
— Nà wǒ jiù bù liú nǐ le.
— Zàijiàn.
— Zàijiàn.

A 2

— Chéng Gāng, duì bu qǐ, wǒ yīdìng děi zǒu le.
— Hǎo. Nàme wǒmen jiù míngtiān jiàn le.
— Míngtiān jiàn.
— Wǒ bú sòng nǐ le.
— Zàijiàn.

A 3

— Sūn Fēng, wǒmen shénme shíhòur zài jiàn?
— Xià ge yuè sānhào ba.
— Hǎo. Zàijiàn le. Dài wǒ wènhòu nǐ de àirén hǎo.
— Xíng, xièxiè. Sānhào jiàn.

A 4

— Lǐ xiānshēng, zàijiàn. Nǐ duì wǒmen de huìtán jiéguǒ mǎnyì ma?
— Hěn mǎnyì, hěn mǎnyì. Xīwàng wǒmen bù jiǔ néng zài jiàn.
— Zhù nǐ hǎo. Dài wǒ wènhòu nǐ de tóngshì hǎo.
— Xièxiě nǐ. Zàihuì.

A 5

— Xièxiě nǐ jīntiān péi le wǒ yī zhěng tiān.
— Bú kèqi.
— Míngtiān wǒmen shénme shíhour chūfā?
— Háishi bā diǎn bàn ba.
— Hǎo. Wǎnshang hǎohǎo xiūxi.
— Nǐ yě hǎohǎo xiūxi.
— Xièxiě. Zàijiàn.

A 6

(Am Flughafen)
— Zhù nǐ yī lù shùn fēng.
— Xièxiě nín. Zhèi cì zài Zhōngguó duōkuī nǐ de zhàogù a.
— Bú kèqi. Huānyíng nǐ zài lái.
— Wǒ yīdìng zài lái. Zàijiàn. Dài wǒ wènhòu bié de péngyǒu hǎo.
— Xíng, xièxiě. Xià cì jiàn.
— Zàijiàn.

A 7

(*Am Flughafen oder am Bahnhof*)
— Xièxiě nǐ zài Běijīng gěi wǒ dě zhāodài.
— Bú kèqi. Huānyíng nǐ zài lái.
— Hǎo. Xià cì jiàn.

B 1 Wenn Sie die Absicht haben, sich zu verabschieden, so bedanken Sie sich zunächst für die Einladung und die Bewirtung:

Fēicháng gǎnxiè | nǐ | dě zhāodài.
                | nǐmen | jīnwǎn dě zhāodài.
                | | jīnwǎn zhōudào dě zhāodài.

Jīntiān dě | wǔfàn | zhēn fēngshèng.
           | wǎnfàn |

— Xièxiě nǐ jīntiān péi lě wǒ yī zhěng tiān. — Xièxiě nǐ zài Běijīng gěi wǒ dě zhāodài.
— Bú kèqi.   — Bú kèqi, bú kèqi. Huānyíng nǐmen zài lái.

B 2 *Anschließend können Sie sich von Ihrem Gastgeber mit den folgenden Worten verabschieden:*

Shíhòu bù zǎo lẻ. Wǒ xiǎng wǒ děi zǒu lẻ.   Xīwàng wǒmén bù jiǔ néng zài jiàn.
Shíhòu bù zǎo lẻ. Wǒ xiǎng wǒ děi huí jiā lẻ.   Zàijiàn.
Duì bǔ qǐ, wǒ yīdìng děi zǒu lẻ.   Zàihuì.
Bù hǎo zài dǎrǎo lẻ.   Xià cì jiàn.
Nàmẻ wǒmén jiù míngtiān jiàn lẻ.

B 3 *Wenn Sie aus einer chinesischen Stadt oder aus China abreisen, so bedanken Sie sich für die Aufmerksamkeit, die man Ihnen während Ihres Aufenthaltes erwiesen hat:*

Zhèi cì zài | Zhōngguó | duōkuī nín dẻ zhàogù ả.
            | Guǎngzhōu |
            | Běijīng |
            | Nánjīng |
            | Shànghǎi |

— Zhèi cì zài Zhōngguó duōkuī nín dẻ zhàogù ả.
— Bú kèqỉ. Huānyíng nín zài lái.
— Wǒ yīdìng zài lái.

Sūn Fēng, zàijiàn. Dài wǒ wènhòu nǐ dẻ àirén hǎo.

B 4 *Sie lassen weiteren Bekannten Grüße ausrichten:*

Dài wǒ wènhòu | nǐ de àirén | hǎo.
 | nǐ de péngyǒu |
 | bié de péngyǒu |

B 5 *Zum Schluß danken Sie noch einmal Ihrem chinesischen Reisebegleiter für die Betreuung in seiner gastfreundlichen Stadt:*

Xièxie nǐ zài | Běijīng | gěi wǒ de zhāodài.
 | Guǎngzhōu |
 | Shànghǎi |
 | Nánjīng |

B 6 *Wenn Sie im Begriffe sind, sich zu verabschieden, hören Sie von den Zurückbleibenden oft die folgenden Worte:*

Hái zǎo ne.
Qǐng zài duō zuò yīhuǐr.
Nàme wǒmen jiù míngtiān jiàn le.
Wǒ bú sòng nǐ le.
Dài wǒ wènhòu nǐ de àirén hǎo.
Dài wǒ wènhòu nǐ de tóngshì hǎo.
Nǐ duì wǒmen de huìtán jiéguǒ mǎnyì ma?
Zhù nǐ yī lù shùn fēng.
Huānyíng nǐ zài lái.
Xià cì jiàn.

C 1 *Sie bedanken sich für die Einladung und sagen, Sie müßten gehen. Ihr Gastgeber drängt Sie, noch zu bleiben, doch Sie erwarten eine Stunde später selbst Besuch:*

— Fēicháng gǎnxiè nǐmen de zhāodài. Shíhòu bù zǎo le, wǒ xiǎng wǒ děi zǒu le.
— Hái zǎo ne, zài bā diǎn. Qǐng zài duō zuò yīhuǐr.
— Duì bù qǐ, wǒ yīdìng děi huí jiā le. Jiǔ diǎnzhōng wǒ péngyǒu lái kàn wǒ.

Nun sind Sie an der Reihe:

bā diǎn / wǔ diǎn bàn / liù diǎn bàn / bā diǎn bàn / wǔ diǎn / wǔ diǎn yī kè / chà yī kè qī diǎn / qī diǎn

C 2 *Ihr Gast verabschiedet sich. Bitten Sie ihn, noch etwas zu bleiben. Wenn er schließlich doch gehen muß, tragen Sie ihm Grüße an bestimmte Personen auf:*

— Shíhòu bù zǎo le, wǒ xiǎng wǒ děi zǒu le.
— Hái zǎo ne. Qǐng zài duō zuò yīhuǐr.
— Duì bù qǐ, wǒ zhēn de děi zǒu le. Wǒ àiren děng wǒ.
— Nà wǒ jiù bù liú nǐ le. Dài wǒ wènhòu nǐ de àiren hǎo.

Nun sind Sie an der Reihe:

wǒ àiren / wǒ de péngyou / wǒ de tóngshì / wǒ de lǎoshī / wǒ de fùmǔ / wǒ de gēge

C 3 *Ihr Gesprächspartner fragt, ob Sie mit dem Ergebnis der Unterredung zufrieden sind. Sie sind zufrieden und fragen, wann Sie einander wieder treffen. Daraufhin schlägt Ihr Gesprächspartner einen Zeitpunkt vor, und Sie erklären sich einverstanden:*

— Nín duì wǒmen de huìtán jiéguǒ mǎnyì ma?
— Hěn mǎnyì, hěn mǎnyì. — Wǒmen shénme shíhòur zài jiàn?
— Xià xīngqīsì, hǎo ma?
— Hǎo. Xià xīngqīsì jiàn.

Und nun sind Sie an der Reihe:

xià xīngqīsì / xià ge yuè èrshíhào / bāyuè yīhào / míngtiān xiàwǔ sān diǎnzhōng / dàhòutiān yī diǎnzhōng / xià ge yuè èr hào

C 4 Ü *Üben Sie das Gelernte im freien Gespräch.*

— Nǐ duì wǒmen de huìtán jiéguǒ mǎnyì ma? — Hěn mǎnyì, hěn mǎnyì.

21 Im Hotel

In einem Hotel müssen Sie sich häufig mit den Angestellten unterhalten:

A 1

— Néng bù néng qǐng nín míngtiān zǎoshàng liù diǎnzhōng jiào wǒ qǐlái?
— Hǎo, xíng. Jǐ hào fáng?
— Sì yāo yāo hào fáng.
— Hǎo.
— Xièxiè.

A 2

— Wǒ zhù èr èr wǔ hào fáng, qǐng nín gěi wǒ yàoshí.
— Zhè jiù shì.
— Xièxiè.

A 3

— Duì bù qǐ, jǐ diǎnzhōng kāi wǎnfàn?
— Cóng liù diǎnzhōng dào jiǔ diǎnzhōng dōu yǒu.
— Hǎo, xièxiè.

A 4

— Qǐngwèn, wǒ yǒu yī xiē yīfú yào sòng xǐ. Gāi zěnmě bàn?
— Qǐng nǐ jiù fàng zài kǒudài lǐ. Wǒmen pài rén qù ná. Nǐ zhù jǐ hào fáng?
— Wǒ zhù yāo yāo bā hào fáng. Kǒudài jiù zài mén biār.

In Ihrem Hotel können Sie auch Geld umtauschen:

A 5

— Qǐngwèn, wǒ xiǎng bǎ Yīngbàng huàn chéng Rénmínbì. Zài nǎr kěyǐ huàn qián?
— Yínháng jiù zài duìmiàn.
— Xièxiě.

A 6

— Wǒ xiǎng huàn yībǎi Mǎkè Rénmínbì.
— Hǎo. Nín yòng zhīpiào háishi xiànjīn?
— Xiànjīn.
— Qǐng nín bǎ zhèi zhāng biǎo tián yīxià.
— Hǎo le.
— Qīshíbā kuài jiǔ máo yī.
— Xièxiě.

Wenn Sie einen bestimmten Ort innerhalb oder auch außerhalb Ihres Hotels suchen, werden Ihnen die Hotelangestellten sicher helfen können:

A 7

— Qǐngwèn, zhèi ge fàndiàn yǒu méi yǒu jùlèbù?
— Yǒu.
— Jùlèbù zài nǎr?
— Zài yī lóu. Nǐ kěyǐ zuò diàntī qù. Cóng diàntī de zuǒbiār xiàng yòu zhuǎn, wàng qián zǒu, jùlèbù jiù zài nàr.
— Xièxiě.

A 8

— Duì bu qǐ, míngtiān wǎnshang wǒ xiǎng qù Guójì Jùlèbù. Qǐngwèn Guójì Jùlèbù zài nǎr?
— Guójì Jùlèbù cóng zhèr qù hěn yuǎn. Nín kěyǐ zuò chūzū qìchē qù.
— Nǎr yǒu chūzū qìchē?
— Nín kěyǐ zài fúwùtái dēngjì.
— Fúwùtái zài nǎr?
— Zài lóuxià.
— Hǎo, xièxiě.

B 1 *Sie können sich in Ihrem Hotel zu den verschiedensten Zeiten wecken lassen:*

| Néng bù néng qǐng nín míngtiān zǎoshang | liù diǎnzhōng
liù diǎn bàn
qī diǎnzhōng
qī diǎn bàn
bā diǎnzhōng
bā diǎn bàn
jiǔ diǎnzhōng | jiào wǒ qǐlái? |

B 2 *Auf die Frage* Nín zhù jǐ hào fáng? *sagen Sie die Nummer Ihres Zimmers:*

Yāo líng sān | hào fáng.
Èr líng wǔ
Èr yāo wǔ
Sān èr sān
Sì yāo yāo
Wǔ yāo líng

B 3 *Bei Ihrer Rückkehr ins Hotel verlangen Sie beim Empfang Ihren Zimmerschlüssel. Dabei müssen Sie die Nummer Ihres Zimmers nennen:*

Wǒ zhù | yāo líng sān | hào fáng, qǐng nín gěi wǒ yàoshí.
         | èr líng yāo |
         | yāo yāo èr |

B 4 *Wenn Sie nicht wissen, wann in Ihrem Hotel die Mahlzeiten beginnen, so fragen Sie jemand:*

Duì bù qǐ, jǐ diǎnzhōng kāi | fàn?
                              zǎofàn?
                              wǔfàn?
                              wǎnfàn?

Lektion 21

B5 *Sie erfahren dann, von wann bis wann es die von Ihnen gewünschte Mahlzeit gibt:*

Cóng	liù diǎnzhōng	dào	jiǔ diǎnzhōng	dōu yǒu.
	liù diǎn bàn		jiǔ diǎn bàn	
	qī diǎnzhōng		shí diǎn bàn	
	wǔ diǎn bàn		bā diǎn bàn	
	shíyī diǎn bàn		yī diǎn bàn	

B6 *Sie möchten Ihre Wäsche waschen lassen und fragen einen Hotelangestellten:*
Wǒ yǒu yī xiē yīfú yào sòng xǐ. Gāi zěnmě bàn?

B7 *Sie erfahren dann, wo Sie die Wäsche zum Abholen bereitlegen sollen:*

Wǒmén pài rén qù ná. Qǐng nín jiù fàng zài	kǒudài lǐ.
	chuáng shàng.
	zhuōzǐ shàng.
	yǐzi shàng.
	xǐzǎochí lǐtóu.
	chuángtóur.
	yángtái shàng.
	guìzi lǐ.
	mén biār.

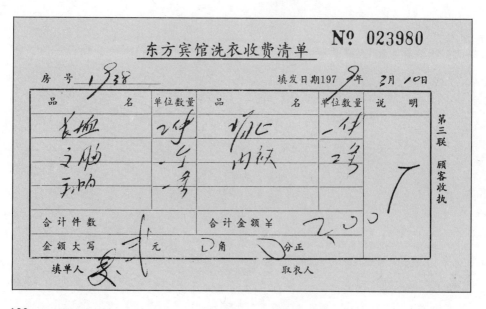

B 8 *Und anschließend sagen Sie, wo Sie die Wäsche zum Abholen hinlegen:*

Yào xǐ dẻ yīfú	jiù zài	mén biār.
Kǒudài		chuáng shàng.
		xǐzǎojiān lǐ.
		xǐzǎochí lǐtóu.
		zhuōzi shàng.
		yǐzi shàng.
		chuángtóur.
		guìzi lǐ.
		yángtái shàng.

B 9 *Sie stehen am Service-Schalter Ihres Hotels und beobachten, wie Hotelgäste aus verschiedenen Ländern Geld tauschen wollen. Achten Sie darauf, welche Währungen gegeneinander eingetauscht werden sollen:*

Wǒ xiǎng bǎ	Mǎkè	huàn chéng	Rénmínbì.
	Yīngbàng		Mǎkè.
	Měiyuán		Yīngbàng.
	Fǎguó Fǎláng		Měiyuán.
	Ruìshì Fǎláng		Fǎguó Fǎláng.

Qǐngwèn zài nǎr kěyǐ huàn qián?

— Wǒ xiǎng bǎ Mǎkè huàn chéng Rénmínbì. — Nín yòng zhīpiào háishǐ xiànjīn?
— Xiànjīn. Qǐng nín bǎ zhèi zhāng biǎo tián yīxià.

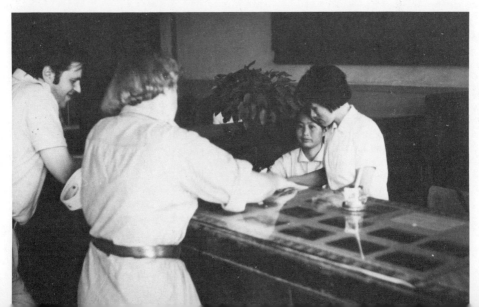

Die chinesische Währung heißt offiziell *Rénmínbì* (Volkswährung). Die Währungseinheiten sind: *yuán*, *jiǎo* und *fēn*. 1 *yuán* = 10 *jiǎo*, 1 *jiǎo* = 10 *fēn*. Für die offiziellen Bezeichnungen *yuán* und *jiǎo* gebraucht man in der gesprochenen Sprache *kuài* und *máo*.

B 10 *Je nachdem, was Sie zu kaufen planen, tauschen Sie verschiedene Geldbeträge in chinesische Währung um:*

Wǒ xiǎng huàn	yībǎi Mǎkè	Rénmínbì.
	liǎngbǎi Mǎkè	
	sānbǎi Yīngbàng	
	sìbǎi Fǎguó Fǎláng	
	yīqiān Ruìshì Fǎláng	

B 11 *Von dem chinesischen Bankangestellten erhalten Sie sodann die Antwort:*

Nín yòng zhīpiào háishì xiànjīn?
Qǐng nín bǎ zhèi zhāng biǎo tián yīxià.

B 12 *Wenn Sie einen Ort im Hotel suchen, so fragen Sie:*

Duì bù qǐ, qǐngwèn	jùlèbù	zài nǎr?
	xiǎomàibù	
	cèsuǒ	
	yóujú	
	fúwùtái	

C 1 *Fragen Sie, wann es in Ihrem Hotel Frühstück gibt. Lassen Sie sich eine halbe Stunde vor Beginn der Frühstückszeit wecken:*

— Duì bù qǐ, jǐ diǎnzhōng kāi zǎofàn?
— Cóng liù diǎnzhōng dào bā diǎnzhōng dōu yǒu.
— Néng bù néng qǐng nín míngtiān zǎoshàng wǔ diǎn bàn jiào wǒ qǐlái?

Und nun sind Sie an der Reihe:

cóng liù diǎnzhōng dào bā diǎnzhōng / cóng liù diǎn bàn dào bā diǎn bàn / cóng qī diǎnzhōng dào jiǔ diǎnzhōng / cóng qī diǎn bàn dào jiǔ diǎn bàn / cóng bā diǎnzhōng dào shí diǎnzhōng / cóng qī diǎn yī kè dào jiǔ diǎnzhōng / cóng liù diǎn sān kè dào jiǔ diǎn bàn

C 2 *Ein chinesischer Bekannter lädt Sie in Gegenwart Ihres Reiseleiters für den Nachmittag zum Spaziergang in einen Pekinger Park ein. Sie erkundigen sich beim Reiseleiter, wann das Mittagessen stattfindet. 15 Minuten nach dem Ende der Mittagessenszeit sind Sie zum Spaziergang bereit:*

— Wǒ xiǎng qǐng nǐ dào Běi Hǎi Gōngyuán wár. Jīntiān xiàwǔ, kěyǐ má?
— (zum Reiseleiter:) Jǐ diǎnzhōng kāi wǔfàn?
— **Cóng shíèr diǎnzhōng dào yī diǎnzhōng kāi wǔfàn.**
— (zum Einladenden:) Nàmě wǒměn yī diǎn yī kè zài zhèr jiàn lě.
— Hǎo, xíng. Yī diǎn yī kè jiàn.

Nun sind Sie an der Reihe:

cóng shíèr diǎnzhōng dào yī diǎnzhōng / cóng shíèr diǎn yī kè dào yī diǎn yī kè / cóng shíèr diǎn bàn dào liǎng diǎnzhōng / cóng shíèr diǎn sān kè dào liǎng diǎn yī kè / cóng yī diǎnzhōng dào liǎng diǎn bàn / cóng shíèr diǎn bàn dào yī diǎn sān kè

C 3 *Der Hotelangestellte irrt sich in Ihrer Zimmernummer, Sie wohnen ein Zimmer weiter als er vermutet:*

— Qǐng nín gěi wǒ yàoshí.
— Nín zhù èr·èr·wǔ hào fáng má?
— Bú shí, wǒ zhù·èr·èr liù hào fáng.
— Zhè jiù shí.
— Xièxiě.

Und nun sind Sie an der Reihe:

èr·èr·wǔ / èr·bā·èr / èr·qī·qī / èr·èr·jiǔ / sān·èr·èr / èr·liù·sān / sān·bā·liù /

C 4 Ü *Üben Sie das Gelernte im freien Gespräch. Bitten Sie Ihren Lehrer, die Rolle des Hotelpersonals zu übernehmen.*

22 Gespräche mit dem Reiseleiter

Wenn Sie China in einer Gruppe bereisen, steht Ihnen für alle Fragen ein chinesischer Reiseleiter zur Verfügung:

A 1

— Míngtiān wǒmen shénme shíhòur chūfā?
— Míngtiān zǎoshang bā diǎnzhōng wǒmen zài zhèr jiànmiàn. Shàngwǔ wǒmen qù Gùgōng. Zhōngwǔ huílái xiūxi. Xiàwǔ liǎng diǎn bàn wǒmen qù Yǒuyì Shāngdiàn.
— Wǎnshang ne?
— Hái méi ānpái. Nín xiǎng zuò shénme?
— Wǒ xiǎng kàn diànyǐng. Néng bù néng bāngmáng ānpái?
— Xíng.
— Xièxie.

A 2

— Lín xiānsheng, wǒ xiǎng kàn zájì. Néng bù néng qǐng nǐ gěi wǒ ānpái?
— Xíng. Shénme shíhòur?
— Shénme shíhòur dōu kěyǐ.
— Jīntiān wǎnshang de piào, hǎo ma? Nǐ yào jǐ zhāng?
— Liǎng zhāng.
— Hǎo. Jīntiān wǎnshang chī wǎnfàn de shíhòur wǒ gěi nǐ.

A 3

— Lǐ xiānsheng, wǒ de wèi bù shūfu. Wǒ xiǎng qù kàn yīsheng.
— Hǎo. Nín yào wǒ gēn nín qù háishi dǎ diànhuà jiào yīsheng lái?
— Dǎ diànhuà jiào yīsheng lái, hǎo le.
— Hǎo. Qǐng nín děng yīxià. Nín zài zhèr zuò. Yīsheng mǎshàng jiù lái.

A 4

— Chén xiānsheng, wǒ tóu téng. Zài nǎr kěyǐ mǎidào tóuténgyào?
— Bú yòng mǎi, wǒ zhèr yǒu.
— Xièxie. Zhèi ge yào shénme shíhòur chī? Chīfàn yǐqián háishi chīfàn yǐhòu?
— Shénme shíhòur dōu kěyǐ. Yàoshi nín tóu téng, nín jiù chī.
— Yī cì chī jǐ ge?
— Yī cì chī yī ge.

A 5

— Zhāng xiānsheng, wǒ de hùzhào bú jiàn le.
— Bié zháojí. Nǐ jìde shi zài nǎr bú jiàn de ma?
— Wǒ jì bù dé le.
— Wǒmen bāng nǐ zhǎo. Qǐng fàngxīn.
— Xièxie.

A 6

— Zhū xiānsheng, xièxie nín yī lù de zhāodài.
— Bú kèqi, bú kèqi.
— Zhè shi wǒ de dìzhǐ. Nín yàoshi lái Déguó, qǐng nín yīdìng dào wǒ jiā lái wár.
— Xièxie. Yǒu jīhuì yīdìng qù kàn nín.

— Jīntiān wǎnshǎng wǒmẻn zuò shénmẻ? — Hái méi ānpái, nín xiǎng zuò shénmẻ?

Zhè shi wǒ dẻ dìzhǐ. Nín yàoshỉ lái Déguó, qỉng nín yīdìng dào wǒ jiā lái wár.

Lektion 22

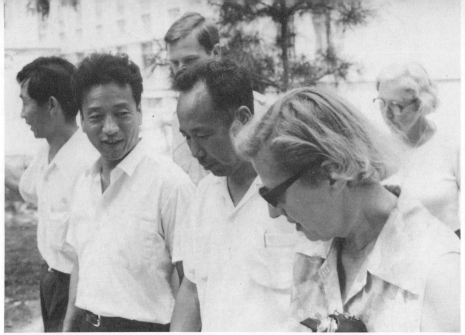

— Lín xiānsheng, wǒ xiǎng kàn zájì. Néng bù néng qǐng nín gěi wǒ ānpái? — Xíng. Shénme shíhour?

B 1 *Kurze Rückfragen nach der Zeit eines geplanten Unternehmens können Sie folgendermaßen formulieren:*

Wǎnshang | ne?
Zhōngwǔ |
Zǎoshang |
Xiàwǔ |

B 2 *Sie können den Reiseleiter bitten, Ihnen Karten zu besorgen:*

Wǒ xiǎng kàn | diànyǐng. | Néng bù néng | bāngmáng ānpái yīxià?
             | zájì | | qǐng nǐ gěi wǒ ānpái yīxià?
             | xì | | bāng wǒ mǎi piào?

B 3 *Sie fragen Ihren Reiseleiter, wann es am nächsten Morgen losgeht:*

Wǒmen míngtiān shénme shíhour chūfā?

B 4 *Wenn Sie sich einmal gesundheitlich nicht ganz wohl oder gar krank fühlen, sollten Sie sich gleich an den Reiseleiter wenden:*

Wǒ de | wèi | bù shūfu. Wǒ xiǎng qù kàn yīshēng.
       | dùzi
       | xiōngkǒu
       | hóulóng

Wǒ | tóu | téng. Wǒ xiǎng qù kàn yīshēng.
   | de | wèi
       | dùzi
       | tuǐ
       | hóulóng

B 5 *Der Reiseleiter sagt Ihnen dann, daß er sich um einen Arzt bemühen wird:*

Wǒ dǎ diànhuà jiào yīshēng lái.
Wǒ qù jiào yīshēng lái.
Wǒmen pài rén qù jiào yīshēng lái.
Wǒ gēn nǐ qù kàn yīshēng.
Qǐng nǐ gēn wǒ lái. Wǒmen yīqǐ qù kàn yīshēng.

B 6 *Wenn Sie sich ein Medikament selbst besorgen wollen, so fragen Sie den Reiseleiter, wo man es kaufen kann:*

Wǒ | tóu | téng. Zài nǎr kěyǐ mǎidào | tóuténgyào?
   | de | wèi | | wèiyào?
      | hóulóng | | hóulóngyào?
                                                                                                      yào?

B 7 *Wenn Ihnen etwas abhanden gekommen ist, so melden Sie den Verlust am besten bei Ihrem Reiseleiter:*

Wǒ de | hùzhào | bú jiàn le.
        | zhàoxiàngjī | diū le.
        | yǔsǎn
        | shǒubiǎo
        | píbāo
        | qián

B 8 *Sie können damit rechnen, daß man Ihnen beim Wiederauffinden behilflich sein wird:*
Wǒ bāng nǐ zhǎo, qǐng fàngxīn.
Wǒmen bāng nǐ zhǎo. Bié zhāojí.

B 9 *Wenn es Kleinigkeiten sind, die Sie brauchen, so kann Ihnen Ihr Reiseleiter möglicherweise aushelfen. In diesem Falle sagt er zu Ihnen:*
Bú yòng mǎi, wǒ | zhèr | yǒu.
　　　　　　　　| nàr |
　　　　　　　　| jiā lǐ |
　　　　　　　　| píbāo lǐ |

B 10 *Sicher machen Sie Ihrem chinesischen Reiseleiter eine große Freude, wenn Sie sich für seine Bemühungen mit den folgenden Worten bedanken:*
Zhū | xiānshēng, xièxiě nǐ yī lù de | zhāodài.
Zhāng | | zhàogù.

B 11 *Sie haben Ihren Reiseleiter nach dem Programm des nächsten Tages gefragt. Wenn der nächste Tag zur freien Verwendung gedacht ist, hören Sie:*
Hái méi ānpái. | Nǐ | xiǎng zuò shénme?
　　　　　　　| Nín | yào kàn zájì ma?
　　　　　　　| Nǐmen | xiǎng kàn shénme?
　　　　　　　|　　　| yào cānguān bówùguǎn ma?
　　　　　　　|　　　| yào mǎi dōngxi ma?

B 12 *In den meisten Fällen steht das Programm allerdings schon fest. Dann lautet die Antwort:*
Míngtiān zǎoshang | bā diǎnzhōng | wǒmen zài | zhèr | jiànmiàn.
　　　　　　　　　| bā diǎn bàn |　　　　　| nàr |
　　　　　　　　　| ... |

Shàngwǔ | wǒmen qù | kànkan | Gùgōng.
Xiàwǔ |　　　　　| cānguān | Máo Zhǔxí Jìniàntáng.
Wǎnshang |　　　|　　　　| Tiānānmén.
　　　　　|　　　|　　　　| Rénmín Dà Huìtáng.

B 13 *Beim Abschied können Sie dem Reiseleiter Ihre Adresse geben und ihn einladen, Sie einmal zu Hause in Ihrem Land zu besuchen:*

Nín yàoshǐ lái | Ōuzhōu, | qǐng nín yīdìng | dào wǒ jiā lái wár.
               | Déguó, | | dǎ diànhuà gěi wǒ.
  | | | lái kàn wǒ.
  | | | lái | Bōhóng.
  | | | | Mùníhēi.
  | | | | Hànbǎo.
  | | | | ...

C 1 *Danken Sie dem Reiseleiter und reagieren Sie auf seine Einladung:*
— Zhāng xiānsheng, xièxiě nín yī lù dě zhāodài.
— Bú kèqǐ, bú kèqǐ. Huānyíng nín zài lái. Wǒ zhù zài Wǔhàn. Nín yàoshǐ lái Wǔhàn, qǐng nín yīdìng dǎ diànhuà gěi wǒ.
— Xièxiě nín. Wǒ lái Wǔhàn, yīdìng dǎ diànhuà gěi nín.

Nun sind Sie an der Reihe:

Wǔhàn / Nánjīng / Běijīng / Shànghǎi / Guǎngzhōu / Xiānggǎng

C 2 *Sie haben in Deutschland chinesische Gäste zu Besuch. Bei der Verabschiedung laden Sie sie ein, bei ihrem nächsten Deutschland-Aufenthalt wieder vorbeizukommen:*
— Lǐ xiānsheng, zàijiàn. Zhù nǐ yī lù shùn fēng.
— Xièxiě nǐ. Zhèi cì zài Déguó duōkuī nǐ dě zhàogù lě. Wǒ bāyuè huílái. Nǐ bāyuè zài jiā mǎ?
— Shì, zài jiā. Zhè shǐ wǒ dě dìzhǐ. Nǐ bāyuè lái Déguó, qǐng nǐ yīdìng dào wǒ jiā lái wár.

Und nun sind Sie an der Reihe:

bāyuè / shíyuè / xià gě yuè / sān gě yuè yǐhòu / shíèryuè / sì gě xīngqī yǐhòu / sān gě xīngqī yǐhòu

C 3 *Fragen Sie den Reiseleiter, wann Ihre Gruppe heute abend im Hotel zurück sein wird. Eine Stunde danach würden Sie gerne noch ins Kino gehen:*
— Jīntiān wǎnshang wǒmen shénme shihòur huí fàndiàn?
— Qī diǎn bàn.
— Bā diǎn bàn wǒ xiǎng qù kàn diànyǐng, kěyǐ mǎ?
— Hǎo, xíng. Wǒ gěi nǐ ānpái, mǎi liǎng zhāng piào.

Nun sind Sie an der Reihe:

qī diǎn bàn / qī diǎn sān kè / liù diǎnzhōng / liù diǎn yī kè / chā yī kè qī diǎn / chā yī kè bā diǎn

C 4 *Teilen Sie die von Ihrem Reisegefährten auf Deutsch geäußerten Beschwerden dem Reiseleiter auf Chinesisch mit:*
— **Ich habe Bauchschmerzen und möchte zum Arzt.**
— *Wǒ de péngyǒu de dùzi téng, tā xiǎng qù kàn yīshēng.*
— *Bú yòng qù, yīshēng zài fàndiàn. Wǒ qù jiào tā.*
— *Nicht nötig hinzugehen, der Arzt ist im Hotel. Er holt ihn.*

Nun sind Sie an der Reihe:

Bauchschmerzen / Halsschmerzen / Magenschmerzen / Magenbeschwerden / Bauchbeschwerden / Herzbeschwerden / Kopfschmerzen

C 5 *Übersetzen Sie für Ihren Reisegefährten dem Reiseleiter, Herrn Lǐ:*
— **Mein Schirm ist weg!**
— *Lǐ xiānshēng, wǒ de péngyǒu de yǔsǎn bú jiàn le.*
— *Bié zhāojí. Tā jìde shì shénme shíhòur bú jiàn de ma?*
— *Wann haben Sie ihn das letzte Mal gesehen?*
— **Heute morgen um neun Uhr.**
— *Jīntiān zǎoshàng jiǔ diǎnzhōng.*
— *Qǐng fàngxīn. Wǒmen bāng nǐmen zhǎo.*

Nun sind Sie an der Reihe:

Schirm – heute morgen um neun / Handtasche – gestern abend um acht / Fotoapparat – gestern abend um sieben / Reisepaß – heute nachmittag um vier / Armbanduhr – gestern morgen um zehn

C 6 Ü *Üben Sie das Gelernte im freien Gespräch. Bitten Sie Ihren Lehrer, die Rolle des Reiseleiters zu übernehmen.*

23 Aussagen zur Person

Radio Peking bereitet eine Sendung über ausländische Touristen in China vor. In diesem Zusammenhang bittet ein Reporter des Senders eine deutsche Touristin aus Stuttgart, einige Fragen über ihre persönlichen Verhältnisse in Deutschland und über ihre Eindrücke in China zu beantworten:

A 1 — Nín hǎo. Ràng wǒ zìjǐ jièshào yīxià: Wǒ shì Běijīng Diàntái de jìzhě. Qǐngwèn nín guì xìng?
— Wǒ xìng Shīmìtè.
— Shīmìtè nǚshì, néng bù néng qǐng nín huídá jǐ ge wèntí?
— Kěyǐ.
— Shīmìtè nǚshì, nín cóng nǎr lái de?
— Wǒ cóng Bólín lái de, kěshì wǒ xiànzài zhù zài Sītújiātè. Wǒ shì Guójì Shāngyè Jīqì Gōngsī de zhíyuán.
— Nín chéngjiā le ma?
— Wǒ jiéhūn le. Wǒ yǒu liǎng ge háizi: yī ge érzi, yī ge nǚér.
— Tāmen jǐ suì?
— Érzi shísān suì, nǚér qī suì.
— Tāmen dōu shàngxué ba?
— Shì.
— Nín de àirén zuò shénme?
— Tā shì gōngchéngshī.
— Yèyú shíjiān nín zuò shénme?
— Wǒ xǐhuān dǎ pīngpāngqiú, yě xǐhuān kàn diànshì.
— Nín lái Zhōngguó zuò shénme?
— Wǒ lái Zhōngguó, yīnwèi wǒ xǐhuān Zhōngguó de wénhuà. Wǒ zài Sītújiātè Rénmín Yèyú Dàxué xué Zhōngwén. Wǒ chángcháng kàn Zhōngwén shū, Zhōngwén bào hé zázhì, yě xiǎng qīnzì rènshi Zhōngguó.
— Nín dàoguo nǎr?
— Wǒ dàoguo Běijīng, Nánjīng, Shànghǎi, Wǔhàn hé Guǎngzhōu.
— Nín duì Zhōngguó de yìnxiàng rúhé?
— Tǐng hǎo. Zhōngguó rén dōu hěn kèqi. Zhōngguó de fēngjǐng hǎo jí le.
— Nín de Zhōngwén hěn hǎo. Nín gēn shuí xué de?
— Wǒ gēn Chén lǎoshī xué de. Chén lǎoshī shì Zhōngguó rén.
— Xièxiè nín de huídá. Zhù nín yī lù shùn fēng. Zàijiàn.
— Zàijiàn.

Werner Müller erzählt von sich:

A 2 — Wǒ shǐ gōngchéngshī, zhù zài Bōhóng shì, zài yī gè dà gōngchǎng gōngzuò. Wǒ yǐjīng chéngjiā lė, yǒu liǎng gė háizǐ: yī gė érzǐ, yī gė nǚér. Érzǐ shíyī suì, nǚér jiǔ suì. Wǒ zìjǐ sìshíliù suì, wǒ àirén sìshí suì. Tā zài yī jiā gōngsī gōngzuò. Wǒmėn yǒu yī gė Dàzhòng pái xiǎo qìchē, yī dòng xiǎo fángzǐ. Wǒ ài tī zúqiú, kàn diànshì.
— Nín dàoguò Zhōngguó mả?
— Méi yǒu. Míngnián yī·jiǔ·bā·líng nián qīyuè yīhào wǒ yào dào Zhōngguó qù.
— Nín huì Zhōngwén mả?
— Huì yīdiǎr. Wǒ zài Bōhóng Dàxué xuéguò yī zhěng gė xīngqī. Měitiān cóng zǎoshǎng jiǔ diǎnzhōng dào xiàwǔ wǔ diǎnzhōng. Wǒ zhǐ huì shuō jiǎndān dė. Wǒ hái yào zài xuéxí.

Barbara Weiss erzählt von sich:

A 3 — Wǒ shǐ jiàoyuán, zài zhōngxué jiāoshū. Wǒ shǐ yī·jiǔ·sì·wǔ nián shēng dė, wǒ jīnnián sānshísān suì. Wǒ hái méi jiéhūn. Wǒ zhù zài Duōtèméngdé shì, yǒu yī gė xiǎo fángzǐ. Wǒ dė fùmǔ zhù zài Mùníhēi. Wǒ yǒu liǎng gė xiōngdì. Gēgė zhù zài Hànbǎo, dìdǐ zài Bōhóng Dàxué xuéxí. Yèyu shíjiān wǒ xǐhuān yùndòng-yùndǒng. Wǒ yě ài tán jítā.
— Nín dàoguò Zhōngguó mả?
— Wǒ yǐjīng dàoguò Zhōngguó yī cì. Yī·jiǔ·qī·liù nián wǒ dàoguò Běijīng hé Guǎngzhōu. Wǒ xǐhuān Zhōngguó.
— Nín zài nǎr xué dė Zhōngwén?
— Zài Hǎidéérbǎo Dàxué.
— Nín xué lė duō jiǔ?
— Wǒ xué lė sì nián. Kěshì měi gė xīngqī zhǐ xué sì gė xiǎoshí. Wǒ dė Zhōngwén bú gòu hǎo. Wǒ hái yào zài xuéxí.
— Nín tài kèqi. Nín dė Zhōngwén xiāngdāng hǎo.

B 1 **Wenn Sie während Ihres Chinaaufenthaltes mit jemandem ins Gespräch kommen, können Sie ihm einige Einzelheiten über sich selbst und Ihre Familie erzählen:**

Wǒ | yǐjīng chéngjiā lė.
    | hái méi jiéhūn.

Wǒ yǒu | liǎng gė háizǐ.
       | sān gė nǚér. | liǎng gė dìdǐ hé liǎng gė jiěměi.
       | sì gė háizǐ: yī gė nǚér, sān gė érzǐ. | sān gė mèiměi.
       | liǎng gė xiōngdì. | yī gė gēgė.
       | liǎng gė dìdǐ. | yī gė jiějiė.

Wǒ zìjǐ		sānshí	suì.	Wǒ	shì	yī·jiǔ·sì·jiǔ	nián shēng de.
Wǒ de	fùqīn	liùshí		Tā		yī·jiǔ·yī·jiǔ	
	mǔqīn	wǔshíbā				yī·jiǔ·èr·yī	
	érzi	sān				yī·jiǔ·qī·liù	
	nǚér	sì				yī·jiǔ·qī·qī	
	gēge	sānshíyī				yī·jiǔ·sì·bā	
	péngyǒu	èrshíbā				yī·jiǔ·wǔ·yī	
	àirén	èrshíqī				yī·jiǔ·wǔ·èr	

B 2 *Möglicherweise möchten Sie Geburtsdaten auf den Tag genau angeben:*

Wǒ		shì	yī·jiǔ·sì·jiǔ	nián	wǔyuè qīhào	shēng de.
Wǒ de	fùqīn		yī·jiǔ·yī·jiǔ		bāyuè shíjiǔhào	
	mǔqīn		yī·jiǔ·èr·yī		yīyuè èrshíèrhào	
	érzi		yī·jiǔ·qī·liù		èryuè èrhào	
	nǚér		yī·jiǔ·qī·qī		sìyuè bāhào	
	gēge		yī·jiǔ·sì·bā		wǔyuè yīhào	
	péngyǒu		yī·jiǔ·wǔ·yī		qīyuè sānshíhào	
	àirén		yī·jiǔ·wǔ·èr		shíèryuè èrshíbāhào	

B 3 *Sie fragen nun Ihr Gegenüber nach Familienstand, Alter, Tätigkeit und Freizeitbeschäftigung:*

Nǐ	chéngjiā le ma?
	jiéhūn le ma?
	yǒu	háizi ma?
		xiōngdì ma?
		jiěmèi ma?
		érzi ma?
		nǚér ma?

Tā	jǐ suì?
Tāmen	duō dà le?
Nǐ de háizimen	duō dà niánji?
Nǐ de xiōngdì	
Nǐ de jiěmèi	

Nǐ		zuò shénme?
Nǐ de	háizimen	
	àirén	
	gēge	

— Nǐ chéngjiā le ma?
— Wǒ hái méi jiéhūn.

Yèyú shíjiān	nǐ		zuò shénme?
	nǐ de	érzi	
		gēge	
		mèimei	
		nǚér	
		péngyǒu	

B 4 *Der Beruf oder eine sonstige Tätigkeit (z.B. Studium) wird auf folgende Weise mitgeteilt:*

Wǒ(men)	zài	yī ge dà gōngchǎng	gōngzuò.
Tā(men)		Déguó Yínháng	
Wǒ de fùmǔ		Xīménzǐ Gōngsī	
Wǒ de érzi		yī ge bǎihuòdiàn	
		Hǎidéěrbǎo Dàxué	xuéxí.
		Bōhóng Dàxué	jiāoshū.
		zhōngxué	
		xiǎoxué	
		dàxué	

B 5 *Wenn Sie entsprechende Aussagen über weitere Personen machen wollen, sollten Sie eine Reihe von Berufen kennen:*

Wǒ		shì	fānyìyuán.
Wǒ de	fùqīn		yáyī.
Tā de	mǔqīn		hùshi.
Meier xiānsheng de	érzi		sùxiěyuán.
	nǚér		fǎguān.
	gēge		lǜshī.
	péngyǒu		mìshū.
	àirén		jìzhàngyuán.
			jīnglǐ.
			jiànzhùshī.
			shèjìshī.
			kuànggōng.
			mùjiàng.

B6 *Sie kommen oft in die Lage, die Frage nach Ihrem Wohnort in Europa beantworten zu müssen. Wenn Sie die chinesische Bezeichnung für Ihre Stadt nicht wissen, können Sie ebenso die deutsche Bezeichnung verwenden:*

Wǒ zhù zài	Duōtèméngdé	shì.
Tā	Bōhóng	fùjìn.
	Mùníhēi	
	Bólín	
	Fǎlánkèfú	
	Dùsèěrduōfū	
	Hànbǎo	
	Hànnuòwēi	
	Sītújiātè	
	Lúndūn	
	Bālí	

Zhōngguó rén xǐhuān qí zìxíngchē.

B7 *Im Laufe Ihrer Unterhaltung kommen Sie darauf zu sprechen, wie Sie und Andere am liebsten die Freizeit verbringen:*

Wǒ		xǐhuān	yùndòngyùndòng.
Wǒ de	fùqīn	ài	tī zúqiú.
Wǒmen de	mǔqīn		dǎ páiqiú.
Wagner xiānsheng de	érzi		dǎ lánqiú.
Tā de	nǚér		dǎ shǒuqiú.
	gēge		dǎ wǎngqiú.
	péngyou		dǎ pīngpāngqiú.
	àirén		dǎ yǔmáoqiú.
			yóuyǒng.
			dǎpái.
			tīng yīnyuè.
			tán jítā.
			lā xiǎotíqín.
			tán fēngqín.
			tán gāngqín.
			chuī kǒuqín.
			zhàoxiàng.
			qí zìxíngchē.
			tántiān.

B 8 *Die Frage, ob jemand schon einmal irgendwo war, wird folgendermaßen gestellt:*

Nǐ	qùguǒ dàoguò	Zhōngguó Fǎguó Àodìlì Ruìshì Nánsīlāfū Nuówēi Yìdàlì Yìndù	ma?

B 9 *Auf Fragen dieser Art kann man folgende Antworten hören:*

Wǒ	1969 1970 1971 ...	nián	liùyuè qīyuè bāyuè ...	dàoguǒ qùguǒ	Zhōngguó. Fǎguó. Àodìlì. ...	Wǒ xǐhuān	Zhōngguó. Fǎguó. Àodìlì. ...

B 10 *Reisepläne kann man in folgender Weise mitteilen:*

Wǒ	míngnián 1980 1981 1982 1983	liùyuè qīyuè bāyuè jiǔyuè shíyuè	yào dào	Fǎguó Zhōngguó Àodìlì Yìdàlì Nánsīlāfū	qù.

B 11 *Wer sich in einer fremden Sprache unterhält, wird häufig gefragt, wo er diese Sprache gelernt hat:*

Nǐ zài nǎr xué dé	Zhōngwén? Yīngwén? Fǎwén? Déwén? Éwén?

Wǒ zài	Bōhóng Dàxué Mùníhēi Rénmín Yèyú Dàxué Déguó Yīngguó Lúndūn Dàxué	xué dé	Zhōngwén. Yīngwén. Déwén. Zhōngwén. Éwén.

B 12 Oft wird auch danach gefragt, wie lange eine Sprache gelernt wurde:
Nǐ xué lě duō jiǔ?

Wǒ xué lě	yī gě liǎng gě sān gě sì gě ...	xīngqī.
	yī gě liǎng gě sān gě ...	yuè.
	yī liǎng sān ...	nián.

C 1 Antworten Sie auf die Frage, welche Länder Sie bisher besucht haben, und sagen Sie auch, wann Sie dort waren. Der Zufall will es, daß Sie die Länder genau in der Reihenfolge, in der nach ihnen gefragt wird, in den Jahren 1970 bis 1978 besucht haben:

— Nǐ qùguǒ Fǎguó mǎ?
— Wǒ 1970 nián qùguǒ Fǎguó. Wǒ xǐhuān Fǎguó.
— Nǐ dàoguǒ Yīngguó mǎ?
— Wǒ 1971 nián dàoguǒ Yīngguó. Wǒ xǐhuān Yīngguó.

Nun sind Sie an der Reihe:

Fǎguó / Yīngguó / Àodìlì / Ruìshì / Nánsīlāfū / Nuówēi / Yìdàlì / Yìndù / Zhōngguó

C 2 Ihre Fremdsprachenkenntnisse werden gelobt, Sie aber sind der Meinung, Sie müßten noch viel dazulernen.
Sie können die in der betreffenden Fremdsprache verfaßten Bücher, Zeitungen und auch Zeitschriften lesen. Sie waren bereits einmal in dem betreffenden Land, wo die erwähnte Sprache gesprochen wird, und Sie wollen nächstes Jahr wieder dorthin reisen:

— Nín dě Yīngwén hěn hǎo.
— Nǎlǐ nǎlǐ. Wǒ dě Yīngwén bú gòu hǎo, wǒ hái yào zài xuéxí.
— Nín kàn dě dǒng Yīngwén mǎ?

Lektion 23

— Huì yīdiǎr. Wǒ chángcháng kàn Yīngwén shū, Yīngwén bào, Yīngwén zázhì.
— Nín dàoguò Yīngguó mǎ?
— Wǒ yǐjīng dàoguò Yīngguó yī cì. Míngnián wǒ hái yào zài dào Yīngguó qù.

Nun sind Sie an der Reihe:

Yīngwén / Fǎwén / Déwén / Zhōngwén / Rìwén / Éwén

C3 Sie können einfache Unterhaltungen auf Chinesisch führen, aber noch nicht lesen. Sie haben nur halb so lange Chinesisch gelernt wie Ihr Gesprächspartner vermutet:

— Nín huì Zhōngwén mǎ?
— Huì yīdiǎr. Wǒ zài Déguó xuéguò Zhōngwén.
— Nín huì kàn Zhōngwén bào mǎ?
— Bú huì. Wǒ zhǐ huì shuō jiǎndān dė.
— Nín tài kèqi, nín dė Zhōngwén xiāngdāng hǎo. Nín xué lė duō jiǔ? Sì nián mǎ?
— Bú shì. Wǒ zhǐ xué lė liǎng nián.

Nun sind Sie an der Reihe:

sì nián / yī nián / liù gė yuè / sì gė yuè / liǎng gė yuè / bā gė xīngqī / liù gė xīngqī / liǎng nián

C4 Sie unterhalten sich über das Alter von Personen. Die betreffende Person ist jeweils zwei Jahre älter als Ihr Gesprächspartner geschätzt hat:

— Nín shì 1951 nián shēng dė mǎ?
— Bú shì, wǒ shì 1949 nián shēng dė.

Und nun sind Sie an der Reihe:

Nín – 1951 / Wáng xiānshėng – 1947 / Wáng nǚshì – 1941 / nín dė gēgė – 1947 / nín dė fùqīn – 1920 / nín dė mǔqīn – 1919 / nín dė àirėn – 1950 / nín dė péngyǒu – 1941

C5 Ü Üben Sie das Gelernte in fingierten Interviews. Der Lehrer kann zunächst die Rolle des fragenden Interviewers übernehmen. Danach sollten auch Sie die für ein solches Gespräch notwendigen Fragen in fingierten Interviews üben.

24 Abschiedsrede

Sie haben sich mit Ihren chinesischen Freunden gut unterhalten. Der Augenblick des Abschieds ist gekommen. Wenn Sie bei einem solchen Anlaß die folgende kurze Abschiedsrede halten, werden Sie gewiß den besten Eindruck hinterlassen:

Zhèi cì zài Zhōngguó lǔxíng zhēn jiào rén nán wàng. Lǐ xiānshěng, xièxiě nǐ yī lù dě zhàogù. Wǒ xīwàng wǒměn bù jiǔ néng zài Déguó jiànmiàn. Qǐng nǐ lái wǒměn jiā wár. Wǒ zhù nǐ yīqiè shùnlì. Zàijiàn.

Wortindex mit Schriftzeichen

A

a 啊 11 A 2, 20 A 6
ài 爱 23 A 2
àirén 爱人 7 A 1
ānpái 安排 22 A 1

B

bā 八 8 B 1
bǎ 把 15 A 3
ba 吧 8 A 2, 9 A 1, 12 A 2, 17 A 3, 20 A 3
bái 白 14 B 12
bǎi 百 9 A 1
Bàiěr 拜耳 8 B 5
bǎihuò gōngsī 百货公司 7 A 4
bǎihuòdiàn 百货店 14 B 3
Bākèlái 巴克莱 3 A 2
bǎn 版 14 A 3
bàn 办 15 A 3
bàn 半 16 A 3
bāng 帮 10 A 3
bāngmáng 帮忙 22 A 1
bǎo 饱 19 A 5
bào 报 23 A 1
bàozhǐ 报纸 15 B 3
bēi 杯 18 A 5

Běijīng Diàntái 北京电台 23 A 1
Běijīng Zhōubào 北京周报 14 B 1
běn 本 14 A 3
bǐ 笔 14 B 4
biǎo 表 15 A 3
bié 别 22 A 5
bié de 别的 14 A 5
bówùguǎn 博物馆 22 B 11
Bōyīn 波音 5 A 3
bù 不 4 A 5
bú jiàn 不见 22 A 5
bù jiǔ 不久 20 A 4
bú kèqi 不客气 13 B 8
bù shūfu 不舒服 22 A 3
bú xiè 不谢 13 A 2
bú yào 不要 13 B 8
bù zǎo 不早 19 A 7
bù ... le 不 ... 了 16 A 4
búcuò 不错 19 A 2
bùgǎndāng 不敢当 19 B 5

C

cái 才 12 A 6
cài 菜 18 A 1
cǎifǎng 采访 11 A 1

cānguān 参观 11 A 1
cānjiā 参加 11 B 2
cèsuǒ 厕所 21 B 12
chā 差 12 A 6
chá 茶 12 A 6
cháng 长 14 B 12
chángcháng 常常 23 A 1
chàngpiàn, chàngpiānr, chàngpiār 唱片儿 14 A 4
chǎojīdàn 炒鸡蛋 18 A 5
chǎoniúròu 炒牛肉 18 A 2
chǎozhūròu 炒猪肉 18 A 2
cháyè 茶叶 14 B 1
chéng 成 21 A 5
chèngchěng 秤秤 15 A 2
chéngjiā 成家 23 A 1
chī 吃 12 A 5
chīfàn 吃饭 12 A 1
chīguǒ le 吃过了 2 A 8
chuáng 床 21 B 7
chuángtóu 床头 21 B 7
chūfā 出发 20 A 5
chuī kǒuqín 吹口琴 23 B 7
chūzū 出租 21 A 8
chūzū qìchē 出租汽车 21 A 8

cì 次 20 A 6
cídiǎn 词典 14 B 1
cíqì 瓷器 14 A 2
cóng 从 3 A 1
cóng...dào... 从...到 14 A 3
cóng...qù... 从...去 13 A 2

D

dǎ 打 15 A 3, 23 A 1
dà 大 9 A 1
dǎ bù tōng 打不通 16 A 3
dǎ diànhuà 打电话 16 A 1
dàhòutiān 大后天 12 B 13
dài 代 20 A 2
dài...wènhòu...hǎo 代 问候 好 20 A 3
dàibiǎo 代表 3 A 1
dànshì 但是 10 A 1
dào 到 12 A 6, 15 A 3
dào shíhǒu, dào shíhǒur 到时候儿 16 A 2
dàoguǒ 到过 23 A 1
dǎpái 打牌 23 B 7

dǎrǎo 打扰 19 A 7
dàxué 大学 1 A 1
dàxuéshēng 大学生 8 B 2
dàyī 大衣 14 B 1
dàzhòng 大众 23 A 2
Dàzhòng pái 大众牌 23 A 2
de 的 3 A 1, 11 A 1, 14 A 5, 16 A 2
de shíhǒu, de shíhǒur 的时候儿 22 A 2
Déhuá 德华 14 B 1
děi 得 12 A 5
děng 等 16 A 3
děng yīhuǐr 等一会儿 17 B 7
děng...le 等 了 16 A 1
děng...yǐhòu 等 以后 12 A 6
dēngjì 登记 16 A 2
děngyǐděng 等一等 16 A 4
Déwén 德文 7 B 1
dì 第 9 A 1
diǎn 点 12 A 6
diàn 店 12 A 5
diǎn bàn 点半 12 A 2
diànbào 电报 8 B 5
diànhuà 电话 8 B 5
diànshì 电视 23 A 1
diàntái 电台 23 A 1
diàntī 电梯 21 A 7

diànyǐng 电影 12 B 1
diǎnzhōng 点钟 12 B 1
diǎn, diǎnr, diǎr 点儿 19 A 2
dìdi 弟弟 6 A 4
dìng 定 18 A 1
dìtú 地图 13 A 2
diū 丢 22 B 7
dìzhǐ 地址 15 A 3
dǒng 懂 13 A 3
dòng 栋 23 A 2
dòngwùyuán 动物园 13 A 5
dōngxi 东西 19 A 1
dōu 都 9 A 1, 14 A 2, 14 A 3
duǎn 短 14 B 12
duì 对 11 A 1, 20 A 4
duì bu qǐ 对不起 12 A 5
duō 多 16 A 3
duō dà le 多大了 8 A 3
duō dà niánjì 多大年纪 23 B 3
duō jiǔ 多久 23 A 3
duō...yīdiǎr 多一点儿 19 A 5
duō...yīhuǐr 多一会儿 19 A 7
duōkuī 多亏 20 A 6
duōshǎo 多少 9 A 1, 14 A 3
duōshǎo qián 多少钱 14 A 3
dùzi 肚子 22 B 4

E

-èr 二 8 B 1
èrshí 二十 8 A 2
èrshíyī 二十一 8 A 2
érzǐ 儿子 8 B 1
Éwén 俄文 10 A 1

F

fǎguān 法官 23 B 5
Fǎguó rén 法国人 3 A 3
Fǎláng 法郎 21 B 9
Fǎlánkèfú Huìbào 法兰克福汇报 4 A 4
fàn 饭 18 A 3, 19 A 4
fàncài 饭菜 18 A 1
fàndiàn 饭店 12 A 5
fáng 房 16 A 2
fàng 放 21 A 4
fángjiān 房间 16 A 2
fàngxīn 放心 22 A 5
fángzǐ 房子 23 A 2
fānqiézhī 番茄汁 18 B 5
fānyì 翻译 10 A 3
fānyìyuán 翻译员 23 B 5
Fǎwén 法文 6 A 1
fēicháng 非常 11 A 2
fēijī 飞机 5 A 3
Fēiyàtè 菲亚特 8 B 5
fēn 分 12 A 6, 14 A 3
Fén Jiǔ 汾酒 14 A 5
fēng 封 15 A 2
fēngjǐng 风景 14 A 6
fēngjǐng míngxìnpiàn 风景明信片 14 A 6
fēngqín 风琴 23 B 7
fēngshèng 丰盛 20 B 1
fùjìn 附近 8 A 6
fùmǔ 父母 7 A 4
fùqīn 父亲 6 B 1
Fútè 福特 8 B 5
fúwùtái 服务台 21 A 8
fúwùyuán 服务员 18 A 4

G

gāi 该 21 A 4
gān 干 19 A 6
gānbēi 干杯 19 B 1
gànbù 干部 7 A 4
gāngbǐ 钢笔 14 B 1
gāngqín 钢琴 23 B 7
gāngtiě 钢铁 5 A 4
gǎnxiè 感谢 19 A 7
gàosù 告诉 17 A 5
gè 个 9 A 1
gēgē 哥哥 6 A 1
gěi 给 3 A 0, 15 A 1
gěi...kànkǎn 给看看 14 A 2
gēn 跟 10 A 1, 23 A 1
gōngchǎng 工厂 6 A 3
gōngchéng 工程 5 A 3
gōngchéngshī 工程师 6 A 6
gōnggòng qìchē 公共汽车 13 A 5
gōngrén 工人 6 A 3
gōngshè 公社 7 A 4
gōngsī 公司 4 A 1
gōngyè 工业 8 B 2
gōngzuò 工作 6 A 2
gòu 够 19 A 5
gòu hǎo 够好 23 A 3
guàhào 挂号 15 B 1
Guǎngjiāohuì 广交会 11 B 2
Guāngmíng Rìbào 光明日报 17 A 3
guì 贵 23 A 1
guìzǐ 柜子 21 B 7
guò 过 14 A 4
-guò 过 17 A 5
guójì 国际 4 A 3
Guójì Shūdiàn 国际书店 4 A 3
guǒjiàng 果酱 18 A 5
guómín 国民 3 A 3

H

hái 还 14 A 5, 20 A 1
hái kěyǐ 还可以 19 B 6

háishǐ 还是 14 A 5, 20 A 5
hǎiyùn 海运 15 A 4
háizǐ 孩子 7 A 2
háizimen 孩子们 23 B 3
hángkōng 航空 5 A 3
hǎo 好 1 A 1, 19 A 4
hào 号 16 A 2
-hào 号 12 A 3
hàomǎ, hàomǎr 号码儿 16 A 1
hǎo, hǎo 好好 10 A 3
hǎo jiǔ 好久 2 A 7
hǎo jiǔ bú jiàn lě 好久不见了 2 A 7
hǎohāo 好好 20 A 5
hē 喝 12 A 6
hé 和 4 A 2
hébāodàn 荷包蛋 18 B 5
hēi 黑 14 B 12
hěn 很 2 A 2
Hèshī 赫施 8 B 5
hóng 红 14 B 12
hóngchá 红茶 18 B 5
Hóngxīng 红星 7 A 4
hòubiǎn, hòubiānr, hòubiǎr 后边儿 14 B 8
hóulǒng 喉咙 22 B 4
hòutiān 后天 12 A 5
huà 话 17 A 3
huàbào 画报 11 A 1
Huādiāo 花刁 14 B 1

huàn 换 21 A 5
huáng 黄 14 B 12
huángyóu 黄油 18 A 5
huángyú sān chī 黄鱼三吃 18 A 3
huānyíng 欢迎 1 B 2, 20 A 6
huār 花儿 14 B 1
huàxué 化学 8 A 1
Huádé 华德 14 B 1
huí 回 15 A 3, 19 B 2
huí jiā 回家 19 B 2
huì 会 7 A 1
huídá 回答 23 A 1, 23 A 1
huílái 回来 22 A 1
huìtán 会谈 20 A 4
huǒchái 火柴 14 B 1
huǒchēzhàn 火车站 13 B 4
huǒtuǐ 火腿 18 A 5
hùshì 护士 23 B 5
hùzhào 护照 22 A 5

J

jí le 极了 23 A 1
jǐ 几 9 A 1, 8 A 2, 13 A 5

jìdě 记得 22 A 5
jǐ hào 几号 16 A 2
jì 寄 15 A 1
jiā 家 19 A 2, 23 A 2
jiàn 见 12 A 2, 20 A 3
jiǎndān 简单 23 A 2
jiànkāng 健康 19 A 6
jiànmiàn 见面 22 A 1
jiànzhùshī 建筑师 23 B 5
jiāo 教 1 A 1
jiào 叫 6 A 1, 16 A 1
jiào rén nán wàng 叫人难忘 24
jiào…lái 叫…来 22 A 3
jiào…qǐlái 叫…起来 21 A 1
jiāojuǎnr 胶卷儿 14 B 1
jiàoshī 教师 8 B 2
jiàoshòu 教授 1 A 1
jiàoshū 教书 23 A 3
jiàoxuéfǎ 教学法 1 A 1
jiàoxuéfǎ dě 教学法的 1 A 1
jiàoyuán 教员 6 A 1
jiǎozǐ 饺子 18 A 2
jiārén 家人 8 A 1
jiātíng fùnǚ 家庭妇女 8 A 5
jiē 街 13 A 3
jiē 接 16 A 1, 16 A 4
jiē tōng 接通 16 A 1
jiéguǒ 结果 20 A 4

jiéhūn 结婚 23 A 1
jiějie 姐姐 6 A 2
jiěmèi 姐妹 23 B 1
jiérì 节日 19 A 3
jièshào 介绍 3 A 0
jīhuì 机会 22 A 6
jìn 近 13 A 5
jìn 进 19 A 1
jìng 敬 19 A 4
jīngjì 经济 5 A 1
jīnglǐ 经理 23 B 5
jìniànpǐn 纪念品 19 B 4
jìnlái 近来 2 A 2
jīnnián 今年 23 A 2
jīntiān 今天 12 A 1
jīnwǎn 今晚 20 B 1
jīqì 机器 5 A 2
jǐshí 几时 12 B 2
jìsuànjī 计算机 5 A 2
jítā 吉他 23 A 3
jiǔ 九 8 A 7
jiǔ 酒 12 B 1
jiǔ 久 19 A 7
jiù 就 13 A 1, 13 A 2, 21 A 4
jiù (shì) 就 是 17 A 1
jìxià 记下 17 A 2
jíyóucè 集邮册 14 A 6
jìzhàngyuán 记帐员 23 B 5
jìzhě 记者 4 A 4
jùlèbù 俱乐部 21 A 7
júzizhī 桔子汁 18 A 5

K

kāfēi 咖啡 18 A 5
kāi 开 14 A 1, 21 A 3
kàn 看 9 A 1, 10 A 4, 12 B 1, 22 A 3
kànkan 看看 22 B 12
kànyikàn 看一看 17 A 2
kǎoyā 烤鸭 12 A 5
Kǎoyādiàn 烤鸭店 12 A 5
kè 刻 12 A 6
kèqi 客气 12 A 2
kěshì 可是 23 A 1
kěxī 可惜 11 A 2
kěyǐ 可以 10 A 1
kòng 空 12 A 2
kǒudài 口袋 21 A 4
kuài 块 14 A 6
kuān 宽 19 A 2
kuànggōng 矿工 23 B 5
kuàngquánshuǐ 矿泉水 18 B 5

L

lā xiǎotíqín 拉小提琴 23 B 7
lái 来 3 A 1, 17 A 2, 18 A 3
-lái 来 17 B 7
lái de 来的 3 A 1
láilǎi 来来 19 A 6
lán 蓝 14 A 2

lánqiú 篮球 23 B 7
lǎo 老 6 A 3
lǎo yàngzi 老样子 2 A 1
lǎoshī 老师 7 A 2, 23 A 1
le 了 12 A 2, 12 A 6, 13 A 3
Léinuò 雷诺 8 B 5
lǐ 里 22 B 9
liǎng 两 8 B 1
liàng 辆 23 A 2
lǐbiān, lǐbiānr, lǐbiǎr 里边儿 14 B 8
líng 零 9 A 1
lǐtóu 里头 21 B 7
liú 留 17 A 3, 19 A 7
liù 六 8 B 1
liú huà 留话 17 A 3
lǐwù 礼物 19 A 2
lóu 楼 21 A 7
lóuxià 楼下 21 A 8
lù 路 13 A 5
Lúndūn Shíbào 伦敦时报 11 A 1
lǜ 绿 14 B 12
lǜchá 绿茶 18 B 5
lǜshī 律师 23 B 5
lǚxíng 旅行 24

M

ma 吗 2 A 8
mǎi 买 14 A 1

mǎi dōngxi 买东西 22 B 11
mǎidào 买到 14 A 1
Mǎkè 马克 21 A 6
mǎmǎ hūhǔ 马马虎虎 2 A 4, 19 B 6
màn 慢 13 A 3
máng 忙 2 A 2
mànmàn 慢慢 14 A 2
Mànnàsīmàn 曼纳斯曼 5 A 4
mǎnyì 满意 20 A 4
máo 毛 14 A 3
máopí 毛皮 14 B 1
Máotái 茅台 14 A 5
màozi 帽子 14 B 1
mǎshàng 马上 16 A 4
méi 没 12 A 3, 13 A 3, 16 A 4
měi 每 23 A 3
méi ... le 没 了 12 B 5
méi yǒu 没有 23 A 2
méiguānxi 没关系 10 A 3
Měiguó rén 美国人 3 A 1
mèimei 妹妹 6 A 5
měitiān 每天 23 A 2
Měiyuán 美元 21 B 9
mén 门 21 A 4
mén biān, biānr, biār 门边儿 21 A 4
miànbāo 面包 18 A 5

míngnián 明年 23 A 2
míngtiān 明天 12 A 2
míngxìnpiàn 明信片 14 A 6
mínyáo 民谣 14 A 4
mìshū 秘书 23 B 5
mùjiàng 木匠 23 B 5
mǔqīn 母亲 6 B 1

N

ná 拿 19 A 3
nà 那 12 A 6
nà, nèi 那 9 A 1
nà jiù, nà ... jiù 那 就 12 A 2
nà tiān 那天 12 B 14
nǎguó 哪国 3 A 5
nǎlǐ nǎlǐ 哪里哪里 19 B 6
nàme 那么 20 A 2
nǎr 哪儿 3 A 5, 17 A 2
nàr 那儿 13 A 5
ne 呢 2 A 1, 12 A 1, 20 A 1
nèi, nà 那 9 A 1
néng 能 12 A 3
nǐ 你 2 A 4
nián 年 23 A 2
niánjì 年纪 23 B 3
nǐmen 你们 2 A 6
nín 您 1 A 1
nín de 您的 8 A 3

nín hǎo 您好 1 A 1
nínmen de 您们的 8 A 2
niúnǎi 牛奶 18 B 5
nóngchǎng 农场 8 A 6
nóngyè 农业 8 A 6
nǚér 女儿 8 B 1
nǚshì 女士 2 A 2

P

pāi 拍 15 A 3
pái 牌 23 A 2
páiqiú 排球 23 B 7
pài 派 21 A 4
péi 陪 20 A 5
pèi 配 18 A 1
péngyǒu 朋友 6 A 3
piàn 片 18 A 5
piào 票 22 A 2
píbāo 皮包 22 B 13
píjiǔ 啤酒 14 A 5
píng 瓶 14 A 5
pīngpāngqiú 乒乓球 23 A 1
pútáojiǔ 葡萄酒 14 A 5

Q

qī 七 8 B 1
qí zìxíngchē 骑自行车 23 B 7
qǐlái 起来 21 A 1

150

qiān 千 9 A 2
qián 前 13 A 1
qián 钱 14 A 3
qiānbǐ 铅笔 14 B 1
qiánbian, qiánbiǎnr,
  qiánbiǎr 前边儿
  14 A 2
qìchē 汽车 8 B 5
qǐng 请 12 A 1
qīng 轻 14 B 12
qīngsè 青色 14 B 12
Qīnghuá 清华 6 A 4
qǐngqǐng 请请 18 A 2
qǐngwèn 请问 11 A 1
qīnzì 亲自 23 A 1
qù 去 12 A 5

R

Ràng wǒ 让我 3 A 0
Ràng wǒ zìjǐ jièshào
  yīxià 让我自己介
  绍一下 1 A 1
rén 人 1 A 1
rénmín 人民 4 A 2
rénmín yèyú dàxué
  人民业余大学
  23 A 1
Rénmínbì 人民币
  21 A 5
rènshi 认识 11 A 2,
  23 A 1
Rìběn Hángkōng 日本
  航空 10 A 3

Rìwén 日文 7 B 1
rúhé 如何 11 A 1

S

sān 三 8 A 7
sānshísān 三十三 8 A 6
shàng 上 7 A 2
shàngbian, shàngbiǎnr,
  shàngbiǎr 上边儿
  14 B 8
shāngdiàn 商店 14 A 1
shāngrén 商人 8 B 2
shàngwǔ 上午 12 B 4
shàngxué 上学 9 A 1
shāngyè 商业 5 A 1
shàngzhuō 上桌 19 A 4
Shàoxīng Jiǔ 绍兴酒
  14 A 5
shèjìshī 设计师 23 B 5
shēng 生 23 A 3
shēngrì 生日 19 A 2
shénme 什么 3 A 5,
  5 A 1
shénme...dōu 什么
  都 22 A 2
shénme shíhou, shíhour
  什么时候 12 A 2
shèyǐngyuán 摄影员
  11 A 1
shí 十 8 B 1
shì 市 8 A 5
shì 是 2 A 7
shì 事 12 A 6
shì 式 18 B 5

shì 是 1 A 1
shíèr 十二 8 B 1
shíhou, shíhour 时候儿
  12 A 2
Shīmìtè 施密特 23 A 1
shìqíng 事情 16 A 4
shìshi 试试 12 A 5
shōubàorén 收报人
  15 A 3
shǒubiǎo 手表 14 B 1
shòuhuàrén 受话人
  16 A 1
shòuhuòyuán 售货员
  6 A 5
shǒuqiú 手球 23 B 7
shōuxià 收下 19 A 2
shū 书 14 A 3
shūdiàn 书店 4 A 3
shūfu 舒服 22 A 3
shuí 谁 3 A 5
shuí de 谁的 9 B 2
shùnlì 顺利 24
shuō 说 8 A 1
sì 四 8 B 1
sīchóu 丝绸 14 A 1
sìshíbā 四十八 8 A 3
sìshíqī 四十七 8 A 6
sìshíwǔ 四十五 8 A 6
sòng 送 19 A 1, 20 A 2,
  21 A 4
sòng xǐ 送洗 21 A 4
suàn 算 18 A 4
suānlàtāng 酸辣汤
  18 A 2

151

suì 岁 8 A 2
suíbiàn 随便 19 A 5
sùxiěyuán 速写员 23 B 5

T

tā 他 3 A 1
tā 她 3 A 1
tā de 他的 7 A 2
tài 太 12 A 2
tāmen 他们 4 A 2
tāmen de 他们的 7 A 2
tán 弹 23 A 3
tāng 汤 18 A 1
tántiān 谈天 23 B 7
téng 疼 22 A 4
tī 踢 23 A 2
tī zúqiú 踢足球 23 A 2
tiān 天 12 B 14
tián 填 15 A 3
tiáo 条 13 A 3
tīng 听 23 B 7
tǐng 挺 11 A 1
tīng de dǒng 听得懂 10 A 3
tīng dǒng 听懂 13 A 3
tīng bù dǒng 听不懂 10 A 3
tōng 通 16 A 1
tóngshì 同事 12 B 16
tóngzhì 同志 12 B·16
tóu 头 22 A 4

tóuténgyào 头疼药 22 A 4
tuǐ 腿 22 B 4

W

wàibiǎn, wàibiǎnr, wàibiǎr 外边儿 14 B 8
wàiwén 外文 1 A 1
Wàiwén Shūdiàn 外文书店 13 B 2
wán, wánr, wár 玩儿 12 B 1
wàn 万 9 A 2
wǎnfàn 晚饭 12 A 5
wàng 往 13 A 1
wǎngqiú 网球 23 B 7
wǎnshàng 晚上 12 A 1
wèi 喂 16 A 3
wèi 为 19 A 6
wèi 胃 22 A 3
wènhòu 问候 20 A 3
wénhuà 文化 23 A 1
wèntí 问题 23 A 1
wènwen 问问 13 A 4
wǒ 我 1 A 1
wǒ àiren 我爱人 23 A 2
wǒ de 我的 6 A 1
wǒ jiā 我家 12 A 6
wǒmen 我们 2 A 7
wǒmen de 我们的 7 A 1
wǔ 五 8 A 7
wǔfàn 午饭 12 B 1

X

xǐ 洗 21 A 4
xì 戏 12 B 1
xià 下 12 A 4
xiàbiǎn, xiàbiǎnr, xiàbiǎr 下边儿 14 B 8
xiān 先 15 A 2
xiǎng 想 12 A 1
xiàng 向 21 A 7
xiāngdāng 相当 23 A 3
xiàngpiàn, xiàngpiānr, xiàngpiār 相片 9 A 1
xiāngyān 香烟 14 B 1
xiànjīn 现金 21 A 6
xiānsheng 先生 2 A 1
xiànzài 现在 12 A 6
xiǎo 小 9 A 1
xiāohào 销号 16 A 4
xiǎomàibù 小卖部 21 B 12
xiǎoshí 小时 23 A 3
xiǎoxué 小学 8 A 7
xiǎoxuéshēng 小学生 8 B 2
xiàwǔ 下午 12 B 4
xīcān 西餐 18 A 1
xiē 些 14 A 1
xiě 写 14 A 3
xiě le 谢了 12 B 14
xiěxià 写下 16 A 1
xièxie 谢谢 2 A 1, 19 B 2
xǐhuān 喜欢 11 A 2

Xīménzǐ 西门子 4 A 1
xìn 信 15 A 2
xíng 行 12 A 1, 20 A 3
xìng 姓 11 A 1
xìngmíng 姓名 15 A 3
xīngqī 星期 12 A 4
xīngqīrì 星期日 12 B 5
xīngqītiān 星期天 12 B 13
Xīnhuá Shūdiàn 新华书店 13 B 2
Xīnhuáshè 新华社 7 A 1
xiōngdì 兄弟 23 A 3
xiōngkǒu 胸口 22 B 4
xiūxi 休息 20 A 5
xīwàng 希望 20 A 4
xǐzǎochí 洗澡池 21 B 7
xuǎn 选 14 A 4
xué 学 7 A 2
xuésheng 学生 6 A 4
xuéxí 学习 1 A 1
xuéxiào 学校 9 A 1
xuéyuàn 学院 8 B 3

Y

yángtái 阳台 21 B 7
yāo 一 16 A 4
yào 要 12 A 2, 14 A 5, 15 A 1
yào 药 22 A 4
yàoshi 钥匙 21 A 2
yàoshi 要是 19 A 4
yáyī 牙医 23 B 5
yě 也 2 A 2
yèyú shíjiān 业余时间 23 A 1
yī 一 8 B 1
yī ge 一个 6 A 2
yī lù 一路 22 A 6
yī lù shùn fēng 一路顺风 20 A 6
yī xiē 一些 21 A 4
yī zhěng 一整 20 A 5
yīdiǎn, yīdiǎnr, yīdiǎr 一点儿 13 A 3
yīdìng 一定 12 A 2
yīfú 衣服 21 A 4
yīgòng 一共 14 A 6
yǐhòu 以后 22 A 4
yīhuìr 一会儿 12 A 6
yǐjīng 已经 23 A 2
Yīngbàng 英镑 21 A 5
Yīngguó rén 英国人 3 A 2
Yīngwén 英文 7 A 1
yínháng 银行 3 A 1
yínsījuǎn, yínsījuǎnr, yínsījuǎr 银丝卷 18 A 3
yīnwèi 因为 23 A 1
yìnxiàng 印象 11 A 1
yīnyuè 音乐 23 B 7
yīqǐ 一起 19 A 6
yǐqián 以前 22 A 4
yīqiè 一切 24
yīshēng 医生 6 A 2
yīxià 一下 3 A 0
yīyuàn 医院 6 A 2
yǐzi 椅子 21 B 7
yòng 用 12 A 2, 15 A 3
yǒu 有 9 A 1, 9 A 1
yòu 右 13 A 3
yòubiān, yòubiānr, yòubiār 右边 13 A 3
yóufèi 邮费 15 A 1
yóujú 邮局 13 A 4
yóupiào 邮票 15 A 2
yǒuyì 友谊 14 A 1
Yǒuyì Shāngdiàn 友谊商店 14 A 1
yóuyǒng 游泳 23 B 7
yù 玉 14 B 1
yuǎn 远 13 A 1
-yuè 月 12 A 3
yuè 月 23 B 7
yǔmáoqiú 羽毛球 23 B 7
yùndòng 运动 23 A 3
yùndòngyùndǒng 运动运动
yǔsǎn 雨伞 22 B 7

Z

zài 在 1 A 1, 3 A 6, 16 A 2
zài 再 13 A 3
zài duìmiàn, zài ... duìmiàn 在对面 21 A 5

153

zài … li 在里 21 A 4
zài lǐtóu, zài … lǐtóu 在里头 21 B 7
zài nǎr 在哪儿 11 A 2
zài shàng, zài … shǎng 在上 21 B 7
zài … yī biàn, biànr, biàr 再一遍 13 B 5
zàihuì 再会 20 A 4
zàijiàn 再见 13 A 1
zájì 杂技 12 B 1
zǎo 早 18 A 5, 19 A 7
zǎofàn 早饭 18 B 5
zǎoshǎng 早上 12 B 4
zázhì 杂志 23 A 1
zěnme 怎么 8 A 1, 19 A 5
zěnmeyàng 怎么样 2 A 2
zhàn 站 13 A 5
zhāng 张 14 A 4
zhàng 帐 18 A 4
zhǎo 找 18 A 4, 22 A 5
zhāodài 招待 19 A 7

zhàogù 照顾 20 A 6
zhāojí 着急 22 A 5
zhàoxiàng 照相 23 B 7
zhàoxiàngjī 照相机 14 B 1
zhè, zhèi 这 3 A 1, 9 A 1
zhè jiù shǐ 这就是 21 A 2
zhèlǐ 这里 16 A 2
zhēn 真 13 B 7
zhěng 整 20 A 5
zhèr 这儿 11 A 1
zhī 枝 14 B 4
zhǐ 只 7 A 4
zhǐ … kàn 指看 13 A 2
zhīdào 知道 8 A 1
zhīpiào 支票 21 A 6
zhíyuán 职员 4 A 1
zhòng 重 14 B 12
Zhōngcān 中餐 18 A 1
Zhōngguó rén 中国人 1 A 1
zhōngtóu 钟头 12 A 6
Zhōngwén 中文 1 A 1

zhōngwǔ 中午 12 B 4
zhōngxué 中学 7 A 2
zhōngxuéshēng 中学生 8 B 2
zhōubào 周报 14 B 1
zhōudào 周到 20 B 1
zhù 住 6 A 2
zhù 祝 19 A 2
zhuǎn 转 13 A 3
zhuānjiā 专家 1 A 1
zhǔjīdàn 煮鸡蛋 18 B 5
zhuōzi 桌子 21 B 7
zì 字 15 A 3
zìdiǎn 字典 14 B 4
zìjǐ 自己 8 A 6
zǒngjī 总机 16 A 4
zǒu 走 13 A 1, 19 A 7
zuò 作 3 A 5
zuò 坐 18 A 2, 19 A 7
zuò … qù 坐去 13 A 5
zuǒ 左 13 B 6
zuǒbiǎn, zuǒbiǎnr, zuǒbiǎr 左边 13 A 1
zúqiú 足球 23 A 2

Geographische Namen, Namen von Sehenswürdigkeiten und Gebäuden

Āijí 埃及 15 B 1
Àodìlì 奥地利 15 B 1
Àozhōu 澳洲 15 B 1
Bāfálìyà 巴伐利亚 8 A 6
Bālí 巴黎 3 A 3
Běi Hǎi Gōngyuán 北海公园 13 B 4
Běijīng 北京 4 A 2
Běijīng Dì Yī Wàiyǔ Xuéyuàn 北京第一外语学院 13 B 3
Běijīng Fàndiàn 北京饭店 13 A 1
Běijīng Gōngrén Tǐyùguǎn 北京工人体育馆 13 A 6
Běijīng Zhàn 北京站 13 B 3
Běijīng Zhǎnlǎnguǎn 北京展览馆 13 A 6
Bōhóng 波鸿 1 A 1
Bólín 柏林 4 A 1
Déguó 德国 1 A 1
Dōngdān 东单 13 B 2
Dōngjīng 东京 5 A 1
Duōtèméngdé 多特蒙德 8 B 3

Dùsèěrduōfū 杜塞尔多夫 5 A 4
Fǎguó 法国 3 A 3
Fǎlánkèfú 法兰克福 4 A 4
Fēizhōu 非洲 15 B 1
Guǎngzhōu 广州 11 B 1
Gùgōng 故宫 22 A 1
Gùgōng Bówùyuàn 故宫博物院 13 A 6
Hǎidéěrbǎo 海得尔堡 11 A 2
Hànbǎo 汉堡 8 A 3
Hànnuòwēi 汉诺威 8 B 3
Hélán 荷兰 15 B 1
Huáshèngdùn 华盛顿 5 A 3
Kèlóng 科隆 8 B 3
Láodòng Rénmín Wénhuàgōng 劳动人民文化宫 13 A 6
Liúlíchǎng 琉璃厂 13 A 3
Lǔ Xùn Bówùguǎn 鲁迅博物馆 13 A 6
Lúndūn 伦敦 3 A 2
Máo Zhǔxí Jìniàntáng 毛主席纪念堂 13 B 1
Měiguó 美国 3 A 1
Měiyīnzī 美因兹 11 B 3
Mínzú Fàndiàn 民族饭店 13 B 1
Mínzú Wénhuàgōng 民族文化宫 13 A 6
Mùníhēi 慕尼黑 5 A 2
Nánjīng 南京 11 B 3
Nánsīlāfū 南斯拉夫 23 B 8
Niǔyuē 纽约 3 A 1
Nuówēi 挪威 23 B 8
Ōuzhōu 欧洲 22 B 13
Rénmín Dà Huìtáng 人民大会堂 13 A 6
Rénmín Yīngxióng Jìniànbēi 人民英雄纪念碑 13 A 6
Rìběn 日本 5 A 1
Ruìshì 瑞士 15 B 1
Shànghǎi 上海 4 A 3
Shàoxīng 绍兴 14 A 5
Shísān Líng 十三陵 13 B 1
Shǒudū Jīchǎng 首都机场 13 B 3

Shǒudū Tǐyùguǎn 首都
体育馆 13 A 6
Sītújiātè 斯图加特
23 A 1
Sūlián 苏联 15 B 1
Tiānānmén 天安门
13 A 6
Tiāntán Gōngyuán
天坛公园 13 B 4
Wángfǔjǐng Dà Jiē
王府井大街 13 B 2
Wǔhàn 武汉 6 A 2
Xiānggǎng 香港 16 B 3
Xiānnóngtán Tǐyùchǎng

先农坛体育场
13 A 6
Xīdān 西单 13 B 2
Xīdé Dàshǐguǎn 西德
大使馆 13 B 4
Xīnqiáo Fàndiàn 新侨
饭店 13 B 1
Yìdàlì 意大利 15 B 1
Yíhéyuán 颐和园
13 B 2
Yìndù 印度 23 B 8
Yīngguó 英国 9 A 2
Yīngguó Dàshǐguǎn
英国大使馆 13 B 4

Yǒuyì Bīnguǎn 友谊
宾馆 13 B 4
Zhōngguó 中国 1 A 1
Zhōngguó Géming
Lìshǐ Bówùguǎn
中国革命历史
博物馆
13 A 6
Zhōngguó Měishùguǎn
中国美术馆 13 A 6
Zhōngshān Gōngyuán
中山公园 13 A 6

Shàngwǔ wǒmen qù Gùgōng.

— Duì bú qǐ, qǐngwèn Běijīng Fàndiàn zài nǎr? — Běijīng Fàndiàn jiù zài zhèr.

Zhè shì Tiāntán Gōngyuán.

Zhè shì Yíhéyuán de mén qián.

Xianghong Chen-Klein
Friedhelm Denninghaus
Peter Leimbigler · Barbara Šubik

Kommunikationskurs
Chinesisch sprechen
Grundsituationen · Beiheft

Hueber

CIP-Kurztitelaufnahme der Deutschen Bibliothek

Kommunikationskurs – München [i. e. Ismaning]: Hueber
(Reihe Kommunikationskurse)
Früher teilw. u. d. T.: Kommunikationskurs Russisch.
Kommunikationskurs Chinesisch
Chinesisch sprechen / Xianghong Chen-Klein... Grundsituationen.
Beih. – 2. Aufl. – 1987.
ISBN 3-19-025107-X
NE: Chen-Klein, Xianghong [Mitverf.]

Das Werk und seine Teile sind urheberrechtlich geschützt. Jede Verwertung in anderen als den gesetzlich zugelassenen Fällen bedarf deshalb der vorherigen schriftlichen Einwilligung des Verlags.

2. Auflage 1987
3. 2. 1. | Die letzten Ziffern
1991 90 89 88 87 | bezeichnen Zahl und Jahr des Druckes.
Alle Drucke dieser Auflage können, da unverändert, nebeneinander benutzt werden.
© 1980 Max Hueber Verlag · München
Verlagsredaktion: Roland Irmer
Umschlaggestaltung: Planungsbüro Winfried J. Jokisch · Düsseldorf
Satz: Asco Trade Typesetting Ltd. · Hongkong
Druck: P. Heinzelmann · München
Printed in Germany
ISBN 3-19-025107-X

Inhalt

Bedeutungen der Wörter und Schriftzeichen 4

Erläuterungen 58

Deutsche Übersetzung der Dialoge 88

Dialoge in Schriftzeichenfassung mit allmählicher Einführung der neuen Wörter 108

Bedeutungen der Wörter und Schriftzeichen

1 A 1

nín hǎo	Allgemeine Grußformel, die etwa dem deutschen *Guten Tag* oder dem englischen *How do you do* entspricht: 您好
nín	Höfliche Form des Personalpronomens der 2. Person Singular, entspricht etwa dem deutschen *Sie*: 您
hǎo	*(gut; gut sein; es geht gut)* **Nín hǎo** bedeutet eigentlich *Geht es Ihnen gut?* oder *Möge es Ihnen gut gehen!*: 好
Ràng wǒ zìjǐ jièshào yīxià ...	*(Darf ich mich vorstellen: ...)* 让我自己介绍一下
wǒ	*(ich)* 我
shì	**Wǒ** 是 **Peter.** *(bin, bist, ist, sind, seid;* Satzkopula für alle Personen in Singular und Plural*)*
Liáng	chinesischer Familienname. Der chinesische Familienname wird im Chinesischen stets vor dem Rufnamen genannt.
Lìméi	chinesischer Rufname.
Zhōngguó	chinesischer Name für *China*: 中国
rén	**Chén Xiānghóng shì Zhōngguó** 人. *(Mensch)*
Zhōngguó rén	**Péihuá shì** 中国人. *(Chinese, Chinesin)*
Bōhóng	chinesischer Name für *Bochum*: 波鸿
zài	在 **Shànghǎi.** 在 **Bōhóng.** *(in, an, auf)*
dàxué	**Zài Bōhóng** 大学. *(Universität, Hochschule)*
xuéxí	**Xiānghóng zài Bōhóng Dàxué** 学习. *(studieren)*
Déguó	**Schumacher xiānshēng cóng** 德国 **lái dė. Tā shì** 德国 **rén.** *(Deutschland)*
Déguó rén	**Wǒ shì** 德国人. *(Deutscher, Deutsche)*
Zhōngwén	**Gerd zài Bōhóng Dàxué xuéxí** 中文. *(chinesische Sprache und Literatur)*
jiāo	**Peter zài Bōhóng Dàxué** 教 **Zhōngwén.** *(lehren)*
jiàoxuéfǎ	**Hans zài Bōhóng Dàxué xuéxí** 教学法. *(Didaktik und Methodik)*
jiàoshòu	**Hans Becker shì** 教授. *(Professor)*
jiàoxuéfǎ dė	**Gerd Müller shì** 教学法的 **jiàoshòu.** *(der Sprachlehrforschung)*
wàiwén	**Wǒ shì jiàoshòu. Wǒ jiāo** 外文 **jiàoxuéfǎ.** *(Fremdsprachen, Fremdsprachen-)*

zhuānjiā	Barbara shì wàiwén 专家. *(Spezialist, Experte, -in)*	

1 B 2

huānyíng	**Nín hǎo.** – 欢迎, 欢迎. (beim Vorstellen: *Sehr erfreut o.ä.*)	

2 A 1

xiānshēng	Becker 先生, **nín hǎo.** (nachgestellt: *Herr*)
ne	Chén xiānshēng shì Zhōngguó rén. Nín 呢? (bei Anschluß-fragen: *und ...?*)
xièxie	Becker xiānshēng, nín hǎo. – Hǎo. Nín ne? – 谢谢. *(danke)*
lǎo yàngzi	Nín hǎo. – Hǎo. Nín ne? – Xièxie, 老样子. *(wie sonst, wie früher, unverändert)*

2 A 2

nǚshì	Wáng 女士 shì Zhōngguó rén. Sauer 女士 shì wàiwén zhuānjiā. (nachgestellt: *Frau ...*)
zěnmeyàng	Becker nǚshì, nín 怎么样? – Hǎo, lǎo yàngzi. *(wie, wie geht's)*
jìnlái	Becker xiānshēng, nín 近来 zěnmeyàng? *(in letzter Zeit)*
hěn	Nín hǎo? – Xièxie. Wǒ 很 hǎo. *(sehr, ziemlich, ganz; oft nicht zu übersetzen)*
máng	Wǒmen jìnlái hěn 忙. *(beschäftigt)*
yě	Chén nǚshì shì Zhōngguó rén. Wáng nǚshì 也 shì Zhōngguó rén. Becker xiānshēng hěn hǎo. Becker nǚshì 也 hěn hǎo. *(auch)*

2 A 4

nǐ	Bernd, 你 zěnmeyàng? – Xièxie, hǎo. 你 ne? *(du)*
mǎmǎ hūhū	Bernd, nǐ zěnmeyàng? – 马马虎虎. *(einigermaßen)*

2 A 6

nǐmen	Bernd, Heinz, 你们 jìnlái zěnmeyàng? *(ihr,* als Anrede)

wǒmen (wir)	Klaus, Bernd, nǐmen hǎo? – Xièxiě, 我们 jìnlái hěn máng.

2 A 7

hǎo jiǔ bú jiàn le hǎo jiǔ shì	sehr lange schon nicht mehr gesehen: 好久不见了 Wǒmen 好久 bú jiàn le. *(sehr lange)* Wǒmen hǎo jiǔ bú jiàn le. – 是. *(so ist es)*

2 A 8

ma	Chén nǚshì shì Zhōngguó rén 吗? Bernd xuéxí Zhōngwén 吗? *(Fragewort am Ende einer mit ja oder nein zu beantwortenden Frage, bleibt unübersetzt)*
chīguò le	Klaus, Bernd, nǐmen 吃过了 ma? *(schon gegessen haben, eine Form der Begrüßung)*

3 A 0

gěi	给 wǒ, 给 nǐ, 给 nǐmen, 给 wǒmen, 给 Chén nǚshì. *(Hilfswort vor Pronomen und Substantiven zur Kennzeichnung des Dativs)*
jièshào	Wǒ gěi nín 介绍 Baker xiānshēng. *(vorstellen)*
ràng wǒ	让我 gěi nín jièshào Hannon xiānshēng. *(darf ich, gestatten Sie, daß ich)*
yīxià	Ràng wǒ gěi nín jièshào 一下. *(Hilfswort nach einigen Verben, bleibt unübersetzt)*

3 A 1

zhè	这 shì Baker nǚshì. 这 shì Baker xiānshēng. *(der, dies, das, dieser, diese, dieses)*
tā	Zhè shì Wáng Píng. 他 shì Zhōngguó rén. Zhè shì Lìméi. 她 yě shì Zhōngguó rén. *(er, sie)*
Měiguó	Peter zài 美国 xuéxí. *(Amerika)*
Měiguó rén	Baker xiānshēng shì 美国人. *(Amerikaner, -in)*

Niǔyuē	chinesischer Name für *New York*: 纽约	
lái	Wǒ 来. Nǐmen yě 来 mǎ? *(kommen)*	
cóng	Tā 从 dàxué lái. *(von, aus)*	
lái dě	Baker xiānshēng cóng Niǔyuē 来的. *(ist gekommen)*	
yínháng	Meier xiānshēng shǐ 银行 zhuānjiā. *(Bank)*	
dě	Klaus xiānshēng shǐ Bōhóng Dàxué 的 jiàoshòu. *(Hilfswort, dient zur Anknüpfung einer näheren Bestimmung an ein folgendes Substantiv)*	
dàibiǎo	Baker xiānshēng shǐ Niǔyuē Yínháng dě 代表. *(Vertreter)*	

3 A 2

Yīngguó	Hannon xiānshēng cóng 英国 lái dě. *(England)*
Yīngguó rén	Hannon xiānshēng shǐ 英国人. *(Engländer, -in)*
Lúndūn	chinesischer Name für *London*: 伦敦
Bākèlái	chinesische Form des Namens *Barclay*: 巴克莱

3 A 3

Fǎguó	Dupont xiānshēng cóng 法国 lái dě. *(Frankreich)*
Fǎguó rén	Dupont xiānshēng shǐ 法国人. *(Franzose, Französin)*
Bālí	chinesischer Name für *Paris*: 巴黎
guómín	Dupont xiānshēng shǐ Bālí 国民 Yínháng dě dàibiǎo. *(Volk, Volks-)*

3 A 5

shuí	Zhè shǐ 谁? *(wer)*
nǎguó	Dupont xiānshēng shǐ 哪国 rén? *(welches Land?)*
nǎr	Bernd zài 哪儿 xuéxí? Hannon xiānshēng cóng 哪儿 lái dě? *(wo)*
shénmě	Nǐ xuéxí 什么? Wáng xiānshēng zài dàxué jiāo 什么? *(was)*
zuò	Nín 作 shénmě? Meyer xiānshēng 作 shénmě? *(tun)*

3 A 6

zài	Dupont xiānshēng 在 nǎr? – Tā 在 Bālí. Liáng xiānshēng 在

Běijīng	mǎ? – Tā bú 在. *(sein, anwesend sein, da sein)* Wáng xiānshēng cóng 北京 lái dē. *(Peking)*

4 A 1

Bólín	chinesischer Name für *Berlin*: 柏林
Xīménzǐ	chinesische Form des Namens *Siemens*: 西门子
gōngsī	Schumacher xiānshēng shì Xīménzǐ 公司 dē dàibiǎo. *(Gesellschaft, Konzern)*
zhíyuán	Schulz nǚshì shì Bōhóng Dàxué dē 职员. *(Angestellter)*

4 A 2

hé	Hannon xiānshēng 和 Hannon nǚshì shì Yīngguó rén. Dupont xiānsheng 和 Dupont nǚshì shì Fǎguó rén. *(und)*
tāmen	Baker xiānshēng hé Baker nǚshì shì Měiguó rén. 他们 cóng Niǔyuē lái dē. *(sie)*
rénmín	Becker xiānshēng shì Déguó 人民 Yínháng dē zhíyuán. *(Volk, Volks-)*

4 A 3

Shànghǎi	上海 zài Zhōngguó. *(Schanghai)*
guójì	IBM shì 国际 gōngsī. *(international)*
shūdiàn	Herbert shì 书店 dē zhíyuán. *(Buchhandlung)*
Guójì Shūdiàn	Lǐ xiānshēng shì 国际书店 de zhíyuán. *(Name eines chinesischen Buchverlags)*

4 A 4

Fǎlánkèfú	chinesischer Name für *Frankfurt*: 法兰克福
Fǎlánkèfú Huìbào	*Frankfurter Allgemeine*: 法兰克福汇报
jìzhě	Beck nǚshì shì 记者. *(Journalist, -in)*

4 A 5

bù (bú)	Meier nǚshì 不 shì Měiguó rén. Tā shì Déguó rén. Dupont

xiānshēng 不 shì dàxué jiàoshòu. Tā shì yínháng zhuānjiā.
(nicht, nein)

5 A 1

Tiánzhōng chinesische Form des japanischen Namens *Tanaka*: 田中
Rìběn Tiánzhōng xiānshēng shì 日本 rén. Tā cóng 日本 lái de.
(Japan)
Dōngjīng Werner Müller zài 东京 xuéxí. *(Tokio)*
shāngyè Rìběn 商业 Yínháng zài Dōngjīng. *(Handel)*
jīngjì Heinz Bauer xuéxí 经济. Werner Bauer shì 经济 jìzhě.
 Dupont xiānshēng shì 经济 zhuānjiā. *(Wirtschaft)*
shénme Baker xiānshēng shì 什么 zhuānjiā? Xīménzi Gōngsī shì
 什么 gōngsī? *(was für ein, welcher)*

5 A 2

Mùníhēi chinesischer Name für *München*: 慕尼黑
jìsuànjī IBM shì Měiguó de 计算机 gōngsī. *(Computer)*
jīqì Wagemann nǚshì shì shāngyè 机器 zhuānjiā. *(Maschine)*

5 A 3

Huáshèngdùn chinesischer Name für *Washington*: 华盛顿
hángkōng „Lufthansa" shì Déguó de 航空 gōngsī. *(Luftfahrt)*
gōngchéng Werner Wagner shì 工程 zhuānjiā. *(Ingenieurwesen)*
Bōyīn chinesische Form des Namens *Boeing*: 波音
fēijī Xīménzi Gōngsī shì 飞机 gōngsī ma? Bú shì, Bōyīn Gōngsī
 shì 飞机 gōngsī. *(Flugzeug)*

5 A 4

Dùsèěrduōfū chinesischer Name für *Düsseldorf*: 杜塞尔多夫
Mànnàsīmàn chinesische Form des Namens *Mannesmann*: 曼纳斯曼
gāngtiě Měiguó 钢铁 Gōngsī zài Niǔyuē. Heinz Schulte shì 钢铁
 zhuānjiā. *(Stahl)*

6 A 1

gēge	Wáng xiānsheng de 哥哥 zài Běijīng Dàxué xuéxí. Zhè shì Wáng Píng de 哥哥. *(älterer Bruder)*
wǒ de	Wǒ shì Wáng Píng. Wáng Lì shì 我的 gēge. *(mein)*
jiào	Hannon xiānsheng 叫 Peter. Baker xiānsheng yě 叫 Peter. Wáng Píng de gēge 叫 Lì. *(heißen)*
jiàoyuán	Zhāng xiānsheng shì Běijīng Dàxué de 教员. *(Lehrer, Mitglied des Lehrkörpers)*
Fǎwén	Wáng xiānsheng zài Fǎguó xuéxí 法文. *(Französisch)*

6 A 2

jiějie	Wáng Píng de 姐姐 jiào Wáng Méi. Barbara shì wǒ de 姐姐. *(ältere Schwester)*
yīshēng	Nín shì 医生 ma? Wǒ bú shì 医生, wǒ shì jiàoyuán. *(Arzt)*
zhù	Hannon xiānsheng 住 zài Lúndūn. Wáng xiānsheng 住 zài Shànghǎi. *(wohnen)*
Wǔhàn	Wáng Méi zhù zài 武汉. *(Wuhan)*
yī ge	Lǐ xiānsheng de gēge zài 一个 dàxué xuéxí. *(ein)*
yīyuàn	Zhè bú shì 医院, zhè shì dàxué. 医院 zài nǎr? *(Krankenhaus)*
gōngzuò	Baker xiānsheng zài Niǔyuē Yínháng 工作. Wáng nǚshì zài yī ge yīyuàn 工作. *(arbeiten)*

6 A 3

péngyou	Wǒ de Zhōngguó 朋友 jiào Wáng Lì. Heinz hé Bernd shì 朋友. *(Freund)*
lǎo	Wáng Píng hé Zhāng Lì shì 老 péngyou. Baker xiānsheng 老 ma? – Bù, Baker xiānsheng bù 老, Wilson xiānsheng 老. *(alt, alt sein)*
gōngrén	Sūn Píng shì 工人. Tā zài yī ge gōngsī gōngzuò. *(Arbeiter)*
gōngchǎng	Wáng Lì de péngyou zài yī ge 工厂 gōngzuò. *(Fabrik)*

6 A 4

dìdi	Wáng Píng de 弟弟 jiào Wáng Fú. Wǒ de 弟弟 jiào Walter.

xuéshēng	Nín de 弟弟 jiào shénme? *(jüngerer Bruder)* Wǒ de dìdi bú shì dàxué de jiàoyuán, tā shì 学生. Hans shì Bōhóng Dàxué de 学生. *(Schüler, Student)*
Qīnghuá	Hannon xiānsheng de jiějie zài 清华 Dàxué xuéxí. Wáng xiānsheng shì 清华 Dàxué de jiàoyuán. *(Name einer Universität in Peking)*

6 A 5

mèimei	Wáng Píng de 妹妹 jiào Wáng Huá. Wǒ de 妹妹 jiào Anna. *(jüngere Schwester)*
shòuhuòyuán	Wáng Píng de mèimei shì 售货员 ma? – Shì, tā shì 售货员. *(Verkäufer, Verkäuferin)*

6 A 6

gōngchéngshī	Volker bú shì yīshēng, tā shì 工程师. *(Ingenieur)*

6 B 1

fùqīn	Nín de 父亲 zuò shénme? Tā de 父亲 shì jìzhě ma? *(Vater)*
mǔqīn	Wáng Píng de 母亲 shì shòuhuòyuán. Hans de 母亲 shì yīshēng. *(Mutter)*

7 A 1

àirén	Becker nǚshì shì Becker xiānsheng de 爱人. Zhāng nǚshì de 爱人 shì yīshēng. *(Ehemann, Ehefrau)*
Xīnhuáshè	Wáng Píng de àirén shì 新华社 de jìzhě. *(Nachrichtenagentur Neues China)*
huì	Nín 会 Zhōngwén ma? Wǒ bú 会 Zhōngwén, wǒ 会 Fǎwén. *(können, eine Fähigkeit oder Fertigkeit haben)*
Yīngwén	Wáng Píng bú huì Fǎwén, tā huì 英文. *(Englisch)*

7 A 2

wǒmen de	Peter shì 我们的 péngyou. *(unser)*

háizǐ	Xiǎopíng shì Wáng xiānshēng de 孩子. Wǒmen de 孩子 huì Yīngwén. *(Kind)*
shàng	Becker xiānshēng de háizǐ 上 dàxué. *([eine Schule] besuchen)*
zhōngxué	Müller nǔshì de háizǐ zài 中学 xuéxí wàiwén. *(Mittelschule, Gymnasium)*
xué	Xiǎopíng zài zhōngxué 学 Yīngwén. Xiǎopíng de gēge zài dàxué 学 Fǎwén. *(lernen)*
lǎoshī	Wǒmen de Zhōngwén 老师 shì Zhōngguó rén. *(Lehrer)*
tāmen de	Wǒmen de háizǐ shàng zhōngxué. 他们的 lǎoshī jiào Liú Huá. *(ihr)*

7 A 3

tā de	Lìméi huì Fǎwén. 她的 gēge yě huì Fǎwén. *(sein, ihr)*

7 A 4

fùmǔ	Wǒmen de 父母 zhù zài Mùníhēi. *(Eltern)*
Hóngxīng	Wǒ de Zhōngguó péngyǒu zài Shànghǎi de 红星 Gōngchǎng gōngzuò. *(Roter Stern)*
gōngshè	Hans de Zhōngguó péngyǒu zài yī ge 公社 gōngzuò. *(Kommune)*
gànbù	Wáng Píng de fùqīn shì gōngshè de 干部. *(Kader)*
bǎihuò gōngsī	Wáng Píng de mǔqīn shì 百货公司 de shòuhuòyuán. *(Warenhaus, Kaufhaus)*
zhǐ	Wáng Huá bú huì wàiwén. Tā 只 huì Zhōngwén. *(nur)*

7 B 1

Déwén	Lǐ xiānshēng huì shuō 德文 ma? Tā bú huì 德文, zhǐ huì Yīngwén. *(Deutsch)*
Rìwén	Tiánzhōng xiānshēng zhǐ huì 日文. *(Japanisch)*

8 A 1

jiārén	Lìméi de 家人 zhù zài Wǔhàn. *(Familienangehörige)*

zhīdào	Yīyuàn zài nǎr? – Wǒ bù 知道. (wissen)	
shuō	Bernd huì 说 Yīngwén hé Fǎwén. (sprechen)	
zěnme	„Flugzeug" Zhōngwén 怎么 shuō? – Fēijī. (wie)	
huàxué	Müller xiānshēng zài dàxué jiāo 化学. Nǐmen de 化学 lǎoshī shì shuí? (Chemie)	

8 A 2

nínmen de	您们的 háizi huì Yīngwén ma? (Ihre)
ba	Zhè shì nín de àirén 吧? (wohl, wahrscheinlich)
èrshí	zwanzig: 二十
suì	Wǒ de gēge èrshí 岁. (Jahre alt)
èrshíyī	Wǒ de jiějie 二十一 suì. (21)
jǐ	Nínmen de háizi 几 suì? (wieviele)

8 A 3

Hànbǎo	Wǒ de fùqīn zài 汉堡 de yī ge yīyuàn gōngzuò. (Hamburg)
nín de	您的 péngyǒu jǐ suì? 您的 gēge jiào shénme? Zhè shì 您的 mèimei ba? (dein)
duō dà le	Nín de gēge 多大了? (wie alt ist ...? bei Erwachsenen)
sìshibā	Tā de fùqīn 四十八 suì. (achtundvierzig)

8 A 5

shì	Hannon xiānshēng zhù zài Lúndūn 市. (Stadt)
jiātíng fùnǚ	Zhèng nǚshì shì 家庭妇女. (Hausfrau)

8 A 6

nóngyè	Bauer xiānshēng shì 农业 zhuānjiā. Tā de háizi zài 农业 dàxué xuéxí. (Landwirtschaft)
Bāfálìyà	Mùníhēi zài 巴伐利亚. (Bayern)
nóngchǎng	Barbara zài 农场 gōngzuò. (Landwirtschaftsbetrieb)
fùjìn	Tā de nóngchǎng zài Mùníhēi 附近. (Nähe, Umgebung)
sìshiqī	Wǒ de gēge 四十七 suì. (47)
sānshisān	Wǒ de Zhōngguó péngyǒu 三十三 suì. (33)

zìjǐ	Müller nǚshì dẻ àirén shì dàxué dẻ jiàoshòu. Tā 自己 shì jiātíng fùnǚ. *(selbst)*
sìshiwǔ	Erika 四十五 suì. *(45)*

8 A 7

sān	Wǒ dẻ háizǐ 三 suì. *(drei)*
wǔ	Müller xiānshẻng dẻ háizǐ 五 suì. *(fünf)*
jiǔ	Nǐ dẻ háizǐ jǐ suì? – 九 suì. *(neun)*
xiǎoxué	Xiǎopíng jiǔ suì. Tā shàng 小学. *(Grundschule)*

8 B 1

érzǐ	Nǐ dẻ 儿子 jǐ suì? *(Sohn)*
nǚér	Nǐ dẻ 女儿 shàng dàxué må? *(Tochter)*
yī	Wǒmẻn dẻ háizǐ 一 suì. *(eins)*
liǎng	Tāmẻn dẻ háizǐ 两 suì. *(zwei)*
shíèr	Wǒ dẻ érzǐ 十二 suì. *(zwölf)*
-èr	Tā dẻ érzǐ 二 shí 二 suì. Wǒ dẻ érzǐ shí 二 suì. *(zwei, bei zusammengesetzten Zahlen und Ordnungszahlen)*
sì	Wǒ dẻ Rìběn péngyǒu dẻ nǚér 四 suì. *(vier)*
liù	Tā dẻ háizǐ 六 suì. *(sechs)*
qī	Wǒmẻn dẻ Zhōngwén lǎoshī dẻ háizǐ 七 suì. *(sieben)*
bā	Lìméi shì Liáng xiānshẻng dẻ nǚér; tā 八 suì. *(acht)*
shí	Wǒ dẻ gēgẻ dẻ érzǐ jiào Hans, tā 十 suì. *(zehn)*

8 B 2

shāngrén	Lǐ xiānshẻng shì 商人. *(Kaufmann)*
gōngyè	Zhāng xiānshẻng dẻ fùqīn shì 工业 zhuānjiā. *(Industrie)*
jiàoshī	Hú xiānshẻng shì 教师. *(Lehrer)*
xiǎoxuéshēng	Lǐ xiānshẻng dẻ érzǐ shì 小学生. *(Grundschüler)*
zhōngxuéshēng	Hú xiānshẻng dẻ nǚér shì 中学生. *(Mittelschüler)*
dàxuéshēng	Hú xiānshẻng dẻ érzǐ shì 大学生. *(Hochschulstudent)*

8 B 3

Duōtèméngdé	chinesischer Name für *Dortmund*: 多特蒙德

Kēlóng	chinesischer Name für *Köln*: 科隆	
Hànnuòwēi	chinesischer Name für *Hannover*: 汉诺威	
xuéyuàn	Stein xiānshēng zài Hànbǎo Dàxué dè yī gè 学院 gōngzuò. (*Institut*)	

8 B 5

Hèshī	赫施 shì Déguó dè gāngtiě gōngsī. (*Hoesch*)
qìchē	Wáng Lì shì 汽车 gōngchǎng dè gōngrén. (*Auto*)
Léinuò	雷诺 shì Fǎguó dè qìchē gōngsī. (*Renault*)
Fēiyàtè	菲亚特 yě shì qìchē gōngsī. (*Fiat*)
Fútè	福特 shì Měiguó dè qìchē gōngsī. (*Ford*)
Bàiěr	拜耳 shì Déguó dè huàxué gōngsī. (*Bayer*)
diànhuà	Bell shì Měiguó dè 电话 gōngsī. (*Telefon*)
diànbào	Guójì Diànhuà 电报 Gōngsī shì Měiguó dè gōngsī. (*Telegramm*)

9 A 1

yǒu	Nǐ 有 qìchē mǎ? Wǒ 有 qìchē. (*haben, besitzen*)
gè	Wáng nǚshì yǒu sān 个 mèimèi. (*Stück, wird nicht übersetzt*)
xiàngpiàn, – piānr, – piār	Zhè shì wǒ dè 相片. Zhè shì wǒ dè àirén dè 相片. (*Foto*)
kàn	Nǐ 看: Zhè shì wǒ dè qìchē. (*schauen, sehen*)
zhè, zhèi	这 gè rén shì shuí? 这 gè qìchē hěn hǎo. (*dieser*)
nà, nèi	那 gè qìchē shì nǐ dè mǎ? –Bú shì, zhèi gè shì wǒ dè. (*jener*)
shàngxué	Nǐ dè dìdì 上学 mǎ? Tā bú 上学; tā zài gōngchǎng gōngzuò. Nǐ dè mèimèi zài nǎr 上学? (*Schule besuchen, in die Schule gehen*)
dōu	Wáng nǚshì dè háizǐ 都 shàng xiǎoxué. Lǐ xiānshēng dè jiārén 都 zhù zài Běijīng. (*alle*)
dì	Liú nǚshì shì Shànghǎi 第 Yī Bǎihuò Gōngsī dè shòuhuòyuán. Tā dè 第 èr gè háizǐ shàng Běijīng 第 Bāshíliù Xiǎoxué. (*Nr., bildet Ordnungszahlen*)
líng	Dì yī 0 sān. (0 = 零 = *Null*)
xuéxiào	Zài wǒmén dè 学校 yǒu liù gè Yīngwén lǎoshī. (*Schule*)
dà	Bōhóng Dàxué hěn 大. Wǔhàn yǒu wǔ gè 大 gāngtiě gōngchǎng. (*groß*)

bǎi	Zhèi ge gōngchǎng yǒu bā 百 ge gōngrén. *(hundert)*
xiǎo	Zhè ge yīyuàn hěn 小. Wǒ de péngyou yǒu yī ge 小 fēijī. *(klein)*
yǒu	Zài Fǎlánkèfú 有 jǐ ge bǎihuò gōngsī? 有 shíwǔ ge ba. *(vorhanden sein, es gibt ...)*
duōshǎo	Nǐ zhīdào zhèi ge xuéyuàn yǒu 多少 ge xuésheng ma? *(wieviele)*
jǐ	Wǒmen de xiǎoxué yǒu 几 shí ge jiàoyuán. Wǒmen de gōngsī yǒu 几 ge wàiwén zhuānjiā. *(einige)*
ba	Nǐmen de xuéxiào yǒu duōshǎo ge xuésheng? – Yǒu jǐ bǎi ge 吧. *(wohl, wahrscheinlich, vermutlich)*

9 A 2

wàn	Bālí Dàxué yǒu duōshǎo xuésheng? Yǒu liǎng 万 ge ba. Zhèi ge dàxué yě bù xiǎo, yǒu yī 万 ge xuésheng. *(10 000)*
qiān	Wǒmen de xiǎoxué yǒu yī 千 wǔbǎi ge xuésheng. Zhèi ge gōngchǎng hěn dà, yǒu bā 千 ge gōngrén. *(tausend)*

9 B 2

shuí de (sheí de)	Konstantin shì 谁的 érzi? – Tā shì Koch xiānsheng de érzi. *(wessen)*

10 A 1

dànshì	Wǒ bú huì Fǎwén, 但是 huì Yīngwén. *(aber, sondern)*
Éwén	Wǒ de péngyou huì Yīngwén hé 俄文. *(Russisch)*
kěyǐ	Nín 可以 gěi wǒ jièshào nín de péngyou ma? Zài Bōhóng Dàxué 可以 xué Zhōngwén ma? *(können, möglich sein)*
gēn	Meyer nǚshì 跟 Wáng xiānsheng shuō Zhōngwén. Meyer xiānsheng 跟 tā de àirén lái ma? *(mit)*

10 A 3

Shíjǐng	chinesische Form des japanischen Names *Ishii*: 石井

Rìběn Hángkōng	Zhè shì 日本航空 de fēijī. (Nippon Kōkū = Japan Airlines)	
hǎo hǎo	Zhè shì Müller xiānsheng. – 好好. Müller xiānsheng shì Déguó rén ba? (ach ja; freut mich o.ä.)	
tīng de dǒng	Wǒ de péngyǒu 听得懂 Zhōngwén. Wǒ bú huì shuō Zhōngwén, dànshì 听得懂 Zhōngwén. (verstehen können)	
tīng bù dǒng	Wǒ de àiren 听不懂 Zhōngwén. (nicht verstehen können)	
méiguānxi	Baker xiānsheng zhǐ huì Yīngwén. – 没关系, wǒ huì shuō Yīngwén. (macht nichts)	
fānyì	Wǒ tīng bù dǒng Rìwén. Shuí kěyǐ gěi wǒ 翻译 yīxià? Wáng Lì huì Rìwén. Tā gěi nǐ 翻译. (übersetzen)	
bāng	Tā tīng bù dǒng Éwén. Shuí kěyǐ 帮 tā fānyì? Müller nǚshì huì Éwén. Tā kěyǐ 帮 tā. (helfen)	

10 A 4

kàn	Zhāng xiānsheng 看 de dǒng Déwén, dànshì bú huì shuō. Nǐ 看 Fǎlánkèfú Huìbào ma? Bú shì, wǒ 看 bù dǒng. (lesen)

11 A 1

qǐngwèn	请问 nín shì nǎguó rén? 请问 Guójì Shūdiàn zài nǎr? (darf ich fragen, sagen Sie bitte)
xìng	Wǒ 姓 Müller, wǒ de péngyǒu 姓 Wáng. Qǐngwèn nín 姓 shénme? (Familienname, mit Familiennamen heißen)
huàbào	Nǐ kàn Yīngwén 画报 ma? Rénmín 画报 shì Zhōngwén 画报. (Illustrierte)
shèyǐngyuán	Wáng xiānsheng bú shì Rénmín Huàbào de jìzhě, tā shì Rénmín Huàbào de 摄影员. (Fotograf)
Lúndūn Shíbào	chinesischer Name für London Times: 伦敦时报
cǎifǎng	Zhāng xiānsheng shì jìzhě, tā lái Déguó 采访. (Material sammeln)
de	Lǐ nǚshì shì jìzhě, tā shì lái Fǎguó cǎifǎng 的. (Hilfswort, bleibt unübersetzt)
cānguān	Hú xiānsheng bú shì lái Déguó 参观, tā lái Déguó xuéxí. (besuchen, besichtigen)
duì	Tā huì Fǎwén. Nín kěyǐ 对 tā shuō Fǎwén. (gegenüber, zu, mit)
zhèr	Nǐ lái 这儿 zuò shénme? Gōngyè Yínháng zài nǎr? Zài 这儿. (hier)

yìnxiàng	Müller xiānshēng zài Běijīng xuéxí. Tā duì Zhōngguó de 印象 hěn hǎo. *(Eindruck)*
rúhé	Nín duì Déguó yìnxiàng 如何? *(wie?)*
tǐng	Wǒ duì Déguó de yìnxiàng 挺 hǎo. *(sehr)*

11 A 2

a	Ausruf der Überraschung: 啊, nǐ yě shì Déguó rén.
rènshi	Nín 认识 Baker xiānshēng ma? Wǒ bú 认识 Baker xiānshēng, dànshì 认识 tā de àirén. *(kennen)*
kěxī	可惜 tā bú huì Zhōngwén. *(leider)*
zài nǎr	Nín de érzi 在哪儿 xuéxí? Nín de fùqīn 在哪儿 gōngzuò? *(wo)*
Hǎidéěrbǎo	Tā de érzi zài 海得尔堡 xuéxí. *(Heidelberg)*
xǐhuān	Nín 喜欢 Zhōngguó ma? Měiguó rén dōu 喜欢 Hǎidéěrbǎo. Wǒ 喜欢 Zhōngwén. *(mögen, Gefallen haben an)*
fēicháng	Tā de Zhōngwén 非常 hǎo. – Wǒ de Zhōngguó péngyǒu 非常 xǐhuān Déguó. *(außergewöhnlich, sehr)*

11 B 1

Guǎngzhōu	chinesischer Name für die Stadt *Kanton*: 广州

11 B 2

Guǎngjiāohuì	Xīménzǐ Gōngsī de dàibiǎo hé IBM Gōngsī de dàibiǎo dōu cānjiā 广交会. *(Kanton-Messe)*
cānjiā	Hèshí Gōngsī de dàibiǎo Müller xiānshēng lái Guǎngzhōu 参加 Guǎngjiāohuì. *(teilnehmen)*

11 B 3

Nánjīng	Tā zài 南京 de yī ge jìsuànjī gōngchǎng gōngzuò. *(Nanking)*
Měiyīnzī	美因兹 zài nǎr? 美因兹 zài Déguó. 美因兹 zài Fǎlánkèfú fùjìn. *(Mainz)*

12 A 1

xiǎng	Wǒ 想 kàn Rénmín Huàbào. Wǒ 想 gěi nín jièshào wǒ de péngyǒu. Wǒ 想 xué Zhōngwén. *(wünschen, wollen)*
qǐng	Wǒ 请 nǐ lái Mùníhēi. Tā 请 wǒ gěi tā jièshào wǒ de àirén. *(bitten, einladen)*
chīfàn	Wǒmen zài nǎr 吃饭? Wǒ xiǎng qǐng nín 吃饭. *(essen, speisen)*
diǎnzhōng	Wǒmen sān 点钟 lái. Nǐmen jǐ 点钟 chīfàn? *(bei Angabe der Uhrzeit in vollen Stunden: Uhr)*
ne	Jǐ diǎnzhōng 呢? *(Fragewort, bleibt unübersetzt)*
jīntiān	今天 tā lái bù lái? Tā 今天 bù lái. *(heute)*
wǎnshang	Nǐ jīntiān 晚上 zuò shénme? Jīntiān 晚上 wǒ xiǎng qǐng nǐmen chīfàn. *(Abend, abends)*
xíng	Wǒ wǎnshang lái, 行 bù 行? *(es ist möglich, es geht, einverstanden)*

12 A 2

tài	Wáng nǚshì zài zhōngxué jiāo Yīngwén, Fǎwén, yě jiāo huàxué. Tā 太 máng. *(zu, zu sehr, übermäßig)*
kèqi	Nín tài 客气. *(höflich, freundlich)*
yòng	Nǐ bú 用 lái. Nǐ bú 用 bāng wǒ fānyì. *(brauchen)*
le	Nǐ tài kèqi 了. Hǎo 了. *(nachdrücklich: aber, aber schon)*
yídìng	Jīntiān wǎnshang wǒ 一定 lái. Baker xiānsheng 一定 huì Déwén. Wǒ 一定 gěi nǐ jièshào wǒ de Zhōngguó péngyǒu. *(unbedingt, bestimmt, auf jeden Fall)*
yào	Wǒ yídìng 要 qǐng nǐ chīfàn. *(wollen)*
shíhou, shíhour	Tā jīntiān shénme 时候 lái? *(Zeit)*
shénme shíhou, shénme shíhour	Jīntiān wǎnshang wǒmen 什么时候儿 qù chīfàn? Nín de Zhōngguó péngyǒu 什么时候 lái Déguó? *(wann)*
kòng	Nǐ shénme shíhou yǒu 空 ne? Wǒ jīntiān yǒu 空. *(Zeit, freie Zeit)*
nà jiù, nà... jiù	那就 hǎo. 那 wǒ 就 jīntiān wǎnshang lái. Xíng, 那 wǒmen 就 liù diǎnzhōng lái. *(nun dann, dann also)*
míngtiān	Nǐ 明天 wǎnshang yǒu kòng ma? – Wǒ 明天 wǎnshang yǒu kòng. Tā 明天 lái bù lái? *(morgen)*
ba	Tā tīng bù dǒng, nǐ gěi tā fānyì 吧. Liú nǚshì xiǎng xué Déwén, nǐ kěyǐ jiāo tā 吧. *(am Ende von Aussagesätzen: bitte)*

diǎn bàn	Nǐ jīntiān wǎnshàng qī 点半 yǒu kòng må? Wǒmen shíèr 点半 qù chīfàn. (bei Zeitangaben: *halb*)
jiàn	Míngtiān 见. Jīntiān wǎnshàng 见. Míngtiān wǎnshàng qī diǎnzhōng 见. (am Ende von Verabschiedungen mit erneuter Verabredung: *bis*)

12 A 3

... yuè	Wǒ dě Zhōngguó péngyǒu shí 月 lái Déguó. Wǒ sān 月 lái Déguó. (dient in Verbindung mit den Zahlen von 1–12 zur Bezeichnung der zwölf *Monate*)
... hào	Nǐ jiǔyuè shíwǔ 号 yǒu kòng må? (in Verbindung mit den Zahlen von 1–31 zur Bezeichnung der *Monatstage*)
méi	Nǐ yǒu kòng må? – 没 yǒu. Meyer xiānshēng 没 yǒu háizǐ. Nǐ sānyuè sānhào yǒu 没 yǒu kòng? – 没 yǒu. (*nicht*)
néng	Wǒ míngtiān bù 能 lái. Nǐ 能 bù 能 lái Mùníhēi? Wǒ hěn máng, bù 能 lái. (*können, die Möglichkeit haben, die Gelegenheit haben*)

12 A 4

xià	Wáng xiānshēng 下 gě yuè lái Déguó cānguān. (*nächster*)
xīngqī	Zhè gě 星期 wǒ hěn máng. Nǐ 星期 wǔ yǒu kòng må? (*Woche*; vor den Zahlen 1–6 zur Bezeichnung der *Wochentage*)

12 A 5

hòutiān	后天 shì xīngqī jǐ? Xīngqīsān. 后天 shì jǐ hào? Bāhào. (*übermorgen*)
kǎoyā	Nǐ xǐhuān 烤鸭 må? Běijīng 烤鸭 hěn hǎo. (*gebratene Ente*)
diàn	Wǒ dě fùmǔ yǒu yī gě xiǎo 店. (*Laden, Geschäft*)
Kǎoyādiàn	Wǒ xiǎng qǐng nǐ zài 烤鸭店 chīfàn. Wǒ hěn xǐhuān Běijīng 烤鸭店. (*Entenrestaurant in Peking*)
chī	Wǒmen 吃 shénme? Nǐmen xiǎng 吃 shénme? Běijīng kǎoyā hěn hǎo 吃. (*essen*)

wǎnfàn	Shénme shíhòur wǒmen chī 晚饭? Tāmen jǐ diǎnzhōng lái chī 晚饭? Nǐ chīguò 晚饭 le mǎ? (*Abendessen*)
duì bu qǐ	对不起, wǒ tīng bù dǒng. Néng bù néng qǐng nǐ gěi wǒ fānyì yīxià. (*entschuldigen Sie bitte*)
fàndiàn	Wǒmen zài 饭店 chīfàn mǎ? Wǒ hěn xǐhuān zài Zhōngguó 饭店 chīfàn. (*Restaurant*)
děi	Tā tīng bù dǒng, nín 得 bāng tā fānyì. (*müssen, sollen*)
qù	Nín 去 nǎr? – Wǒ 去 bǎihuò gōngsī. Wǒ sānyuè sānhào 去 Zhōngguó cānguǎn. (*hingehen, weggehen*)
shìshi	Qǐng nǐ 试试 zhèi ge. Wǒmen qù 试试 nà ge fàndiàn, hǎo mǎ? (*versuchen, probieren*)

12 A 6

dào	Xià xīngqīsān Wú xiānsheng qǐng tā de xuéshēng 到 kǎoyādiàn chīfàn. Wǒ xiǎng qǐng nǐ 到 Dùsèěrduōfū chīfàn. (*nach, in, zu*)
wǒ jiā	Xīngqīliù qǐng nǐ dào 我家 chīfàn. (*mein Haus, mein Zuhause*)
hē	Nǐmen 喝 shénme? Tā bù chī, yě bù 喝, zhǐ gōngzuò. (*trinken*)
chá	Zhèi ge fàndiàn yǒu zhōngguó 茶 mǎ? – Nǐ xǐhuān hē 茶 mǎ? (*Tee*)
xiànzài	Meyer xiānsheng 现在 bú zài wǒ jiā. Tā 现在 zài gōngchǎng. (*jetzt, im Augenblick*)
le	Qī diǎn bàn 了, wǒ děi qù. (bei Zeitangaben: *schon, schon geworden*)
diǎn	Bā 点 le, wǒ yīdìng děi qù. (bei Zeitangaben: *Uhr*; Kurzform von *diǎnzhōng*)
fēn	Wǒmen qī diǎn èrshí 分 qù, xíng mǎ? – Xíng. (*Minute*)
shì	Nín míngtiān yǒu kòng mǎ? Míngtiān wǒ yǒu 事. Nín yǒu shénme 事? – Wǒ qù kàn wǒ de péngyǒu. (*Sache, Angelegenheit, zu tun*)
zhōngtóu	Cóng xīngqīyī dào xīngqīwǔ gōngrén gōngzuò bā ge 钟头, xīngqīliù tāmen gōngzuò sì ge 钟头. (*Stunde*)
děng ... yǐhòu	等 sān ge zhōngtóu 以后 wǒ qù chīfàn. (bei Zeitangaben: *in ...*)
cái	Xiànzài wǒ méi yǒu kòng, wǎnshàng 才 néng lái. Xiànzài Wáng xiānsheng zài gōngchǎng. Wǎnshàng tā 才 lái wǒ jiā. (*erst, dann erst*)
nà	那 wǒmen bā diǎnzhōng zài Kǎoyādiàn jiàn. (*dann also*)

chā	Shénmẽ shíhòur lẽ? – 差 wǔ fēn bā diǎn. *(bei Angaben der Uhrzeit: vor)*
kè	Nǐ shénmẽ shíhòur qù? Wǒ sān diǎn yī 刻 qù. Tā shénmẽ shíhòur lái? Tā sān diǎn chā yī 刻 lái. *(Viertelstunde, Viertel)*
yīhuǐr	Wǒ sān diǎnzhōng lái. 一会儿 jiàn. *(eine Weile, kurze Zeit später, bald)*

12 B 1

wǔfàn	Wǒ xiǎng qǐng nǐmẽn chī 午饭. Wǒmẽn míngtiān shénmẽ shíhòur chī 午饭? *(Mittagessen)*
jiǔ	Déguó rén xǐhuān Fǎguó 酒. Wǒ xiǎng hē 酒. Nǐ hē 酒 mǎ? *(Wein, Schnaps, alkoholisches Getränk)*
wán, wánr, wár	Tāmẽn xià xīngqī lái wǒ jiā 玩儿. Qǐng nǐ lái wǒ jiā 玩. *(sich unterhalten, sich amüsieren)*
diànyǐng	Déguó rén xǐhuān Měiguó 电影. Rìběn dẽ 电影 zěnmẽyàng? *(Film, Kino)*
kàn	Nín xǐhuān 看 diànyǐng mǎ? – Shì, wǒ xǐhuān 看 diànyǐng. *(sehen, ansehen)*
xì	Nǐ xǐhuān kàn shénmẽ 戏? Wǒ xiǎng qǐng nǐ kàn 戏. *(Theater)*
zájì	Nǐ xǐhuān kàn 杂技 mǎ? Wǒ bù xǐhuān kàn 杂技, wǒ xǐhuān kàn diànyǐng. *(Varieté)*

12 B 2

jǐshí	Nǐ 几时 yǒu kòng nẽ? Nǐmẽn 几时 lái Déguó? *(wann)*

12 B 4

zǎoshǎng	Míngtiān 早上 nǐ yǒu kòng mǎ? 早上 méi yǒu kòng; 早上 wǒ děi gōngzuò. *(morgens, früh)*
shàngwǔ	Nǐ hòutiān 上午 yǒu kòng mǎ? 上午 méi yǒu kòng, hòutiān wǎnshǎng bǎ? *(vormittags)*
zhōngwǔ	Nǐ míngtiān 中午 néng bù néng lái? Kěxī wǒ míngtiān 中午 méi yǒu kòng, bù néng lái. *(mittags)*
xiàwǔ	Wǒ jīntiān 下午 zài dàxué gōngzuò. Wǒ xīngqīyī 下午 hěn máng, dànshì xīngqīèr 下午 yǒu kòng. *(Nachmittag, nachmittags)*

12 B 5

xīngqīrì	Wǒmen 星期日 kàn diànyǐng ba? 星期日 wǒmen bù gōngzuò. *(Sonntag, sonntags)*

12 B 13

dàhòutiān	Nǐmen 大后天 yǒu kòng ma? 大后天 shì jǐ hào? *(überübermorgen)*
xīngqītiān	Nǐmen 星期天 zuò shénme? 星期天 wǒmen xiǎng qù kàn diànyǐng. *(Sonntag, sonntags)*

12 B 14

xiè le	Wǒ xiǎng qǐng nǐ dào wǒ jiā chīfàn. Nǐ jīntiān wǎnshang yǒu kòng ma? – 谢了, kěxī wǒ bù néng lái. *(danke)*
nà tiān	那天 wǒmen yǒu shì, bù néng lái. 那天 wǒmen bú zài. *(an jenem Tag)*
tiān	Nǐ dàhòutiān yǒu kòng ma? – Nà 天 wǒ bú zài. *(Tag)*

12 B 16

tóngshì	Zhè shì wǒ de 同事. Wáng Píng hé Zhāng Lì shì 同事. *(Kollege)*
tóngzhì	Zhāng 同志 hé wǒ xiǎng qǐng nǐ chīfàn. *(Genosse)*

13 A 1

Běijīng Fàndiàn	Wǒmen zhù zài 北京饭店. *(Name eines großen Pekinger Hotels)*
wàng	Nǐ 往 nǎr kàn? *(in Richtung auf, nach, hin)*
qián	Wǒ wàng 前 kàn. *(vorn)*
jiù	Běijīng Fàndiàn zài nǎr? – Wàng qián kàn, nà 就 shì Běijīng Fàndiàn. *(da, dort, dann)*
zǒu	Běijīng Fàndiàn zài nǎr? – Wàng qián 走, nǐ kàn, nà jiù shì Běijīng Fàndiàn. *(gehen)*

yuǎn	Cóng xuéxiào dào wǒ jiā bù 远. Cóng Běijīng dào Guǎngzhōu hěn 远. *(weit, weit entfernt)*
zuǒbiǎn, zuǒbiǎnr, zuǒbiǎr	Yínháng zài dàxué dě 左边. 左边儿 dě nèi gě rén shǐ wǒměn dě lǎoshī. Zhè shǐ nǐ dě gēgě må? Bú shǐ nèi gě, shǐ 左边儿 zhèi gě. *(links)*
zàijiàn	Xièxiě, 再见. Wǒměn míngtiān 再见. *(wiedersehen; auf Wiedersehen)*

13 A 2

cóng ... qù	Mùníhēi 从 Hànbǎo 去 hěn yuǎn. *(von ... entfernt)*
dìtú	Nín yǒu Zhōngguó 地图 méi yǒu *(Landkarte)*
zhǐ ... kàn	Qǐng nín 指 gěi wǒ 看 dàxué zài nǎr. *(zeigen)*
jiù	Qǐngwèn Běijīng Fàndiàn zài nǎr? – Bù yuǎn, 就 zài zhèr. *(Hilfswort in nachdrücklichen Aussagen, bleibt unübersetzt)*
bú xiè	Xièxiě nín. – 不谢. *(nichts zu danken)*

13 A 3

Liúlichǎng	Wǒ yǒu dìtú, qǐng nín zhǐ gěi wǒ kàn 琉璃厂 zài nǎr. – 琉璃厂 cóng zhèr qù bù yuǎn. *(Stadtteil von Peking, die Altstadt)*
yòubiǎn, yòubiǎnr, yòubiǎr	Yīyuàn bú zài 右边儿, zài zuǒbiǎr. Zuǒbiǎr yǒu fàndiàn, 右边儿 yǒu xuéxiào. Zuǒbiān zhèi gě rén shǐ nǐ dě àirén bå? – Bú shǐ zuǒbiān nèi gě, shǐ 右边 zhèi gě. *(rechts, auf der rechten Seite)*
tiáo	Zählwort für *Straßen, Wege, längliche Objekte* u.ä.: 条
jiē	Zhè yī tiáo 街 wàng qián zǒu, bù yuǎn, yínháng jiù zài zuǒbiǎr. *(Straße)*
yòu	Qīnghuá Dàxué zài nǎr? – Wàng 右 kàn, jiù shǐ Qīnghuá Dàxué. *(rechts)*
zhuǎn	Nǐměn zài nàr wàng yòu 转, zuǒbiǎr jiù shǐ Běijīng Fàndiàn. *(abbiegen, sich wenden)*
zài	Nǐměn zài dì sān tiáo jiē wàng yòu zhuǎn, wàng qián zǒu, 再 wàng yòu zhuǎn, jiù shǐ Zhōngguó fàndiàn. *(wieder, noch einmal, und dann)*
méi	Nà gě diànyǐng zěnměyàng? Wǒ bù zhīdào, wǒ 没 kàn nà gě diànyǐng. *(Verneinung für Vergangenheitssätze: nicht)*
tīng dǒng	Duì bù qǐ, wǒ méi 听懂. *(verstehen)*

yīdiǎn, yīdiǎnr, yīdiǎr	Wǒ huì shuō 一点 Zhōngwén. Hē 一点儿 chá ba. Nǐ huì Zhōngwén bú huì? – Wǒ zhǐ huì 一点儿. *(etwas, ein wenig)*
màn	Duì bù qǐ, wǒ méi tīng dǒng. Qǐng nín shuō 慢 yīdiǎr. *(langsam)*
dǒng	Tā shuō Zhōngwén; nǐ 懂 ma? Lǐ xiānshēng shì jīngjì zhuānjiā, tā bù 懂 hángkōng gōngchéng. *(verstehen)*
le	Jīntiān zhōngwǔ nǐmen zài nǎr chīfàn 了? Jīntiān zhōngwǔ wǒmen zài Běijīng Kǎoyādiàn chīfàn 了. Nǐ dǒng 了 ma? – Méi tīng dǒng. (Hilfswort zur Kennzeichnung einer neu eingetretenen Situation, daher meist mit dem Perfekt zu übersetzen: *habe* gegessen, *hast* verstanden)

13 A 4

yóujú	Qǐngwèn 邮局 zài nǎr? 邮局 jiù zài zhèr. *(Postamt)*
wènwen	Qǐngwèn Liúlíchǎng zài nǎr? – Wǒ bù zhīdào, nín kěyǐ 问问 nà ge tóngzhì. *(fragen)*

13 A 5

dòngwùyuán	Xià xīngqīrì wǒ hé wǒ de háizi xiǎng qù 动物园. *(Zoo)*
zuò ... qù	Wǒmen 坐 qìchē 去 ma? Bù, wǒmen 坐 fēijī 去. *(irgendwohin fahren oder fliegen)*
gōnggòng qìchē	Wǒmen zuò 公共汽车 qù ba. *(Bus)*
zhàn	Gōnggòng qìchē 站 zài nǎr? – Gōnggòng qìchē 站 cóng zhèr qù bù yuǎn. *(Haltestelle)*
jìn	Qǐngwèn Běijīng Fàndiàn cóng zhèr qù yuǎn ma? – Bù yuǎn, hěn 近. *(nahe)*
nàr	Shuí zài 那儿? Běijīng Kǎoyādiàn zài nǎr? – Zài 那儿. *(dort)*
lù	Wǒ zuò wǔ 路 qìchē qù shàngxué. Cóng zhèr dào dòngwùyuán kěyǐ zuò yī 路, sān 路 hé wǔ 路. *(Linie)*
jǐ	Duì bù qǐ, qǐngwèn dào Běijīng Dòngwùyuán zuò 几 lù gōnggòng qìchē? *(welche, welche Nummer)*

13 A 6

1.	Tiānānmén	Tor des Himmlischen Friedens* 天安门
2.	Rénmín Dà Huìtáng	Große Halle des Volkes* 人民大会堂
3.	Rénmín Yīngxióng Jìniànbēi	Denkmal für die Helden des Volkes* 人民英雄纪念碑
4.	Zhōngguó Gémìng Lìshǐ Bówùguǎn	Museum zur Geschichte der Chinesischen Revolution* 中国革命历史博物馆
5.	Zhōngshān Gōngyuán	Zhongshan – Park* 中山公园
6.	Láodòng Rénmín Wénhuàgōng	Kulturpalast des Werktätigen Volkes* 劳动人民文化宫
7.	Gùgōng Bówùyuàn	Museum des Alten Palastes* 故宫博物院
8.	Shǒudū Tǐyùguǎn	Sporthalle der Hauptstadt* 首都体育馆
9.	Běijīng Zhǎnlǎnguǎn	Pekinger Ausstellungshalle* 北京展览馆
10.	Běijīng Gōngrén Tǐyùguǎn	Pekinger Arbeitersporthalle* 北京工人体育馆
11.	Lǔ Xùn Bówùguǎn	Lu-Xun-Museum* 鲁迅博物馆
12.	Zhōngguó Měishùguǎn	Chinesisches Museum der Schönen Künste* 中国美术馆
13.	Mínzú Wénhuàgōng	Kulturpalast der Nationalitäten* 民族文化宫
14.	Xiānnóngtán Tǐyùchǎng	Xiannongtan-Stadion* 先农坛体育场

13 B 1

Máo Zhǔxí Jìniàntáng	Gedenkhalle für den Vorsitzenden Mao: 毛主席纪念堂
Shísān Líng	Die Dreizehn Ming-Gräber: 十三陵
Mínzú Fàndiàn	Hotel der Nationalitäten: 民族饭店
Xīnqiáo Fàndiàn	Hotel der Auslands-Chinesen: 新侨饭店

*Zu den hier aufgezählten 14 berühmtesten Plätzen der chinesischen Hauptstadt vgl. den Stadtplan von Peking unter 13 A 6 und 13 A 7 im Textband.

13 B 2

Yíhéyuán	Sommerpalast: 颐和园
Wángfǔjǐng Dàjiē	Name einer Hauptstraße in Peking: 王府井大街
Dōngdān	Ostmarkt: 东单
Xīdān	Westmarkt: 西单
Wàiwén Shūdiàn	Verlagsbuchhandlung für Fremdsprachige Literatur: 外文书店
Xīnhuá Shūdiàn	Verlagsbuchhandlung Neues China: 新华书店

13 B 3

Shǒudū Jīchǎng	Der Hauptstädtische Flughafen: 首都机场
Běijīng Zhàn	Bahnhof Peking: 北京站
Běijīng Dì Yī Wàiyǔ Xuéyuàn	Erstes Pekinger Fremdsprachen-Institut: 北京第一外语学院

13 B 4

Běi Hǎi Gōngyuán	Beihai-Park: 北海公园
Tiāntán Gōngyuán	Tiantan-Park: 天坛公园
Yǒuyì Bīnguǎn	Gästehaus der Freundschaft: 友谊宾馆
Xīdé Dàshǐguǎn	Westdeutsche Botschaft: 西德大使馆
Yīngguó Dàshǐguǎn	Englische Botschaft: 英国大使馆
huǒchēzhàn	Běijīng Zhàn shì shénme? – Běijīng Zhàn shì Běijīng de 火车站. (Bahnhof)

13 B 5

zài ... yībiàn, yībiànr, yībiàr	Wǒ méi tīng dǒng, qǐng nín 再 shuō 一遍. (noch einmal)

13 B 6

zuǒ	Běijīng Zhàn zài nǎr? – Dì yī tiáo jiē wàng 左 zhuǎn, bù yuǎn, jiù shì Běijīng Zhàn. (links)

13 B 7

zhēn	Tā de Zhōngwén 真 hǎo. 真 xièxiě nín. Tā 真 shì yī ge hǎo xuésheng. *(wirklich)*

13 B 8

bú kèqi	Zhēn xièxiě nín. – 不客气. *(Seien Sie nicht so höflich, nichts zu danken u.ä.)*
bú yào	不要 zài shuō yī biàn, wǒ tīng dǒng le. *(es ist nicht nötig, man soll nicht, man darf nicht)*

14 A 1

mǎi	Nín xiǎng 买 shénme? – Wǒ xiǎng 买 Rénmín Huàbào. *(kaufen)*
xiē	些 (unbestimmtes Zählwort: *etwas, ein wenig, einige*)
sīchóu	Wǒ de àirén xiǎng mǎi xiē 丝绸. Wǒ yě hěn xǐhuān Zhōngguó de 丝绸. *(Seide)*
mǎidào	Nǐ 买到 sīchóu le ma? – Méi 买到. *(kaufen, zu kaufen bekommen)*
yǒuyì	Fǎguó hé Déguó de 友谊 jìnlái hěn hǎo. *(Freundschaft)*
shāngdiàn	Liú nǚshì shì 商店 de shòuhuòyuán. *(Laden, Geschäft)*
Yǒuyì Shāngdiàn	Wǒ jīntiān xiàwǔ xiǎng qù 友谊商店 mǎi sīchóu. *(Freundschaftsladen. Läden, die in erster Linie für ausländische Kundschaft gedacht sind)*
kāi	Wàiwén Shūdiàn shénme shíhòur 开? Guójì Shūdiàn wǔyuè yīhào yě 开 ma? *(geöffnet sein, öffnen)*

14 A 2

cíqì	Déguó rén hěn xǐhuān Zhōngguó de 瓷器. Yīngguó de 瓷器 yě hěn hǎo. *(Porzellan)*
dōu	Cíqì, sīchóu wǒ 都 yào. Zhè xiē xuésheng 都 shì Zhōngguó rén. Xīngqīyī, xīngqīèr hé xīngqīsān wǒ 都 hěn máng, bù néng lái. *(am Ende von Aufzählungen: alles Genannte, alles)*
mànmàn	Nǐ 慢慢 chī. Sīchóu, cíqì dōu yǒu. Qǐng nín zìjǐ 慢慢 kàn. *(ruhig, in aller Ruhe)*

gěi ... kànkan	Qǐng nín 给 wǒ 看看 zhèi ge. *(sehen lassen, zeigen)*	
qiánbiǎn, qiánbiǎnr, qiánbiǎr	Zài wǒmen de dàxué 前边儿 yǒu shūdiàn. Dàxué 前边儿 yě yǒu yī ge yínháng. Qǐng nín gěi wǒ kànkan 前边 zhèi ge. *(vorne, davor)*	
lán	Nín yǒu 蓝 de sīchóu méi yǒu? *(blau)*	

14 A 3

shū	Wǒ xiǎng qù mǎi 书. Wǒmen de dàxué yě yǒu Zhōngwén 书. *(Buch)*
běn	Zhè liǎng 本 shū, zhèi 本 huàbào wǒ dōu mǎi. *(Zählwort für Bücher, Hefte u.ä.)*
qián	Wǒ xiànzài méi yǒu 钱, bù néng mǎi shū. *(Geld)*
duōshǎo	Zài Mùníhēi yǒu 多少 Zhōngguó fàndiàn? – Yǒu shí ge ba. *(wie viele, wieviel)*
duōshǎo qián	Qǐngwèn zhè xiē cíqì 多少钱? *(wieviel kostet, wieviel kosten)*
máo	Zhèi běn shū wǔ 毛 qián. *(Groschen, ein Zehntel der chinesischen Währungseinheit Renminbi; umgerechnet gegenwärtig – 1978 – etwa 12 Pfennige)*
fēn	Yī máo shi shí 分 qián. *(Pfennig, ein hundertstel Renminbi, umgerechnet gegenwärtig etwa 1, 2 Pfennig)*
xiě	Wǒ méi tīng dǒng, qǐng nín 写 yīxià. *(schreiben)*
bǎn	Déwén 版 Rénmín Huàbào, Yīngwén 版 Rénmín Huàbào dōu yǒu. *(Ausgabe, Auflage)*
cóng ... dào	Lǐ xiānsheng shénme shíhour zài ne? – Tā míngtiān 从 shàngwǔ jiǔ diǎnzhōng 到 xiàwǔ sì diǎnzhōng zài. *(von ... bis ...)*
dōu	Yóujú shénme shíhour kāi? – Yóujú cóng zǎoshang bā diǎnzhōng dào wǎnshang qī diǎnzhōng 都 kāi. (bei der Angabe von Zeitspannen: *die ganze Zeit über*)

14 A 4

mínyáo	Wǒmen hěn xǐhuān Déguó de 民谣, yě xǐhuān Zhōngguó de 民谣. *(Volkslied)*
chàngpiàn, chàngpiānr, chàngpiār	Nǐmen yǒu mínyáo 唱片 méi yǒu? Wǒ xiǎng mǎi shū, yě xiǎng mǎi 唱片儿. *(Schallplatte)*

guò	Qǐng 过 lái zhèr. *(herüber)*
zhāng	Zhèi 张 chàngpiār duōshǎo qián? (Zählwort für *flächige Objekte wie Schallplatten, Postkarten, Tische u.ä.*)
xuǎn	Nǐmen zìjǐ 选 ba. Nǐmen 选 hǎo le ma? Wǒ 选 le sān zhāng chàngpiàn. *(auswählen, aussuchen)*

14 A 5

Shàoxīng	Lǔ Xùn xiānsheng shì 绍兴 rén. Wǒ de péngyǒu shì Zhōngguó rén. Tā cóng 绍兴 lái de. *(Stadt in China)*
Shàoxīng Jiǔ	Nín yǒu 绍兴酒 méi yǒu? – Yǒu. *(Shaoxing-Wein)*
yào	Nín 要 shénme jiǔ? – Wǒ 要 Shàoxīng Jiǔ. *(haben wollen)*
píng	Tā mǎi le liǎng 瓶 Shàoxīng Jiǔ. Wǒ zhǐ mǎi le yī 瓶. *(Flasche)*
hái	Nín 还 yào shénme? – Wǒ 还 yào yī píng Shàoxīng Jiǔ. *(noch, außerdem noch)*
biéde	Wǒ hěn xǐhuān Zhōngguó chá, 别的 chá wǒ dōu bù hē. Nín hái yǒu 别的 Zhōngwén shū ma? *(anderen, andere)*
píjiǔ	Nǐmen yǒu 啤酒 méi yǒu? – Zhōngguó 啤酒, Rìběn 啤酒 hé Déguó 啤酒 dōu yǒu. *(Bier)*
Máotái	Nín yǒu méi yǒu 茅台? Wǒ hái yào yī píng 茅台. *(chinesische Schnapssorte)*
Fén Jiǔ	Wǒ xiǎng mǎi yī píng 汾酒. *(Reiswein, nach dem Fen-Fluß in der Provinz Shānxī benannt)*
pútáojiǔ	Zhōngguó yǒu 葡萄酒 méi yǒu? – Zhōngguó yě yǒu 葡萄酒. *(Wein aus Weintrauben)*
de	Tā yǒu liǎng ge háizi: dà 的 liù suì, xiǎo 的 sì suì. *(Hilfswort zur Substantivierung von Adjektiven)*
háishi	Wǒmen shuō Yīngwén 还是 shuō Zhōngwén ne? Tā shì xuésheng 还是 lǎoshī? *(oder)*

14 A 6

fēngjǐng	Hǎidéérbǎo de 风景 hěn hǎo. *(Landschaft)*
míngxìnpiàn	Zhèi zhāng 明信片 duōshǎo qián? Yī zhāng fēngjǐng 明信片 wǔ fēn qián. *(Postkarte)*
fēngjǐng míngxìnpiàn	Yī zhāng 风景明信片 duōshǎo qián? *(Ansichtskarte)*
jíyóucè	Yī běn 集邮册 duōshǎo qián? *(Heft bzw. Album mit einer Briefmarkenauswahl für Sammler)*

kuài	Yī 块 shǐ shí máo. Zhèi zhāng chàngpiàn wǔ 块 qián. (Zählwort für *Geld*)
yīgòng	Zhè xiē fēngjǐng míngxìnpiàn 一共 wǔ máo qián. Nà liǎng běn Zhōngwén shū 一共 bā máo wǔ fēn. (*insgesamt*)

14 B 1

cháyè	Nǐmen de shāngdiàn yǒu 茶叶 méi yǒu? (*Tee in Form von Teeblättern*)
huār	Zhāng xiānshēng qǐng wǒ chīfàn; wǒ xiǎng mǎi xiē 花儿 gěi tā de àirén. (*Blumen*)
xiāngyān	Nǐmen mǎi bù mǎi 香烟? (*Zigaretten*)
máopí	Zhè shǐ 毛皮 mǎ? Zhōngguó de 毛皮 hěn hǎo. (*Pelz, Fell*)
dàyī	Wǒ de 大衣 zài nǎr? (*Mantel*)
màozi	Wǒ xiǎng mǎi 帽子 gěi wǒ de háizi. (*Mütze, Hut*)
shǒubiǎo	Wǒ méi yǒu 手表, qǐngwèn jǐ diǎnzhōng le? (*Armbanduhr*)
jiāojuǎn jiāojuǎnr	AGFA 胶卷儿 hé KODAK 胶卷 dōu yǒu. Nín yòng shénme 胶卷? (*Film, Filme*)
Huādiāo	Máotái, 花刁, Fén jiǔ dōu shǐ Zhōngguó jiǔ. (*chinesische Schnaps-Sorte*)
Huádé	华德 (*chinesisch-deutsch*)
Déhuá	德华 (*deutsch-chinesisch*)
cídiǎn	Wǒ xiǎng qù shūdiàn mǎi Huádé 词典. Zhèi běn Déhuá 词典 duōshǎo qián? (*Wörterbuch*)
zhōubào	DER SPIEGEL shǐ Déguó de yī běn 周报. (*Wochenzeitschrift*)
Běijīng Zhōubào	Wǒ xiǎng mǎi Zhōngguó de zhōubào, qǐng nín gěi wǒ kànkàn 北京周报. (*Peking Rundschau*)
huǒchái	Wǒ xiǎng mǎi xiāngyān hé 火柴. Duì bù qǐ, nín yǒu méi yǒu 火柴? (*Streichhölzer*)
yù	Wǒ zài Liúlíchǎng de yī ge shāngdiàn mǎi le 玉. (*Jade, Jadeschnitzereien*)
zhàoxiàngjī	Rìběn rén dōu yǒu 照相机. (*Fotoapparat*)
gāngbǐ	Nín yǒu 钢笔 méi yǒu? – Wǒ yǒu 钢笔. (*Füllfederhalter*)
qiānbǐ	Xiǎoxuéshēng dōu yǒu 铅笔. Wǒ méi yǒu qián, bù néng mǎi 铅笔. (*Bleistift*)

14 B 3

bǎihuòdiàn	Zài Wángfǔjǐng Dà Jiē yǒu 百货店. (*Warenhaus*)

14 B 4

zìdiǎn	Huádé cídiǎn, Huádé 字典 dōu yǒu. Wǒmén dōu yǒu Xīnhuá 字典, yě dōu yǒu Xiǎoxuéshēng 字典. (Schriftzeichenlexikon)
zhī	Yī 枝 gāngbǐ hé yī 枝 qiānbǐ duōshǎo qián? (Zählwort für längliche Gegenstände)
bǐ	Duì bù qǐ, nín yǒu 笔 méi yǒu? Wǒ xiǎng mǎi yī zhī 笔. (Pinsel, Stift, Schreibgerät)

14 B 5

méi ... le	Shàoxīng Jiǔ, pútáojiǔ dōu yǒu, píjiǔ 没 yǒu 了. (nicht mehr)

14 B 8

shàngbiǎn, shàngbiǎnr, shàngbiǎr	Qǐng nín gěi wǒ kànkan 上边儿 zhèi běn Huádé cídiǎn. (oben)
xiàbiǎn, xiàbiǎnr, xiàbiǎr	Nǐ de Déhuá cídiǎn zài nèi běn shū 下边儿. 下边儿 de Rénmín Huàbào jiù shǐ wǒ de. (unten, darunter)
hòubiǎn, hòubiǎnr, hòubiǎr	Liúlíchǎng zài nèi gè yínháng de 后边儿. (dahinter, hinten)
wàibiǎn, wàibiǎnr, wàibiǎr	Shuí zài 外边 shuō Zhōngwén? Hānbǎo shì 外边儿 yǒu yī gè dà de huàxué gōngchǎng. (draußen, außen)
lǐbiǎn, lǐbiǎnr, lǐbiǎr	Wǒmén de péngyǒu zài Yǒuyì Shāngdiàn 里边. Xuéxiào 里边儿 de lǎoshī dōu hěn máng. (drinnen, innen)

14 B 12

lù	Zhōngguó rén hē 绿 chá. Rìběn de 绿 chá yě hěn hǎo. (grün)
huáng	Wǒmén de Zhōngwén shū shǐ 黄 de. (gelb)
hēi	Zhèi gè 黑 dàyī tài dà, wǒ bù mǎi. (schwarz)
qīngsè	Nín yào lán de dàyī háishì 青色 de dàyī? Lán de, 青色 de dōu hǎo kàn. (dunkelgrün, grünblau)
qīng	Zhèi gè xiǎo zhàoxiàngjī hěn 轻. (leicht von Gewicht)
zhòng	Zhè xiē shū hěn 重. Nǐ mǎi de máopí dàyī 重 bú 重? – Bú 重, hěn qīng. (schwer)

hóng	Nín yǒu méi yǒu 红 dẻ sīchóu? – Huáng dẻ, hēi dẻ dōu yǒu, 红 dẻ kěxī méi yǒu lẻ. *(rot)*
bái	Wǒ xiǎng mǎi xiē 白 sīchóu. *(weiß)*
duǎn	Yīngguó xiāngyān hěn 短. *(kurz)*
cháng	Wángfǔjǐng Dà Jiē hěn 长. Dàyī nín yào 长 dẻ háishi duǎn dẻ? *(lang)*

15 A 1

jì	Wǒ 寄 lẻ sān zhāng míngxìnpiàn gěi tā. Tā cóng Zhōngguó 寄 gěi wǒ sān běn shū. *(schicken)*
yào	Zhèi gẻ cíqì 要 duōshảo qián? – Liù kuài qián. *(nötig sein, kosten)*
yóufèi	Zhèi zhāng míngxìnpiàn jì dào Déguó yào duōshǎo 邮费? – Liù máo qián. *(Porto)*
gěi	Wǒ dẻ Yīngguó péngyǒu 给 wǒ dẻ háizǐ wǔ běn Yīngwén shū. Tā 给 nǐ duōshǎo qián? *(geben)*

15 A 2

fēng	Yī 封 diànbào. *(Umschlag; Zählwort für Telegramme und Briefe)*
xìn	Wǒ yǒu liǎng fēng 信 yào jì dào Déguó. Tā xiě 信 gěi nǐ lẻ mả? *(Brief)*
xiān	Shuí 先 qù? – Wǒ 先 qù. *(zuerst)*
chèngchẻng	Qǐng nín 秤秤 zhèi fēng xìn. *(wägen)*
yóupiào	邮票 kěyǐ zài yóujú mǎi. Qǐng nín gěi wǒ sān zhāng yī kuài qián dẻ 邮票. *(Briefmarke)*

15 A 3

pāi	Wǒ xiǎng 拍 yī fēng diànbào dào Yīngguó. *([ein Telegramm] schicken)*
huí	Yī fēng xìn jì 回 Déguó yào duōshǎo yóufèi? Wǒ xiǎng pāi yī fēng diànbào 回 Déguó. *(zurück nach, nach)*
bàn	Wǒ xiǎng mǎi Huádé cídiǎn, qǐngwèn zěnmẻ 办? Wǒ míngtiān bù néng lái, qǐng nín gěi wǒ 办 shì. *(regeln, tun, erledigen)*
bǎ	Wǒ xiǎng 把 tā jièshào gěi wǒ dẻ mèimẻi. Wǒ xiǎng 把 zhèi

	fēng xìn jì huí Déguó. *(Hilfswort zur Kennzeichnung eines vorgestellten direkten Objektes)*
yòng	Wǒ kěyǐ 用 Déwén tián biǎo mǎ? *(mit, auf; gebrauchen)*
biǎo	Wǒ xiǎng pāi yī fēng diànbào dào Déguó; qǐng nín gěi wǒ yī zhāng 表. Nín yào jǐ zhāng 表? *(Formular)*
tián	Qǐng nín bāng wǒ 填 zhèi zhāng biǎo. Wǒ bú huì yòng Zhōngwén 填 biǎo. *(ausfüllen)*
dǎ	Wǒ jīntiān hái yào 打 yī fēng xìn jì huí Déguó. *(mit der Schreibmaschine schreiben)*
shōubàorén	收报人 xìng shénmě, jiào shénmě? 收报人 xìng Zhāng, jiào Dànián. *(Empfänger des Telegramms)*
xìngmíng	Qǐng nín xiě yīxià nín dě 姓名. Wǒ 姓 Zhāng, 名 Dànián. *(voller Name)*
dìzhǐ	Wǒ gěi nín qiānbǐ, qǐng nín xiě yīxià nín dě xìngmíng hé 地址. Wǒ dě 地址 hěn cháng, qǐng nín xiě xiǎo yīdiǎr bå! *(Adresse, Anschrift)*
zì	Wǒ dě háizǐ huì xiě 字. Zhèi fēng diànbào yīgòng sānshí gě 字. *(Schriftzeichen, Wort)*
dào	Tā shénmě shíhòur 到 Běijīng? – Tā míngtiān néng 到. *(ankommen)*
hǎiyùn	Tā bǎ liǎng fēng xìn jì huí Déguó, yī fēng yòng hángkōng, yī fēng yòng 海运. *(Schiffs- oder Bahnpost)*

15 B 1

guàhào	Wǒ xiǎng bǎ zhèi fēng 挂号 xìn jì huí Déguó. *(eingeschrieben, von Postsendungen)*
Àodìlì	奥地利 *(Österreich)*
Ruìshì	瑞士 *(Schweiz)*
Yìdàlì	意大利 *(Italien)*
Hélán	荷兰 *(Holland)*
Sūlián	苏联 *(Sowjetunion)*
Àozhōu	澳洲 *(Australien)*
Fēizhōu	非洲 *(Afrika)*
Āijí	埃及 *(Ägypten)*

15 B 3

bàozhǐ	Wǒmén dě dàxué yě yǒu Zhōngwén 报纸. Zhèi gě shūdiàn yǒu méi yǒu Déwén 报纸? *(Zeitung)*

16 A 1

dǎ diànhuà (dǎ gě diànhuà)	Wǒ xiǎng 打电话 dào Déguó, qǐngwèn zěnmě bàn? *(telefonieren)*
xiěxià	Qǐng nín 写下 nín dě xìngmíng hé dìzhǐ. *(aufschreiben)*
hàomǎ, hàomǎr	Nín dě diànhuà 号码 shǐ duōshǎo? Qǐng nín xiěxià nín yào dě diànhuà 号码儿. *(Nummer)*
shòuhuàrén	Qǐng xiān xiě 受话人 xìngmíng, zài xiě 受话人 dě diànhuà hàomǎ. *(der anzurufende Fernsprechteilnehmer)*
jiē	Wǒ xiǎng wàng Déguó dǎ gě diànhuà. Qǐng nín gěi wǒ 接. *(verbinden)*
děng ... lě	等 tā lái 了, wǒmen jiù qù chīfàn. *(wenn, sobald)*
tōng	Duì bǔ qǐ, qǐngwèn wǒ dě Déguó diànhuà jiē 通 lě må? *(durch-)*
jiē tōng	Déguó dě diànhuà 接通 lě. Dōngjīng dě diànhuà hái 接不通. *(zustandekommen)*
jiào	Nǐ 叫 wǒ må? Děng jiē tōng lě, qǐng nín 叫 wǒ. *(rufen, herbeirufen)*

16 A 2

zài	Wǒ yào 在 bā diǎnzhōng dǎ diànhuà gěi tā. *(bei Zeitangaben: um)*
dào shíhǒu, dào shíhǒur	Wǒmen jīntiān wǎnshàng yào kàn Zhōngguó diànyǐng; qǐng nín 到时候儿 lái. *(pünktlich, zur genannten Zeit)*
hào	Nín zhù jǐ 号? Wǒ zhù zài Běijīng Fàndiàn sì èr èr 号. *(Nummer)*
fáng	Qǐngwèn nín zhù jǐ hào 房? – Wǒ zhù sān èr sān hào 房. *(Zimmer)*
fángjiān	Wǒ dě 房间 hěn dà; nǐ dě 房间 zěnměyàng? *(Zimmer)*
jǐ hào	Nín dě fángjiān shǐ 几号? – Nín zhù 几号 fáng? *(welche Nummer)*
zhèlǐ	这里 dě dàxué hěn dà. Nín duì 这里 dě yìnxiàng rúhé? *(hier)*
dēngjì	Qǐng zài zhèr 登记. Ràng tā xiān 登记. *(sich eintragen)*
dě	Wǒ xiǎng wàng Déguó dǎ gě diànhuà. – Hǎo 的. Jīntiān Wagner nǔshì lái må? – Shì 的. *(Hilfswort; dient zur Verstärkung der Aussage, bleibt unübersetzt)*

16 A 3

wèi	喂. Lǐ xiānshēng zài må? *(Hallo)*

dǎ tōng	Déguó dě diànhuà 打通 lě! *(durchkommen, zustandekommen)*
dǎ bù tōng	Kěxī Déguó dě diànhuà xiànzài 打不通. *(nicht durchkommen, nicht zustandekommen)*
bàn	Wǒ zài Běijīng 半 gě yuè lě. Děng 半 gě zhōngtóu yǐhòu wǒ qù kàn diànyǐng. *(halb)*
duō	Tā yǒu hěn 多 péngyǒu. Wǒ yǒu hěn 多 Yīngwén shū. Wǒ dě Zhōngwén shū yě 多. *(viel, viele, zahlreich sein)*
děng	Wǒ gěi nín jiē, qǐng nín zài zhèr 等 yīxià. Wǒ zài wǒ dě fángjiān 等. Wǒ 等 lě bàn gě zhōngtóu, tā méi lái. *(warten)*

16 A 4

zǒngjī	总机 shǐ jǐ hào? – 总机 dě hàomǎr shǐ yī líng sān. *(Vermittlung, Zentrale)*
shìqíng	Tā zài Shànghǎi zuò shénmě 事情? Nín yǒu shénmě 事情? *(Angelegenheit)*
yāo	Wǒ zhù 一 líng 一 hào fáng. *(eins, wird verwendet bei der Nennung von Nummern)*
děngyīděng	Lǐ xiānshěng xiànzài bú zài. Qǐng nín 等一等, tā jiù huí lái. *(etwas warten)*
mǎshàng	Qǐng nín děngyīděng, wǒ 马上 jiù lái. *(sofort, schnell)*
méi	Zài wǒ jiā 没 píjiǔ, 没 pútáojiǔ, yě 没 Máotái. Wǒ 没 qián, bù néng qù mǎi jiǔ. *(nicht vorhanden sein, nicht haben)*
jiē	Wǒ jīntiān gěi wǒ dě péngyǒu dǎ diànhuà, méi rén 接. Tā bú zài jiā. *(abheben)*
bù ... lě	Xièxiě, wǒ 不 chī 了. Shíyī diǎnzhōng lě, wǒ 不 kàn shū 了! *(nicht mehr, nicht weiter, nicht länger)*
xiāohào	Wǒ bù dǎ lě, qǐng 销号. *(das bestellte Gespräch streichen)*

16 B 3

Xiānggǎng	香港 *(Hongkong)*

17 A 1

jiù (shi)	Tā shǐ shuí? – Tā 就 shǐ wǒ dě tóngshì. Nà gě Wáng xiānshěng 就 shǐ wǒ dě dìdì. *(Hilfswort, dient zur Verstärkung des Hilfszeitwortes shǐ)*

17 A 2

kànyikàn	Wǒ néng bù néng 看一看 nǐ dě shū?	*(mal sehen, mal anschauen)*
nǎr	Nín 哪儿? – Wǒ xìng Yáng.	*(Wer?* als Frage nach dem Namen des Gesprächspartners beim Telefonieren*)*
lái	Qǐng nín děngyiděng, wǒ 来 xiě yīxià. Tā shì shuí? – Qǐng nín děngyiděng, wǒ 来 jièshào yīxià.	*(wollen, werden,* dient zur Bezeichnung beabsichtigter Handlungen*)*
jìxià	Nǐ dě diànhuà hàomǎr wǒ 记下 lě. Qǐng mànmàn shuō, wǒ lái 记下.	*(aufschreiben, notieren)*

17 A 3

liú	Wǒ xiànzài qù chīfàn; wǒ kěyǐ bù kěyǐ bǎ wǒ dě zhàoxiàngjī 留 zài zhèlǐ? Nǐ dě zìdiǎn ně? – Wǒ bǎ wǒ dě zìdiǎn 留 zài fàndiàn.	*(zurücklassen, liegenlassen)*
huà	Nín huì shuō Zhōngguó 话 mǎ? Wǒ xiǎng qǐng Chén xiānshēng zài fàndiàn chīfàn, qǐng nín gěi tā liú 话.	*(Sprache, Gesprochenes, schriftliche Nachricht)*
liú huà	Lǐ xiānshēng zài mǎ? – Tā xiànzài bú zài, nín yào wǒ gěi tā 留话 mǎ?	*(eine Nachricht hinterlassen)*
Guāngmíng Rìbào	Nín xǐhuān kàn Zhōngwén bàozhǐ mǎ? – Shì dě, wǒ xǐhuān kàn Rénmín Huàbào, 光明日报 hé Běijīng Zhōubào.	*(Name einer großen überregionalen Pekinger Tageszeitung)*
bǎ	Qǐng nín tián zhèi zhāng biǎo. – Hǎo 吧.	*(Hilfswort, bringt ein Einverständnis des Sprechers zum Ausdruck; meinetwegen, einverstanden* o.ä.*)*

17 A 4

Téngyuán	Nǐ dě Rìběn péngyǒu xìng shénmě? – Wǒ dě Rìběn péngyǒu xìng 藤原.	*(chinesische Form des japanischen Namens Fujiwara)*

17 A 5

gàosu	Tā zìjǐ 告诉 wǒ tā bù néng lái. Nín yào wǒ 告诉 tā shénmě?	*(sagen)*

-guǒ	Wǒ hái méi qù 过 Zhōngguó. Nǐ dǎ 过 diànhuà gěi tā lě mǎ? (Verbsuffix, weist darauf hin, daß die Handlung in der Vergangenheit schon einmal stattgefunden hat)

17 B 7

děng yīhuǐr	Tā 等一会儿 yīdìng lái. Wǒ 等一会儿 zài gěi tā dǎ diànhuà. *(eine Weile später, bald)*
lái	Tā xiànzài bú zài, qǐng nín jīntiān wǎnshàng bā diǎnzhōng zài dǎ diànhuà 来. Wèi. Müller xiānsheng zài mǎ? – Bú zài, qǐng nín děng bàn gě zhōngtóu zài dǎ 来. *(her, hierher u.ä.)*

18 A 1

dìng	Wǒ xiǎng 订 Rénmín Huàbào. Wǒ dě àirén yào 订 máopí dàyī. Tā 订 dě fángjiān shǐ jǐ hào? *(bestellen)*
fàncài	Běijīng Fàndiàn dě 饭菜 hěn hǎo. Wǒ dìng dě 饭菜 shǐ sìshí kuài dě. *(Essen, Gericht)*
Zhōngcān	Bōhóng dě Běijīng Fàndiàn zhǐ yǒu 中餐. *(chinesisches Essen)*
Xīcān	Shànghǎi Fàndiàn yǒu Zhōngcān, yě yǒu 西餐. Wáng xiān-sheng bù xǐhuān chī 西餐. *(europäisches Essen)*
pèi	Qǐng nín gěi wǒmen 配 sì gě rén dě fàncài. Qǐng nín gěi wǒmen 配 sìshí kuài qián dě fàncài. *(zusammenstellen)*
cài	Wǒmen chī lě sān gě 菜; dì yī gě 菜 yī kuài wǔ máo, dì èr gě 菜 liǎng kuài, dì sān gě 菜 wǔ kuài. *(Gericht)*
tāng	Wǒ dě gēge xǐhuān hē 汤. Wǒ yào yī gě cài, bú yào 汤. *(Suppe)*

18 A 2

zuò	Tā 坐 zài yòubiār, wǒ 坐 zài zuǒbiār. *(sitzen, sich hinsetzen)*
qǐngqǐng	Wǒ kěyǐ kàn ny dě shū mǎ? – Kěyǐ, 请请. *(bitte, aber bitte, natürlich!)*
jiǎozi	Wǒmen dě dì yī gě cài shǐ shénmě? – Wǒmen dě dì yī gě cài shǐ 饺子. *(Teigklößchen mit Fleisch- oder Gemüsefüllung)*

suānlàtāng	酸辣汤 *(säuerlich-scharfe Suppe, Sauerscharfsuppe)*
chǎozhūròu	Jīntiān zhōngwǔ wǒ chī le 炒猪肉. *(gebratenes oder gegrilltes Schweinefleisch)*
chǎoniúròu	Wǒ chīguo chǎozhūròu le, jīntiān wǒmen chī ge 炒牛肉 ba. *(gebratenes oder gegrilltes Rindfleisch)*

18 A 3

huángyú sān chī	Zài Shànghǎi kěyǐ chī 黄鱼三吃. Wǒ zài Shànghǎi de yī ge xiǎo fàndiàn chī le 黄鱼三吃. *(ein Fischgericht, ,,Fisch auf drei Arten")*
fàn	Wǒmen chī chǎozhūròu hé 饭. *(Reis)*
yínsījuǎn, yínsījuǎnr, yínsījuǎr	Nín yīdìng děi shìshi Zhōngguó de 银丝卷. *(gedämpfte chinesische Brötchen, als Beilage)*
lái	来 liǎng píng píjiǔ. 来 yī ge chǎozhūròu. *(kommen lassen, bringen)*

18 A 4

fúwùyuán	服务员 tóngzhì, shénme shíhòur wǒmen kěyǐ chīfàn ne? Wǒ de mèimei shì fàndiàn de 服务员. *(Kellner; Restaurant- oder Hotelangestellter)*
suàn	Zhèi ge duōshǎo qián? – Ràng wǒ 算 yīxià: liù kuài wǔ máo qián. *(rechnen, zusammenrechnen)*
zhàng	Fúwùyuán tóngzhì, gěi wǒmen suàn 帐. *(Rechnung)*
zhǎo	Yīgòng duōshǎo qián? – Bā kuài wǔ máo qián; nín gěi wǒ yī zhāng shí kuài qián de, wǒ 找 nín yī kuài wǔ máo qián. *(Wechselgeld herausgeben)*

18 A 5

zǎo	Zǎoshang wǒ gēn fúwùyuán tóngzhì shuō ,,早". *(Guten Morgen!)*
bēi	Wǎnshang wǒ hē yī 杯 píjiǔ. Qǐng lái sān 杯 pútáojiǔ. Qǐng nín gěi wǒ yī 杯 chá. Hē yī 杯 Máotái ba. *(Glas, Tasse, Becher)*
kāfēi	Zǎoshang wǒ hē liǎng bēi 咖啡. *(Kaffee)*

júzǐzhī	Meier xiānshēng hē píjiǔ, tā dê àirén hē 桔子汁. *(Orangensaft)*
chǎojīdàn	Zǎoshàng wǒ chī liǎng gê 炒鸡蛋. *(Rührei)*
miànbāo	Zhōngguó rén chī fàn, Déguó rén chī 面包. *(Brot)*
huǒtuǐ	Wǒ yào chī 火腿 chǎojīdàn. Wǒ yào chī miànbāo hé 火腿. Nín yǒu 火腿 méi yǒu? *(geräucherter Schinken)*
piàn	Nǐmen chī fàn háishî chī miànbāo? – Lái yī 片 miànbāo. Zǎoshàng wǒ chī miànbāo hé yī 片 huǒtuǐ. *(Stück)*
huángyóu	Zhōngguó rén bù xǐhuān chī 黄油. Déguó rén xǐhuān chī Hélán dê 黄油. *(Butter)*
guǒjiàng	Rìběn rén zǎoshàng chī fàn, Déguó rén zǎoshàng chī miànbāo, huángyóu hé 果酱. *(Marmelade)*

18 B 5

hóngchá	Yīngguó rén hē 红茶. *(Schwarzer Tee)*
lùchá	Zhōngguó rén xǐhuān hē 绿茶, bù xǐhuān hē hóngchá. Nǐ hē hóngchá háishî 绿茶? – Hóngchá, 绿茶 wǒ dōu bù hē, wǒ zhǐ hē kāfēi. *(Grüner Tee)*
niúnǎi	Wǒ hē kāfēi bū yòng 牛奶. *(Milch)*
fānqiézhī	Nǐmen yào júzǐzhī háishî 番茄汁? – Wǒ yào júzǐzhī, wǒ dê àirén yào 番茄汁. *(Tomatensaft)*
kuàngquánshuǐ	Laí yī píng 矿泉水. *(Mineralwasser)*
hébāodàn	Wǒ yào chǎojīdàn, wǒ dê àirén yào 荷包蛋. *(Spiegelei)*
zhǔjīdàn	Hébāodàn, chǎojīdàn hé 煮鸡蛋 dōu yǒu. *(gekochtes Ei)*
shì	Wǒ xiǎng mǎi Zhōngguó 式 dê dàyī gěi wǒ dê àirén. Zài Mùníhēi yǒu yī gê Yīngguó 式 dê gōngyuán. *(Art, Form)*
zǎofàn	Nín chīguô Zhōngguó shì dê 早饭 mâ? Wǒ hěn xǐhuān chī Yīngguó shì dê 早饭. *(Frühstück)*

19 A 1

jìn	Wǒmên 进 lê fàndiàn, fúwùyuán tóngzhì shuō „huānyíng huānyíng". *(eintreten, hereinkommen)*
dōngxî	Wǒ xiǎng qù bǎihuò gōngsī mǎi xiē 东西. Nǐ mǎi lê shénmê 东西? *(Ding, Sache)*
sòng	Zhèi běn shū shî wǒ dê péngyôu 送 gěi wǒ dê. Wǒ dê Zhōngguó péngyôu bǎ yī zhī gāngbǐ 送 gěi wǒ. *(schenken, überreichen)*

19 A 2

zhù	Wǒ 祝 nǐ hǎo. Tā xiě xìn, 祝 wǒmen hǎo. *(wünschen)*
shēngrì	Nǐ de 生日 shì jǐ yuè jǐ hào? – Wǒ de 生日 shì wǔyuè qīhào. *(Geburtstag)*
diǎn, diǎnr, diǎr	Hē 点儿 chá ba. Zhèi 点儿 dōngxi sòng gěi nǐ. *(etwas, ein wenig, gering)*
lǐwù	Zhèi diǎr 礼物 sòng gěi nǐ. *(Geschenk)*
shōuxià	Zhè xiē huār qǐng 收下. *(entgegennehmen)*
kuān	Qǐng 宽 nín de dàyī. *(ablegen)*
jiā	Tā de 家 zài dàxué fùjìn. Tā de 家 fùjìn yǒu gōnggòng qìchē zhàn. *(Haus, Wohnung)*
búcuò	Tāmen de Zhōngwén 不错. Zhèi ge fàndiàn de fàncài 不错. Běijīng Fàndiàn de fángjiān hěn hǎo, Mínzú Fàndiàn de fángjiān yě 不错. *(„nicht schlecht", gut)*

19 A 3

jiérì	Wǔyuè yīhào shì gōngrén de 节日. *(Feiertag)*
ná	Wǒ xiǎng qù yínháng 拿 qián. Pútáojiǔ hé kuàngquánshuǐ dōu méi yǒu le, wǒ qù 拿. *(holen)*

19 A 4

hǎo	Kǎoyā 好 le ma? – Kǎoyā 好 le, chǎozhūròu yě 好 le. *(gar, fertig)*
fàn	饭 hǎo le, qǐng zuò. *(das Essen)*
shàngzhuō	Fàn hǎo le, qǐng 上桌. *(sich zu Tisch setzen)*
yàoshi	要是 tā lái le, bǎ zhèi fēng xìn gěi tā. 要是 nǐ bù néng lái, jiù qǐng dǎ ge diànhuà gěi wǒ. 要是 Lǐ xiānsheng bú zài, qǐng nín gěi tā liú huà. *(wenn, falls)*
jìng	Wǒ 敬 nǐ yī bēi. Ràng wǒ 敬 nǐ yī bēi jiǔ. *(auf jemandes Wohl trinken)*

19 A 5

suíbiàn	Qǐng 随便 chī diǎr dōngxi. Qǐng 随便 zuò. Nǐ yào qù kàn

		zájì háishǐ qù kàn diànyǐng? – 随便. *(nach Belieben, wie Sie wollen)*
duō ... yīdiǎr		Qǐng 多 chī 一点儿! Qǐng 多 hē 一点儿! *(mehr, etwas mehr, noch etwas)*
gòu		Nǐ hái yào yī bēi píjiǔ må? – Xièxiě, 够 lě! Wǒ xiǎng mǎi zhàoxiàngjī, kěxī wǒ dě qián bú 够, bù néng mǎi. *(genügen, genug sein)*
zěnmě		Tā 怎么 bù lái? – Tā yǒu shì. *(wieso)*
bǎo		Nǐ chī 饱 lě må? – Xièxiě, wǒ chī 饱 lě. *(satt; genug)*

19 A 6

wèi	为 wǒměn dě yǒuyì wǒ jìng nǐ. 为 Zhōngguó hé Déguó dě yǒuyì wǒ jìng nǐměn yī bēi. *(für, auf, um ... willen)*
gān	Wǒměn 干 bēi bå. Wèi wǒměn dě yǒuyì 干 yī bēi. *(austrinken, leeren)*
láilåi	来来, duō chī yīdiǎr! *(Los!)*
jiànkāng	Wèi nín dě 健康 wǒměn gān yī bēi. *(Gesundheit)*
yīqǐ	Wǒměn 一起 qù kàn diànyǐng. Wáng xiānshěng hé tā dě àirěn 一起 qù fàndiàn chīfàn. *(gemeinsam)*

19 A 7

gǎnxiè	Wǒ 感谢 nín qǐng wǒ chīfàn. *(danken, danken für)*
zhāodài	Wǒ yào xiě xìn gěi wǒ dě Zhōngguó péngyǒu gǎnxiè tāměn zài Běijīng gěi wǒ dě 招待. Qǐng nǐ bāng wǒ 招待 wǒ dě Rìběn péngyǒu. *(Bewirtung, bewirten)*
dǎrǎo	Wǒ 打扰 nǐ må? Nǐ yào gōngzuò, háizǐ 打扰 nǐ må? Méi-guānxǐ. *(stören)*
jiǔ	Wǒ zài Běijīng hǎo 久 lě. – Duō 久 lě? – Wǒ zài Běijīng wǔ gě xīngqī lě. *(lange, lange Zeit)*
zǒu	Shíyī diǎnzhōng lě, wǒ děi 走 lě. *(gehen, weggehen)*
zuò	坐 *(sitzen)*
duō ... yīhuǐr	Qǐng 多 zuò 一会儿! *(noch eine Weile, ... bleiben)*
zǎo	Nín jīntiān lái dě 早. Hái 早, qǐng duō zuò yīhuǐr. *(früh)*
bù zǎo	不早 lě, wǒ yào zǒu lě! *(spät, sehr spät)*
liú	Yàoshǐ nǐ xiànzài děi qù dàxué, nà wǒ jiù bù 留 nǐ lě. *(festhalten, aufhalten, zurückhalten)*

19 B 1

gānbēi	干杯 *(Prost! Zum Wohl!)*

19 B 2

huí	Děng liǎng gè xīngqī yǐhòu wǒ yào 回 Zhōngguó. *(zurückgehen, zurückkehren)*
huí jiā	Wǒ jīntiān wǎnshàng liù diǎnzhōng yào 回家. *(heimgehen, nach Hause gehen)*
xièxiě	谢谢 nín de zhāodài. Zhēn 谢谢 nǐmen de wǎnfàn. *(sich für etwas bedanken)*

19 B 4

jìniànpǐn	Wǒ xià xīngqītiān yào huí Déguó, wǒ xiǎng mǎi xiē 纪念品. Zhèi ge xiǎo de 纪念品 tǐng búcuò! *(Andenken)*

19 B 5

bùgǎndāng	Fēicháng gǎnxiè nǐmen de zhāodài! – 不敢当! *(Ausdruck der Bescheidenhait: Nicht der Rede wert!)*

19 B 6

mǎmǎ hūhǔ	Nín de Zhōngwén zhēn hǎo. – 马马虎虎! *(Ausdruck der Bescheidenheit, als Antwort auf ein Kompliment)*
nǎlǐ nǎlǐ	Nín de jiā zhēn búcuò! – 哪里哪里. *(Ausdruck der Bescheidenheit, als Antwort auf ein Kompliment: Nicht doch!)*
hái kěyǐ	Nǐ de Zhōngwén búcuò! – 还可以. *(Ausdruck der Bescheidenheit, als Antwort auf ein Kompliment)*

20 A 1

hái	Baker xiānshēng zài ma? – Baker xiānshēng 还 méi lái, qǐng nín děng yīxià. *(noch)*

ne	Qīnghuá Dàxué cóng zhèr qù hěn yuǎn 呢, nín děi zuò gōnggòng qìchē qù. Hái zǎo 呢, qǐng duō zuò yīhuìr. (Hilfswort am Ende einer betonten Aussage: *doch* o.ä.)

20 A 2

nàme	Wǒ xiǎng qǐng nǐ hē yī bēi píjiǔ. Nǐ míngtiān wǎnshàng yǒu kòng ma? – Xíng. – 那么 míngtiān jiàn. *(dann also)*
sòng	Wǒ 送 wǒ de péngyǒu huí jiā. Míngtiān Meier xiānshēng yào huí Déguó, nǐ qù bú qù 送 tā? *(begleiten)*

20 A 3

jiàn	Wǒmen shénme shíhòur zài 见 ne? – Wǒmen xià xīngqīyī zài 见. *(einander treffen, einander sehen)*
ba	Wǒmen zǒu 吧. Wǒmen wǎnshàng qù kàn diànyǐng 吧. (Hilfswort am Ende eines Vorschlags, bleibt unübersetzt)
dài	Wǒ bù néng qù, tā 代 wǒ qù. Wǒ hái bú huì xiě Zhōngwén xìn, wǒ yào qǐng Wáng xiānshēng 代 wǒ xiě. *(für, an Stelle von, anstatt)*
wènhòu ... hǎo	Chéng xiānshēng 问候 nín 好. Dài wǒ 问候 nín de fùmǔ 好. *(Grüße bestellen, grüßen lassen)*
xíng	Qǐng nín bāng wǒ fānyì. – 行. Dài wǒ wènhòu nǐ de àirén hǎo. – 行. (Als Antwort auf eine Bitte: *gerne, mit Vergnügen* u.ä.)

20 A 4

mǎnyì	Wǒ zài Běijīng Kǎoyādiàn chīguò wǎnfàn, hěn 满意. *(zufrieden)*
duì	Nǐ 对 nǐ de fángjiān mǎnyì ma? Tā 对 tā de gōngzuò bù mǎnyì. *(mit)*
huìtán	Wǒ duì jīntiān de 会谈 hěn mǎnyì. Nín ne? *(Besprechung, Unterredung)*
jiéguǒ	Huìtán de 结果 rúhé? – Huìtán hái méi yǒu 结果. *(Ergebnis)*
xīwàng	Wǒ 希望 nǐmen xià xīngqīrì néng lái. *(hoffen)*
bù jiǔ	Wǒ xīwàng wǒ 不久 néng qù Zhōngguó. *(bald)*
zàihuì	Wǒ děi zǒu le, 再会. – 再会. *(Auf Wiedersehen!)*

20 A 5

péi	Zhāng xiānshēng, néng bù néng qǐng nín 陪 wǒ qù? Nǐ bú yòng 陪 wǒ lě, wǒ zìjǐ mànmǎn kàn. *(begleiten)*
zhěng	Wǒmen 整 gě xīngqī dōu hěn máng. *(ganz)*
yī zhěng	Wǒ zài Běijīng cānguān lě 一整 tiān, hěn mǎnyì.
chūfā	Sānyuè yīhào wǒmen cóng Xiānggǎng 出发 dào Běijīng. Wǒmen jǐ diǎnzhōng 出发? *(aufbrechen)*
háishǐ	Nǐ 还是 duō chī yīdiǎr bǎ! *(am besten, mal lieber o.ä.)*
hǎohǎo	Gōngrén děi 好好 gōngzuò, xuéshēng děi 好好 xuéxí. *(gut)*
xiūxí	Yàoshǐ wǎnshàng bù 休息, zǎoshàng bù néng gōngzuò. Nǐ xīngqītiān 休息 bù 休息? – 休息. *(sich ausruhen)*

20 A 6

yī lù shùn fēng	Wǒ dào Běijīng shǒudū jīchǎng qù sòng wǒ dě Déguó péngyǒu, zhù tā 一路顺风. *(gute Reise, gute Fahrt)*
cì	1976 nián wǒ dào Zhōngguó qùguǒ yī 次. Nǐ dào Zhōngguó qùguǒ jǐ 次 lě? *(mal)*
duōkuī	多亏 nín dě zhàogù. 多亏 nín bāng wǒ fānyì. 多亏 nǐ péi lě wǒ yī zhěng tiān. *(viel verdanken)*
zhàogù	Tā zài Běijīng gěi wǒ hěn duō 照顾. Xièxiě nǐ duì wǒ dě háizǐ dě 照顾. *(Aufmerksamkeit, Betreuung)*
å	啊 (Hilfswort, am Ende einer nachdrücklichen Aussage)
huānyíng	Zàijiàn, wǒmen 欢迎 nín zài lái. Xīngqīwǔ wǒmen qù Shǒudū Jīchǎng 欢迎 Yìdàlì péngyǒu. *(willkommen heißen, begrüßen)*

20 B 1

jīnwǎn	Nǐ 今晚 yǒu kòng mǎ? – 今晚 wǒ yǒu shì. *(heute abend)*
zhōudào	Xièxiě nǐmen jīnwǎn 周到 dě zhāodài. *(reichlich, großzügig)*
fēngshèng	Běijīng Fàndiàn dě wǎnfàn hěn 丰盛. *(reichlich, üppig)*

21 A 1

qǐlái	Wǒ jiào tā sān cì, tā hái bù 起来. *(aufstehen)*

jiào ... qǐlái	Míngtiān shénmě shíhòur 叫 nín 起来? – Míngtiān liù diǎn bàn 叫 wǒ 起来, hǎo mǎ? *(wecken)*

21 A 2

yàoshí	Nǐ dě fángjiān 钥匙 zài nǎr? – Jiù zài zhèr. *(Schlüssel)*
zhè jiù shǐ	Qǐng nín gěi wǒ wǔ zhāng liù máo qián dě yóupiào. – 这就是. *(Hier bitte!, beim Überreichen von erbetenen Dingen)*

21 A 3

kāi	Nǐmen dě fàndiàn shénmě shíhòur 开 wǔfàn? *(beginnen, stattfinden, es gibt u.ä.)*

21 A 4

yī xiē	Fúwùyuán tóngzhì, lái 一些 fàn. Zài Bōhóng Dàxué yǒu 一些 Zhōngguó xuéshēng xuéxí Déwén. *(etwas, einige)*
yīfǔ	Tā zài Běijīng mǎi lě hěn duō 衣服. Wǒ dě fùqīn xǐhuān Yīngguó shì dě 衣服. *(Kleidung, Kleider)*
sòng	Zhāng xiānshěng 送 wǒ yī běn Zhōngwén shū. Wǒ yīdìng yào 送 nǐ yī zhāng Běijīng shì dìtú. *(schicken)*
xǐ	Nín zìjǐ 洗 yīfǔ mǎ? – Wǒ dě mǔqīn bāng wǒ 洗 yīfǔ. *(waschen)*
sòng xǐ	Wǒ yǒu yīfǔ yào 送洗. *(waschen lassen)*
gāi	Bù zǎo lě, wǒ 该 zǒu lě. Jiǔ diǎn lě, tā 该 qǐlái lě. Tā zài Zhōngguó wǔ nián lě, 该 huì shuō diǎr Zhōngwén bǎ. *(soll, sollte)*
fàng	Nǐ bǎ nǐ dě yàoshí 放 zài nǎr? – Wǒ bù zhīdào. *(legen, stellen)*
kǒudài	Fàng yīfǔ dě 口袋 zài nǎr? Wǒ dě dàyī yǒu sì gě 口袋. *(Sack, Tasche, Beutel)*
(zài) ... lǐ	在 wǒ dě dàyī kǒudài 里 yǒu gāngbǐ. *(in)*
jiù	Yào xǐ dě yīfǔ zěnmě bàn? – Qǐng nín 就 fàng zài yīfǔ dě kǒudài lǐ. Wǒ xiǎng mǎi xiē cíqì. – Wǒ 就 gěi nǐ kànkǎn. *(also, dann, nur u.ä. Hilfswort, stellt den Bezug zu etwas vorher Gefragtem oder Gesagtem her)*
pài	Xīménzǐ Gōngsī 派 sān gě zhíyuán dào Zhōngguó cāngguǎn. *(schicken, abordnen)*

mén	Nǐ kàn, qiánbiǎr shǐ Tiān'ān 门! *(Tor, Tür)*	
mén biǎn, mén biǎnr, mén biǎr	门边 zhèi gè rén shǐ shuí? Wǒ bǎ kǒudài fàng zài 门边儿. *(neben der Tür, neben die Tür)*	

21 A 5

Yīngbàng	英镑 shǐ Yīngguó qián. Yī 英镑 shǐ duōshǎo kuài? *(englisches Pfund)*
huàn	Nín yào 换 duōshǎo qián? – Wǒ xiǎng 换 wǔbǎi Yīngbàng. Nín yào bú yào 换 fángjiān? Wǒ xiān 换 yīfú, zài qù chīfàn. *(wechseln, tauschen)*
chéng	Nín xiǎng bǎ Yīngbàng huàn 成 shénme qián? *(in, gegen, zu)*
Rénmínbì	Yī kuài 人民币 shǐ shí máo. Jīntiān yī Yīngbàng duōshǎo 人民币? *(Währung der Volksrepublik China)*
zài (...) duìmiàn	在 Tiānānmén de 对面 jiù shǐ Máo Zhǔxí Jìniàntáng. Wǒ zuò 在 tā de 对面. Qǐngwèn Lǔ Xùn Bówùguǎn zài nǎr? – Lǔ Xùn Bówùguǎn jiù 在对面. *(gegenüber)*

21 A 6

Mǎkè	马克 shǐ Déguó qián. Zài Zhōngguó Rénmín Yínháng kěyǐ huàn 马克 mǎ? *(D-Mark)*
zhīpiào	Wǒ gěi tā sān zhāng 支票, yīgòng wǔbǎi kuài qián. *(Scheck)*
xiànjīn	Zài Zhōngguó rén dōu yòng 现金, bú yòng zhīpiào. Wǒ méi yǒu 现金, zhǐ yǒu zhīpiào. *(Bargeld)*

21 A 7

jùlèbù	Nín zhīdào bù zhīdào 俱乐部 zài nǎr? – 俱乐部 jiù zài duìmiàn. *(Klub)*
lóu	Wǒmen de fàndiàn yīgòng yǒu shíèr 楼. Fàndiàn de yī 楼 yǒu yóujú, yě yǒu yínháng. *(Stockwerk)*
diàntī	Qǐngwèn 电梯 zài nǎr? – Zhèi gè fàndiàn kěxī méi yǒu 电梯. *(Aufzug)*
xiàng	Cóng Tiānānmén 向 zuǒ zhuǎn, jiù shǐ Wángfǔjǐng Dà Jiē. *(nach, in Richtung auf)*

21 A 8

chūzū	Wǒ yào 出租 yī gê fángjiān. Duì bû qǐ, qǐngwèn zài nǎr yǒu 出租 qìchē? *(vermieten, Miet-)*
chūzū qìchē	Nǐmên zuò 出租汽车 háishî zuò gōnggòng qìchē qù? Wǒ zuò 出租汽车 qù. *(Taxi, Mietwagen)*
fúwùtái	Nín háishî wènwên 服务台 dê fúwùyuán tóngzhì bâ. Zài Běijīng Fàndiàn dê 服务台 kěyǐ dǎ diànhuà, dǎ diànbào, yě kěyǐ dìng chūzū qìchē. *(Service-Tisch)*
lóuxià	Wǒmên dê fàndiàn 楼下 yǒu yínháng, yóujú hé fúwùtái. *(ein Stockwerk tiefer, unten)*

21 B 7

chuáng	Tā mǎi lê yī zhāng 床. Déguó dê 床 xiǎo, Měiguó dê 床 dà, Zhōngguó dê 床 zěnmêyàng? – Běijīng Fàndiàn dê 床 hěn dà. *(Bett)*
(zài) ... shàng	Qǐng nín bǎ yào xǐ dê yīfú fàng 在 chuáng 上. 在 mén 上 yǒu Zhāng xiānshēng liú dê huà. *(auf)*
zhuōzî	Wǒ dê fángjiān yǒu yī gê dà dê 桌子. 桌子 dê hòubiǎr yǒu yī zhāng chuáng. Zài 桌子 shàng yǒu hěn duō Zhōngwén shū. *(Tisch)*
yǐzî	Wǒ dê fángjiān yǒu zhuōzî, 椅子 hé chuáng. Wǒ jiā dê 椅子 dōu hěn xiǎo. *(Stuhl)*
lǐtóu	Zhèi gê cíqì 里头 yǒu shénmê? 里头 yǒu kāfēi. *(drin)*
(zài) ... lǐtóu	Yào xǐ dê yīfú bú yào fàng zài mén biǎr, fàng 在 fángjiān 里头. *(hinein, drin)*
xǐzǎochí	Zài nǐ dê fángjiān lǐ yǒu 洗澡池 méi yǒu? *(Badewanne)*
chuángtóu, chuángtóur	Wǒ dê 床头儿 yǒu yī gê xiǎo zhuōzî. *(Bettende)*
yángtái	Jīntiān wǒmên zài 阳台 shàng chīfàn. 阳台 zài fángjiān dê hòubiǎr. *(Balkon)*
guìzî	Wǒ dê yīfú dōu zài 柜子 lǐ. *(Schrank)*

21 B 9

Měiyuán	美元 shî Měiguó qián. Jīntiān (1979) yī 美元 shî liǎng kuài Rénmínbì. *(US-Dollar)*

Făláng	Wǒ xiǎng bǎ Rénmínbì huàn chéng 法郎. – Nín yào Fǎguó 法郎 háishì Ruìshì 法郎? Jīntiān (1979) yī Mǎkè shì liǎng kuài Fǎguó 法郎, yī kuài Ruìshì 法郎. *(Franc, Franken)*

21 B 12

xiǎomàibù	小卖部 zhǐ yǒu xiǎo dōngxi, méi yǒu shū. *(Kiosk, Verkaufsstelle)*
cèsuǒ	Qǐngwèn 厕所 zài nǎr? – 厕所 zài lóuxià. *(Toilette)*

22 A 1

jiànmiàn	Wǒmen shénme shíhòur gēn Wáng Píng 见面? – Míngtiān kěyǐ gēn Wáng Píng 见面. *(sich treffen)*
Gùgōng	Nǐ yīdìng děi qù 故宫. 故宫 Bówùyuàn shénme shíhòur kāi? *(Der Alte Palast in Peking)*
huílái	Wáng xiānsheng shénme shíhòur 回来? – Tā qī diǎnzhōng 回来. *(zurückkommen, heimkommen)*
ānpái	Nín gěi wǒmen 安排 le fángjiān méi yǒu? – 安排 le. *(arrangieren, organisieren)*
bāng (...) máng	Wǒ xiǎng yòng Zhōngwén xiě xìn, qǐng nǐ 帮 wǒ 忙. *(helfen)*

22 A 2

shénme (...) dōu	Nǐmen yào chī fàn háishì chī miànbāo? – 什么都 hǎo. Wǒ xiǎng qǐng nǐ chīfàn, nǐ jīntiān wǎnshàng jǐ diǎnzhōng yǒu kòng ne? – 什么 shíhòur 都 kěyǐ. Nǐmen xǐhuān kàn shénme diànyǐng? – 什么 diànyǐng 都 kěyǐ. *(was für ein auch immer, jeder beliebige)*
piào	Wǒ míngtiān zuò fēijī qù Lúndūn, wǒ yào mǎi fēijī 票. *(Karte, Eintrittskarte, Ticket)*
... de shíhòu, de shíhòur	Wǒ xiǎng qù kàn xì. – Lǐ xiānsheng lái 的时候, nín děi gàosu tā. – Wǒ zài Zhōngguó cǎifǎng 的时候儿 zhěng tiān dōu hěn máng. *(wenn, als ...)*

22 A 3

wèi	Yīshēng shuō: „Nǐ de 胃 bù hǎo, nǐ děi hē yī bēi Máotái." *(Magen)*

bù shūfú	Wǒ dě wèi 不舒服. *(nicht wohl sein; unangenehm)*
kàn	Yàoshǐ nǐ dě wèi bù shūfú, nǐ yīdìng děi qù 看 yīshēng. *(aufsuchen)*
jiào ... lái	Wáng xiānshēng zài mǎ? – Qǐng nín děngyìděng, wǒ 叫 tā 来. *(herbeirufen, herbeiholen)*

22 A 4

tóu	头 téng zhēn bù shūfú. *(Kopf)*
téng	Nǐ nǎr 疼? – Wǒ dě tóu 疼, wèi yě 疼. *(schmerzen)*
yào	Zhōngguó 药 hěn hǎo. Wǒ tóu téng, zài nǎr kěyǐ mǎidào tóuténg 药? *(Medikament)*
tóuténgyào	Zhèi gè 头疼药 shénmě shíhòur chī? *(Mittel gegen Kopfschmerzen)*
yǐqián	Wǒměn chīfàn 以前 hē yī bēi Máotái bǎ. Nín dě péngyǒu huí Zhōngguó 以前 yīdìng děi qù Hǎidéěrbǎo cānguān. *(vor, bevor...)*
yǐhòu	Huí jiā 以后 wǒ yào gěi nǐ dǎ gè diànhuà. *(nach, danach;* wird stets nachgestellt*)*

22 A 5

hùzhào	Tā yòng nǎguó 护照? – Tā yòng Yīngguó 护照. Wǒ dě liǎng gè háizǐ hé wǒ dōu yòng yī běn 护照. *(Reisepaß)*
bú jiàn	Shénmě dōngxī 不见 lě? – Tā dě hùzhào 不见 lě. *(verschwinden, verlorengehen)*
bié	别 kèqǐ. Hái zǎo, 别 zǒu lě! *(... nicht! Du sollst nicht ...)*
zhāojí	Nǐ 着急 shénmě? Bú yào 着急! Bié 着急! *(sich Sorgen machen)*
jìdě	Nǐ hái 记得 wǒ gěi nǐ jièshào dě nèi gè Déguó péngyǒu mǎ? – Wǒ bú 记得. *(sich erinnern)*
jì bù dé	Nín jìdě nín dě zhàoxiàngjī shǐ zài nǎr bú jiàn dě mǎ? – Wǒ 记不得 lě! *(sich nicht erinnern können)*
zhǎo	Wǒ dě shǒubiǎo bú jiàn lě, qǐng nín bāng wǒ 找. *(suchen)*
fàngxīn	Wǒ dě máopí dàyī bú jiàn lě! – Bié zhāojí, qǐng 放心, wǒměn bāng nǐ zhǎo. *(sich beruhigen, sich keine Sorgen machen)*

22 A 6

yī lù	Wǒ zuò qìchē cóng Běijīng dào Shànghǎi qù, 一路 fēngjǐng hěn hǎo. *(der ganze Weg)*
jīhuì	Yàoshǐ wǒ yǒu 机会, yīdìng qù kàn nín. Wǒmen zài Bōhóng yě yǒu 机会 shuō Zhōngwén. *(Gelegenheit)*

22 B 4

dùzǐ	Wǒ dě háizǐ dě 肚子 bù hǎo. Wagner xiānshěng dě 肚子 téng, tā xiǎng qù kàn yīshěng. *(Bauch)*
xiōngkǒu	Wǒ dě 胸口 bù shūfǔ, gāi zěnme bàn? *(Brustkorb, Magengrube)*
hóulǒng	Wáng tóngzhì dě 喉咙 bù shūfǔ, bù néng chīfàn. *(Hals, Rachen)*
tuǐ	Wǒmen zǒu lě yī zhěng tiān, wǎnshǎng wǒ dě 腿 zhēn téng. *(Bein)*

22 B 7

diū	Wǒ dě hùzhào 丢 lě, qǐng nín bāng wǒ zhǎo. Wǒ 丢 lě zhīpiào. – Bié zhāojí. *(verlorengehen, verlieren)*
yǔsǎn	Wǒ dě 雨伞 bú jiàn lě. – Nǐ jìdě nǐ dě 雨伞 shǐ zài nǎr bú jiàn dě? *(Regenschirm)*
píbāo	Tā dě 皮包 bú jiàn lě, tā hěn zhāojí. Qǐngwèn zài nǎr kěyǐ mǎi yóupiào? – Bú yòng mǎi, wǒ dě 皮包 lǐ yǒu. *(Handtasche)*

22 B 9

lǐ	Nín dě jiā 里 yǒu jǐ gě rén? – Wǒ jiā 里 yǒu qī gě rén. *(in, nachgestellt)*

22 B 11

bówùguǎn	Zài Běijīng yǒu jǐ gě 博物馆? Wǒ bù zhīdào, yǒu jǐ shí gě 博物馆 bā. *(Museum)*

mǎi dōngxi	Nǐ jīntiān xiàwǔ zuò shénmě? – Wǒ jīntiān xiàwǔ qù Dùsè-ěrduōfū 买东西. *(einkaufen)*

22 B 12

kànkàn	Wǒměn jīntiān yào qù 看看 Máo Zhǔxí Jìniàntáng, yě qù 看看 Láodòng Rénmín Wénhuàgōng. *(sich ansehen, besichtigen)*

22 B 13

Ōuzhōu	Nín qùguǒ 欧洲 mǎ? – Wǒ qùguǒ 欧洲 liǎng cì. *(Europa)*

23 A 1

diàntái	Wáng nǚshì bú shǐ shèyǐngyuán, tā shǐ 电台 dě jìzhě. *(Rundfunkstation)*
Běijīng Diàntái	Wǒ dě péngyǒu zài 北京电台 gōngzuò. *(Radio Peking)*
guì	Qǐngwèn nín 贵 xìng? – Wǒ xìng Wú. *(ehrenwert)*
Shīmìtè	施密特 (chinesische Form des Namens *Schmidt*)
huídá	Nín kěyǐ yòng Yīngwén 回答. Hannon xiānshēng bú huì shuō Zhōngwén, tā kěyǐ yòng Yīngwén 回答 bù kěyǐ? *(antworten)*
wèntí	Nín hái yǒu bié dě 问题 mǎ? Méi yǒu lě. Wǒ yǒu yī gě xiǎo 问题; néng bù néng qǐng nín huídá? *(Frage)*
kěshì	Wǒ gěi tā dǎ diànhuà, 可是 méi rén jiē. *(aber)*
Sītújiātè	斯图加特 (chinesische Form des Namens *Stuttgart*)
chéngjiā	Wáng xiānshēng dě háizǐ dōu 成家 lě. Tā dě dìdǐ hái méi 成家. *(heiraten)*
jiéhūn	Tā 结婚 lě mǎ? – Shì, tā 结婚 lě. – Tā gēn shuí 结婚 lě? – Gēn Wú xiānshēng dě nǚér. *(heiraten)*
yèyú shíjiān	业余时间 nǐ xǐhuān zuò shénmě? – Wǒ jìnlái hěn máng, méi yǒu 业余时间. *(Freizeit)*
pīngpāngqiú	Wǒ xiǎng qǐng nǐ zài míngtiān xiàwǔ dào wǒ jiā dǎ 乒乓球. *(Tischtennis)*
dǎ	Zhōngguó rén hé Rìběn rén hěn xǐhuān 打 pīngpāngqiú. *(spielen* von mit der Hand gespielten Spielen*)*
diànshì	Yèyú shíjiān Déguó rén xǐhuān kàn 电视. *(Fernsehen)*
yīnwèi	Tā hěn zhāojí, 因为 tā dě shǒubiǎo bú jiàn lě. Duì bù qǐ, wǒ bù néng lái, 因为 nà tiān wǒ yǒu shì. *(weil)*

wénhuà	Shīmìtè nǚshì lái Zhōngguó, yīnwèi tā xǐhuān Zhōngguó de 文化. *(Kultur)*	
Rénmín Yèyú Dàxué	Zài Bōhóng yě yǒu 人民业余大学 ma? – Yǒu. Bōhóng de 人民业余大学 bù xiǎo. Wú nǚshì zài Dùsèěrduōfū de 人民业余大学 jiāo Zhōngwén. *(Volkshochschule)*	
chángcháng	Wǒ de péngyǒu 常常 qù Zhōngguó. Wǒ de dìdi 常常 bú shàngxué. *(oft, immer)*	
bào	Zài wǒmen de dàxué lǐ yǒu hěn duō Zhōngwén shū hé Zhōngwén 报. – Xuésheng dōu huì kàn Zhōngwén 报 ma? *(Zeitung)*	
zázhì	Nín yǒu Déwén 杂志 ma? – Méi yǒu, zhǐ yǒu Zhōngwén 杂志. Zhèi běn 杂志 duōshǎo qián? *(Zeitschrift)*	
qīnzì	Wáng tóngzhì 亲自 huídá le wǒ de wèntí. Néng bù néng qǐng Tiánzhōng xiānsheng 亲自 gěi wǒ dǎ diànhuà? *(selbst, persönlich)*	
rènshi	Wǒ dào Déguó lái, yīnwèi wǒ xiǎng qīnzì 认识 Déguó de wénhuà. Zài Duōtèméngdé wǒmen cānguān le Hèshī Gāngtiě Gōngsī, 认识 le Duōtèméngdé shì de gāngtiě gōngyè. *(kennenlernen)*	
dàoguo	Nín 到过 Zhōngguó ma? – 到过. *(schon einmal dagewesen sein)*	
jí le	Zhèi ge fàndiàn de fàncài hǎo 极了. Shíyuè yīhào zài Běihǎi Gōngyuán lǐ rén duō 极了. *(nachgestellt: sehr, außerordentlich)*	
lǎoshī	Smith 老师 shì wǒmen de Yīngwén lǎoshī. *(Lehrer ..., als Titel)*	
gēn	Nǐ de Zhōngwén hěn hǎo. Nǐ 跟 Lǐ lǎoshī xué de ma? – Bù, wǒ 跟 Chén lǎoshī xué de. *(bei)*	
huídá	Wǒ jìxià le tā de 回答. Nín duì zhèi ge 回答 mǎnyì ma? *(Antwort)*	

23 A 2

yǐjīng	Wǒmen 已经 hǎo jiǔ bú jiàn le. Xiǎowáng xiànzài bú zài zhèr; tā 已经 huí Shànghǎi qù le. *(bereits, schon)*
wǒ àirén	Wǒ xiǎng mǎi xiē huār gěi 我爱人. 我爱人 xǐhuān dǎ pīngpāngqiú. *(meine Frau)*
jiā	Wǒ de mèimei zài yī 家 yínháng gōngzuò. Nèi 家 yínháng jiào shénme? Nèi 家 yínháng jiào Shāngyè Yínháng. *(Zählwort für Banken, Firmen u.ä.)*
liàng	Wǒmen yǒu liǎng 辆 xiǎo qìchē. Yī 辆 shì wǒ àirén de, yī shì wǒ zìjǐ de. *(Zählwort für Autos)*

dàzhòng	Rénmín 大众. *(die Massen, die Volksmassen)*
pái	Nǐ dě zhàoxiàngjī shǐ shénmě 牌 dě? – Wǒ dě zhàoxiàngjī shǐ Leica 牌 dě. Wǒmên dě gōngshè yǒu yī liàng Shànghǎi 牌 xiǎo qìchē. *(Marke, Fabrikat)*
Dàzhòng pái	Nǐ dě qìchē shǐ Fútè pái dě må? – Bú shǐ, wǒ dě qìchē shǐ 大众牌 dě. *(Marke Volkswagen)*
fángzǐ	Yàoshí nǐ yǒu qián, nǐ xiǎng mǎi 房子 må? Zhèi gě 房子 shǐ shuí dě? – Shǐ Meier xiānshěng dě. *(Haus, Wohnung)*
dòng	Wǒ yǒu yī 栋 xiǎo fángzǐ. *(Zählwort für Haus, Wohnung u.ä.)*
ài	Zhèi zhāng chàngpiàn jiào shénmě? – Zhèi zhāng chàngpiàn jiào „Wǒ 爱 Běijīng Tiānānmén". Wǒ dě háizǐ hěn 爱 xué Yīngwén. *(lieben)*
tī	踢 *(treten)*
zúqiú	Wǒ dě háizǐ ài tī 足球. Wǒ ài kàn 足球. *(Fußball)*
tī zúqiú	Yèyú shíjiān wǒ dě érzǐ 踢足球. *(Fußball spielen)*
méi yǒu	Nǐ chéngjiā lě må? – Wǒ hái 没有 jiéhūn. *(bildet die verneinte Vergangenheitsform von Verben)*
míngnián	明年 Xiǎopíng jiù kěyǐ shàngxué lě. 明年 wǔyuè wǒ yào dào Zhōngguó cānguān. *(nächstes Jahr)*
nián	1976 年 wǒ qùguǒ yī cì Zhōngguó. Míngnián shǐ 1980 年. *(Jahr)*
měitiān	Yǒuyì Shāngdiàn 每天 kāi må? – Shì, 每天 dōu kāi. Gōngrén 每天 gōngzuò bā gě zhōngtóu. *(jeden Tag)*
jiǎndān	Zhèi gě wèntí bù 简单. Tā huì shuō 简单 dě Éwén. *(einfach)*

23 A 3

jiāoshū	Klein xiānshěng hái zài zhèi gě Rénmín Yèyú Dàxué 教书 må? – Bù, tā xiànzài bù 教书; tā zài yī jiā gōngsī gōngzuò. *(unterrichten, lehren)*
shēng	Wǒmên sān gě rén dōu shǐ 1943 nián 生 dě. Wǒ dě mèimêi shǐ 1949 nián 生 dě. *(geboren werden)*
jīnnián	今年 shǐ 1979 nián. *(dieses Jahr)*
xiōngdì	Wǒ yǒu sì gě 兄弟. Wǒ sì gě 兄弟 dōu zhù zài Shànghǎi. *(Bruder)*
yùndòng	运动 duì jiànkāng hěn hǎo. *(Sport, Bewegung)*
yùndòng yùndòng	Wǒ dě gēgě shǐ lǎoshī, zài zhōngxué jiāo yùndòng; tā zìjǐ hěn xǐhuān 运动运动. *(Sport treiben)*

tán	Tā 弹 shénmē? *(ein Saiteninstrument oder ein Tasteninstrument spielen)*	
jítā	Wǒ dē péngyǒu Herbert huì tán 吉他. *(Gitarre)*	
duō jiǔ	Nǐ yǐjīng děng lē 多久? – Yī gē zhōngtóu lē. Cóng zhèr zuò fēijī dào Bālí 多久? – Zhǐ yào sān gē zhōngtóu. *(wie lange)*	
měi	Wǒmēn 每 gē rén yǒu yī liàng xiǎo qìchē. Tā 每 liǎng gē xīngqī lái wǒ jiā yī cì. Cóng zhèr 每 gē zhōngtóu dōu yǒu fēijī dào Bólín. *(jeder)*	
xiǎoshí	Gōngchǎng dē gōngrén měitiān gōngzuò bā gē 小时. Yī tiān yǒu èrshísì gē 小时. *(Stunde)*	
gòu hǎo	Wǒ bù néng cānjiā nǐmēn dē huìtán, wǒ dē Zhōngwén bú 够好. *(gut genug sein, ausreichen)*	
xiāngdāng	Liú nǚshì dē Déwén 相当 búcuò. Zhèi liàng qìchē hái 相当 hǎo; nǐ zěnmē yào zài mǎi yī liàng nē? *(verhältnismäßig, ziemlich)*	

23 B 1

jiěmèi	Nǐ yǒu jǐ gē 姐妹? Wǒ yǒu sān gē 姐妹, yī gē jiějiē, liǎng gē mèimēi. *(Schwestern)*

22 B 3

háizǐmēn	Wǒ dē 孩子们 dōu shàngxué. 孩子们 hěn xǐhuān tī zúqiú. *(Kinder)*
niánjì	Nín duō dà 年纪? Tā dē fùqīn 年纪 hěn dà. *(Alter)*
duō dà niánjì	Nín dē dìdì 多大年纪? *(wie alt?)*

22 B 5

fānyìyuán	翻译员	*(Dolmetscher)*
yáyī	牙医	*(Zahnarzt)*
hùshì	护士	*(Krankenschwester)*
sùxiěyuán	速写员	*(Stenotypistin)*
fǎguān	法官	*(Richter)*
lǜshī	律师	*(Rechtsanwalt)*
mìshū	秘书	*(Sekretärin)*

jìzhàngyuán	记帐员	(Buchhalter)
jīnglǐ	经理	(Geschäftsführer, leitender Angestellter)
jiànzhùshī	建筑师	(Architekt)
shèjìshī	设计师	(Designer)
kuànggōng	矿工	(Bergmann)
mùjiàng	木匠	(Zimmermann, Schreiner)

23 B 7

páiqiú	排球	(Volleyball)
lánqiú	篮球	(Basketball)
shǒuqiú	手球	(Handball)
wǎngqiú	网球	(Tennis)
yǔmáoqiú	羽毛球	(Federball)
yóuyǒng	游泳	(schwimmen)
dǎpái	打牌	(Karten spielen)
tīng	**Nǐmen yào 听 shénme chàngpiàn? – Wǒmen xiǎng 听 mínyáo.** (hören)	
yīnyuè	**Müller nǚshì zài zhōngxué jiāo 音乐.** (Musik)	
lā xiǎotíqín	拉小提琴	(Geige spielen)
fēngqín	风琴	(Orgel)
gāngqín	钢琴	(Klavier)
chuī kǒuqín	吹口琴	(Mundharmonika spielen)
zhàoxiàng	照相	(fotografieren)
qí zìxíngchē	骑自行车	(Fahrrad fahren)
tántiān	谈天	(sich unterhalten)

23 B 8

Nánsīlāfū	南斯拉夫	(Jugoslawien)
Nuówēi	挪威	(Norwegen)
Yìndù	印度	(Indien)

24

lǚxíng	**Míngnián wǒ yào dào Zhōngguó qù 旅行. Nǐ ài 旅行 ma?** (reisen, Reise)

jiào rén nán wàng	**Zhōngguó péngyǒu dẻ yǒuyì zhēn** 叫人难忘. **Yī jiǔ sì jiǔ nián shỉ** 叫人难忘 **dẻ yī nián.** *(unvergeßlich)*
yīqiè	一切 **dōu ānpái hǎo lẻ, qǐng fàngxīn.** *(alles)*
shùnlì	**Zhù nǐ** 顺利. *(Glück, Gelingen, Erfolg)*

Erläuterungen

1 A 1

- *Nín hǎo.* ist sowohl Begrüßung wie Frage nach dem Befinden. In gewisser Hinsicht ist *Nín hǎo.* mit dem englischen *How do you do.* zu vergleichen, nur mit dem Unterschied, daß im Englischen diese Frage nach dem Befinden in der Regel nicht beantwortet wird. Vergleiche:

   — *Nín hǎo.*   — *Guten Tag. Wie geht es Ihnen?*
   — *Hǎo. Nín ne?*   — *Gut. Und Ihnen?*
   — *How do you do.*   — *Guten Tag. Wie geht es Ihnen?*
   — *How do you do.*   — *Guten Tag. Und wie geht es Ihnen?*

- Namen werden in der Pīnyīn-Umschrift ähnlich wie in den meisten europäischen Sprachen großgeschrieben. Vergleiche:

   Wǒ zài dàxué xuéxí.   *Ich studiere an einer Universität.*
   Wǒ zài Bōhóng Dàxué xuéxí.   *Ich studiere an der Universität Bochum.*

2 A 0

Übersicht über die Personalpronomen der 1. und 2. Person

	1. Person (ich – wir)	2. Person (du – ihr)	2. Person (höflich) (Sie – Sie)
Singular Plural	*wǒ* *wǒmen*	*nǐ* *nǐmen*	*nín* *nínmen*

2 A 1

Die chinesischen Entsprechungen für *Herr (xiānsheng)* und *Frau, Fräulein (nǚshì)* stehen in der Anrede hinter dem Familiennamen.

2 A 3

Das Subjekt eines Satzes kann im Chinesischen ausgelassen werden, wenn aus dem

Zusammenhang hervorgeht, wer oder was gemeint ist (siehe auch 16 A 1). Vergleiche:

— Nín hǎo. — Wie geht es Ihnen?
— Hǎo. Lǎo yàngzi. Nín ne? — Gut. Unverändert. Und Ihnen?
— Yě shì lǎo yàngzi. — (Mir geht es) ebenfalls unverändert.

2 A 4

nǐ ist die normale Form der Anrede im Chinesischen, nín die höfliche Form. nǐ und nín können in gewisser Weise mit du und Sie verglichen werden. Doch entsprechen sich nǐ und du und nín und Sie nicht völlig. Während man im Deutschen zum Beispiel unbekannte Erwachsene, deren Vornamen man nicht kennt, in der Regel nur mit Sie anredet, verwendet der Chinese in solchen Fällen nicht selten die Anrede nǐ, ohne damit unhöflich oder plump vertraulich zu wirken.

2 A 8

● Wenn ein Chinese Sie fragt, ob Sie bereits gegessen haben, (Chīguǒle ma?), so müssen Sie dies als eine reine Begrüßungsformel und nicht etwa als Einladung zum Essen betrachten. Am besten bejahen Sie diese Frage stets, wie das Péiyīng im Dialog tut.

● Am Ende eines Fragesatzes, auf den als Antwort ein ja oder nein erwartet wird, steht im Chinesischen oft das Hilfswort ma. Bei Bejahung der Frage wird das in der Frage verwendete Verb einfach wiederholt.

— Nǐ chīguǒ le ma? — Hast du schon gegessen?
— Chīguǒ le. — Ja.
— Nǐ shì Zhōngguó rén? — Bist du Chinese?
— Shì. — Ja.

3 A

● Im Chinesischen wird die Intonation (Tonhöhenveränderung) im Unterschied zum Deutschen zur Unterscheidung von ansonsten gleichlautenden Wörtern benutzt. Die Silben werden im Chinesischen mit

1. gleichbleibend hohem ¯ 3. fallendem und wieder ansteigendem ˇ
2. ansteigendem ´ 4. fallendem `
   5. neutralem (d.h. ohne Ton) °

Ton gesprochen.

Es ist demnach wichtig, daß Sie auch hinsichtlich der Intonation die Worte genauso aussprechen wie die Sprecher auf dem Tonband, wenn Sie verstanden bzw. nicht mißverstanden werden wollen. Welcher Art die Mißverständnisse sind, die bei falscher Betonung entstehen können, zeigen die folgenden Beispiele:

Tā zài nàr.	*Er ist dort.*
Tā zài nǎr?	*Wo ist er?*
mǎi yān	*Zigaretten kaufen*
mài yān	*Zigaretten verkaufen*
mǎi yán	*Salz kaufen*
mài yán	*Salz verkaufen*

3 A 1

● Wird im Chinesischen ein Substantiv näher bestimmt, so wird die Bestimmung stets vorangestellt und häufig durch das Hilfswort *de* angeknüpft. Im Deutschen kann die Bestimmung auch nachgestellt werden. Vergleiche:

Niǔyuē Yínháng de *dàibiǎo*   **jiàoxuéfǎ** *zhuānjiā*
Vertreter **der Bank of New York**   *Experte* **für Didaktik**

● Ähnlich wie im Deutschen können auch im Chinesischen relativ leicht neue Wörter durch Zusammensetzung gebildet werden. Vergleiche:

Měiguó	*Amerika*		
Zhōngguó	*China*	*Měiguó rén*	*Amerikaner*
rén	*Mensch*	*Zhōngguó rén*	*Chinese*
jiāo	*lehren*		
xué	*lernen*	*jiàoxuéfǎ*	„Lehrlernmethode", Didaktik
fǎ	*Methode*		
wàiwén	*Fremdsprache*	*wàiwén zhuānjiā*	*Experte für*
zhuānjiā	*Experte*		*Fremdsprachen*
wàiwén	*Fremdsprache*	*wàiwénzhuānjiā*	*Fremdsprachenexperte*
zhuānjiā	*Experte*		

Da Wort- und Satzbildung im Chinesischen wie im Deutschen nach der gleichen Regel, nämlich durch Voranstellung des bestimmenden Elements vor das zu bestimmende erfolgen, ist es oft nicht möglich zu entscheiden, ob eine bestimmte Verbindung als ein zusammengesetztes Wort oder als ein aus mehreren Wörtern bestehender Satzteil zu betrachten ist. Dies zeigt sich unter anderem darin, daß in der Pīnyīn-Umschrift eine große Unsicherheit in der Zusammen- bzw. Getrenntschreibung zu beobachten ist. In Schriftzeichentexten besteht dieses Problem nicht, da dort die Wortgrenzen nicht durch Getrenntschreibung kenntlich gemacht werden.

3 A 4

Im Deutschen werden Fragen, auf die man als Antwort ein *ja* oder ein *nein* erwartet, entweder durch eine besondere Wortstellung und Satzmelodie oder nur durch die Satzmelodie gekennzeichnet. Im Chinesischen sind sowohl die Worstellung als auch die Satzmelodie im Fragesatz und im Aussagesatz gleich. Vergleiche:

Tā shì Měiguó rén.
Tā shì Měiguó rén mǎ? gleiche Wortstellung und Satzmelodie

Er ist Amerikaner. Fallender Ton am Ende des Satzes
Er ist Amerikaner? Steigender Ton am Ende des Satzes
Ist er Amerikaner? Andere Worstellung und steigender Ton

3 A 5

Im Unterschied zum Deutschen haben Fragesatz und Aussagesatz im Chinesischen die gleiche Worstellung. Das Fragewort steht im chinesischen Satz an der gleichen Stelle wie das Wort, wonach gefragt wird. Vergleiche:

— *Zhè shì **shuí**?* — **Wer** *ist das?*
— *Zhè shì **Peter**.* — *Das ist **Peter**.*

— ***Shuí*** *jiāo Zhōngwén?* — **Wer** *lehrt Chinesisch?*
— ***Peter*** *jiāo Zhōngwén.* — ***Peter*** *lehrt Chinesisch.*

— *Tā **cóng nǎr** lái de?* — **Woher** *kommt er?*
— *Tā **cóng Lúndūn** lái de.* — *Er kommt **aus London**.*

4 A 2

Shì wird im Gegensatz zu dem deutschen Hilfsverb *sein* wie alle chinesischen Verben in allen Personen des Singular und Plural unverändert gebraucht. Vergleiche:

Wǒ	**shì** *Déguó rén.*	Ich **bin** *Deutscher.*
Nǐ	**shì** *Zhōngguó rén ma?*	**Bist** *du Chinese?*
Tā	**shì** *Fǎguó rén.*	*Er* **ist** *Franzose.*
Wǒmen **shì** *Yīngguó rén.*		*Wir* **sind** *Engländer.*
Nǐmen **shì** *Měiguó rén ma?*		**Seid** *ihr Amerikaner?*
Tāmen **shì** *Fǎguó rén.*		*Sie* **sind** *Franzosen.*

4 A 2

● Substantive haben im Chinesischen keine unterschiedlichen Einzahl- und Mehrzahlformen. Ob ein bestimmtes Substantiv eine oder mehrere Personen bzw. Dinge meint, ist aus dem Zusammenhang zu erschließen:

Peter shì Lǐ xiānsheng de hǎo **péngyǒu**. Peter ist ein gut**er Freund** des Herrn Li.
Tāmen shì hǎo **péngyǒu**. Sie sind gut**e Freunde**.

● Im Chinesischen wird bei Nennung des vollen Namens einer Person stets zuerst der Familienname und dann der „Vorname" genannt. Vergleiche:

Zhè shì Wáng xiānsheng. Das ist Herr Wang.
Zhè shì Wáng Ping hé Wáng Lì. Das sind Wang Ping und Wang Li. (zwei Brüder mit dem Familiennamen Wang)

Die meisten chinesischen Familiennamen bestehen aus einer Silbe. Bekannte Familiennamen sind *Mao, Hua, Zhou, Jiang, Wang, Zhang, Li* usw. Zweisilbige Familiennamen sind sehr selten.

Der Vorname kann im Chinesischen eine oder zwei Silben haben. Bekannte Vornamen sind *Zedong, Guofeng, Enlai, Yi* usw.

In China behält die Frau auch nach der Heirat ihren ursprünglichen Familiennamen bei.

4 A 4

Substantive, die Personen bezeichnen, sowie Personalpronomen kennen im Unterschied zum Deutschen keine verschiedenen Formen für die beiden Geschlechter. Vergleiche:

Lǐ xiānshěng shì **Zhōngguó rén.**
Lǐ nǚshì yě shì **Zhōngguó rén.**

Tā shì Déguó rén må?

Herr Li ist **Chinese.**
Frau Li ist *auch* **Chinesin.**

Ist **er** *Deutsch***er***?*
Ist **sie** *Deutsch***e***?*

4 A 5

Sätze, die auf eine Verbindung *Verb + dě* (z.B. *lái dě*) enden, können auch mit dem Hilfszeitwort *shì* gebildet werden. Die Verneinung solcher Sätze muß in jedem Falle mit *bú shì* geschehen. Wird ein solcher Satz mit dem Fragewort *må* zu einem Fragesatz, so lautet die Antwort darauf kurz entweder *shì* oder *bú shì*. Vergleiche:

Hannon xiānshěng (shì) cóng Lúndūn lái dě.
Herr Hannon kommt aus London.

Meier nǚshì cóng Běijīng lái dě må? –
Bú shì.
Kommt Frau Meier aus Peking? –
Nein.

Meier nǚshì cóng Déguó lái dě må? –
Shì.
Kommt Frau Meier aus Deutschland?
– Ja.

5 A 1

• Ausländische Namen werden in pīnyīn-Umschrift-Texten entweder so wie in der Herkunftssprache geschrieben und gelesen, oder sie werden in Schreibung und Lautung an die Silbenstruktur des Chinesischen angepaßt. In den bisher gelernten Texten finden sich Beispiele für beide Verfahren:

Fǎlánkèfú – Frankfurt
Dùsèěrduōfū – Düsseldorf
Hannon – Hannon
Dupont – Dupont

Besonders bei bekannten geographischen Bezeichnungen und bei Namen bekannter historischer oder zeitgenössischer Persönlichkeiten ist die Anpassung an die chinesische Lautung üblich.

In chinesischen Schriftzeichentexten werden in der Regel auch heute noch alle ausländischen Namen in chinesischen Schriftzeichen umschrieben und mit chinesischer Lautung gelesen.

Dort, wo es auf eine genaue Wiedergabe ausländischer Namen ankommt, geht man in letzter Zeit dazu über, auch in Schriftzeichentexten die Originalschreibung aufzunehmen und in der Lautung der Herkunftssprache zu lesen.

Japanische Namen nehmen dabei eine Sonderstellung ein. Dies hängt damit zusammen, daß im Chinesischen und im Japanischen großenteils die gleichen Schriftzeichen benutzt werden. Die Schriftzeichen der japanischen Namen werden von einem Chinesen einfach mit der chinesischen Lautung ausgesprochen, mit dem Ergebnis, daß im Chinesischen ein japanischer Name völlig anders lautet als im Chinesischen. Vergleiche:

chinesische und japanische Schreibung	japanische Lautung	chinesische Lautung
田中	Tanaka	Tiánzhōng
藤原	Fujiwara	Téngyuán
石井	Ishii	Shíjǐng

● Das Fragewort *shénme* wird sowohl für Fragen nach einem Substantiv als auch vor einem Substantiv für Fragen nach dessen näherer Bestimmung verwendet. Vergleiche:

Tā jiāo shénme?	*Jiàoxuéfǎ.*
Tā shì shénme zhuānjiā?	*Jiàoxuéfǎ zhuānjiā.*
Was lehrt er?	Didaktik.
Was für ein Experte ist er?	Experte für Didaktik.

6 A 2

Der Ausdruck *yī gè* wird ähnlich wie der deutsche unbestimmte Artikel *ein* benutzt, wenn man einen einzelnen bestimmten Gegenstand und nicht den Gegenstand überhaupt meint. *yī gè* kann nicht vor Eigennamen gebraucht werden, ähnlich wie auch im Deutschen der unbestimmte Artikel *ein* nicht vor Eigennamen steht. Vergleiche:

Tā zài yīyuàn gōngzuò.	Er arbeitet im Krankenhaus.
Tā zài yī gè yīyuàn gōngzuò.	Er arbeitet in (einem bestimmten) Krankenhaus.
Tā zài dàxué jiāo Fǎwén.	Er lehrt Französisch in der Hochschule.
Tā zài Běijīng Dàxué jiāo Fǎwén.	Er lehrt Französisch an der Universität Peking.

7 A

Übersicht über die Personalpronomen und Possessivpronomen:

	Singular		Plural	
	personal	possessiv	personal	possessiv
1. Person	wǒ	wǒ de	wǒmen	wǒmen de
2. Person	nǐ	nǐ de	nǐmen	nǐmen de
2. Person (höfl.)	nín	nín de	nínmen	nínmen de
3. Person	tā	tā de	tāmen	tāmen de

8 A 1

Wenn in Fragesätzen mit *zěnme (wie)* das Subjekt ausgelassen ist, so kann man den Satz als unpersönlich betrachten. Im Deutschen wird ein solcher Satz am besten mit dem Passiv, einem unpersönlich gebrauchten *man* oder *du* übersetzt. Vergleiche:

„Chemie" Zhōngwén zěnme shuō?	Wie sagt man „Chemie" auf Chinesisch?
	Wie wird „Chemie" ins Chinesische übersetzt?
	Wie übersetzt du „Chemie" ins Chinesische?

8 A 2

● Das Fragewort *jǐ (wieviele)* wird gebraucht, wenn man nach einer einstelligen Zahl fragt. In allen anderen Fällen gebraucht man das Fragewort *duōshǎo (wieviele)*. Vergleiche:

Zài Duōtèméngdé yǒu jǐ gè gāngtiě gōngsī?	Wieviele Stahlwerke gibt es in Dortmund?
Zài Déguó yǒu duōshǎo gè gāngtiě gōngsī?	Wieviele Stahlwerke gibt es in Deutschland?
Zài Duōtèméngdé yǒu shíjǐ gè zhōngxué? *Zài Duōtèméngdé yǒu jǐshí gè zhōngxué?*	Wieviele Mittelschulen gibt es in Dortmund?

Bei der ersten Frage nach der Zahl der Stahlwerke nimmt der Fragende an, daß die Zahl 9 nicht überschritten wird, bei der zweiten Frage hält er dies für möglich.

Bei der ersten Frage nach der Zahl der Mittelschulen nimmt der Fragende an, daß die Zahl sich zwischen 11 und 19 bewegt. Bei der zweiten Frage nimmt er an, daß die Zahl eine runde Zehnerzahl ist.

• Das Hilfswort *ba* am Ende einer Frage bedeutet, daß der Fragende eine *Ja*-Antwort für wahrscheinlich hält. Vergleiche:

    Nǐ yǒu háizi ma?   *Hast Du Kinder?*
    Nǐ yǒu háizi ba?   *Du hast wohl Kinder? Du hast wahrscheinlich Kinder.*

• Steht vor einem Substantiv außer *yī ge* noch eine weitere Bestimmung, so wird sie vor *yī ge* gestellt. Vergleiche:

    yī ge yīyuàn   *ein Krankenhaus*
    Hànbǎo de *yī ge yīyuàn*   *ein* **Hamburger** *Krankenhaus*

8 B 1

Die zusammengesetzten Zahlen von 11 bis 99 werden nach einer einfachen Regel aus der Zahl *shi (10)* und den Zahlen von 1–9 durch Zusammenfügen gebildet. In diesem Zahlensystem nimmt die Zahl 10 die zentrale Stelle ein. Die vor *shi* stehende Zahl gibt jeweils an, um wieviele Male man die Zehn multiplizieren muß, die Zahl hinter *shi* gibt an, wieviele Einer man noch addieren muß. Vergleiche:

1 yī	*11*	**shí***yī*
2 èr (bzw. *liǎng*, s.9.1.1)	*21 (2 mal 10 + 1)*	*èr***shí***yī*
3 sān	*45 (4 mal 10 + 5)*	*sì***shí***wǔ*
4 sì	*50 (5 mal 10)*	*wǔ***shí**
5 wǔ	*55 (5 mal 10 + 5)*	*wǔ***shí***wǔ*
6 liù	*67 (6 mal 10 + 7)*	*liù***shí***qī*
7 qī	*80 (8 mal 10)*	*bā***shí**
8 bā	*18 (10 + 8)*	**shí***bā*
9 jiǔ	*88 (8 mal 10 + 8)*	*bā***shí***bā*
10 shí	*91 (9 mal 10 + 1)*	*jiǔ***shí***yī*

9 A 1

Die Zahlen von 100 bis 999 werden im Chinesischen nach dem gleichen Prinzip wie die Zahlen von 11 bis 99 gebildet. Im Mittelpunkt dieses Zahlensystems steht die Zahl *100 (bǎi)*. Vor *bǎi* steht eine einfache Zahl, die angibt, um wieviel man 100 multiplizieren muß, hinter *bǎi* steht die Zahl zwischen 1 und 99, die dann noch addiert werden muß, um die gemeinte Zahl zu bilden. Die Null an der Stelle eines fehlenden Zehners wird mitgelesen und heißt *líng*. Vergleiche:

100	yībǎi	101	(1 × 100 + 0 + 1)	yībǎilíngyī
200	èrbǎi	109	(1 × 100 + 0 + 9)	yībǎilíngjiǔ
300	sānbǎi	110	(1 × 100 + 1 × 10)	yībǎiyīshí
400	sìbǎi	111	(1 × 100 + 1 × 10 + 1)	yībǎiyīshíyī
500	wǔbǎi	456	(4 × 100 + 5 × 10 + 6)	sìbǎiwǔshíliù
600	liùbǎi	872	(8 × 100 + 7 × 10 + 2)	bābǎiqīshíèr
700	qībǎi	832	(8 × 100 + 3 × 10 + 2)	bābǎisānshíèr
800	bābǎi	911	(9 × 100 + 1 × 10 + 1)	jiǔbǎiyīshíyī
900	jiǔbǎi	999	(9 × 100 + 9 × 10 + 9)	jiǔbǎijiǔshíjiǔ

Man beachte, daß nach *yībǎi (100)* die Zahl 10 nicht einfach nur *shí*, sondern *yīshí* heißt.

9 A 1

● Im Chinesischen gibt es wie im Deutschen sogenannte Zählwörter (z.B. *ein* **Stück** *Seife, 10* **Paar** *Schuhe, drei* **Blatt** *Papier* usw.) Im Unterschied zum Deutschen ist im Chinesischen aber der Gebrauch von Zählwörtern nach Zahlwörtern und Demonstrativpronomen obligatorisch.
Das häufigste Zählwort im Chinesischen ist *gè*. Es bedeutet soviel wie *Stück* oder *Individuum*. Vergleiche:

sì ge háizi	vier Kinder
zhèi ge xiānsheng	dieser Herr,
nèi ge zhōngxué	jene Mittelschule,
yī ge yīyuàn	ein Krankenhaus
yì ge gōngchǎng	eine Fabrik
liǎng ge gōngchǎng	zwei Fabriken

Bei der Bezeichnung einer Anzahl, der Uhrzeit u.ä. wird im Falle der Zahl *zwei* stets *liǎng* verwendet. *Èr* steht nur als Ordnungszahl, z.B. beim Abzählen, sowie in allen zusammengesetzten Zahlen *(22 = èrshíèr)*.

● Die Ordnungszahl wird im Chinesischen durch das dem Zahlwort vorangestellte Wort *dì* angezeigt. Bei Ordnungszahlen, die zu einem Namen gehören, wird nach der Zahl kein Zählwort gebraucht. Vergleiche:

dì yī gẻ háizĭ	das erste Kind
dì èr gẻ háizĭ	das zweite Kind
dì shíyī gẻ xuéshēng	der elfte Schüler
dì qīshíqī xiăoxué	die Grundschule Nr. 77

● Das Verb *yǒu* bedeutet sowohl *haben, besitzen* als auch *vorhanden sein, da sein.* Vergleiche:

Běiyīng yǒu liăng gẻ dìdĭ.	Peiying hat zwei jüngere Brüder.
Zài Běijīng yǒu jĭ băi gẻ xiăoxué.	In Peking gibt es einige hundert Grundschulen.

9 B 1

Um die Zahlen über 1000 bilden zu können, benötigt man nur noch zwei weitere Zahlwörter: *qiān (tausend)* und *wàn (zehntausend)*. Die Bildung der Zahlen über tausend erfolgt grundsätzlich nach den gleichen Regeln wie bei den Zahlen von 100 bis 999. Vergleiche:

1000	(1 × 1000)	*yī***qiān**
1001	(1 × 1000 + 0 + 1)	*yī***qiān***língyī*
1010	(1 × 1000 + 0 + 1 × 10)	*yī***qiān***língyīshi*
1111	(1 × 1000 + 1 × 100 + 1 × 10 + 1)	*yī***qiān***yībăiyīshíyī*
9999	(9 × 1000 + 9 × 100 + 9 × 10 + 9)	*jiŭ***qiān***jiŭbăijiŭshíjiŭ*
1 0000	(1 × 10000)	*yī***wàn**
10 0000	(10 × 10000)	*shí***wàn**
100 0000	(100 × 10000)	*yībăi***wàn**
1000 0000	(1000 × 10000)	*yīqiān***wàn**
9999 0000	(9999 × 10000)	*jiŭqiānjiŭbăijiŭshíjiŭ***wàn**

10 A

● Personalpronomen und Substantive sind im Chinesischen unveränderlich. Sie werden nach Präpositionen in der gleichen Form wie in allen anderen Positionen gebraucht. Vergleiche:

Wǒ huì Zhōngwén.	Ich kann Chinesisch.
Nǐ kěyǐ gēn **wǒ** shuō Zhōngwén.	Sie können mit **mir** Chinesisch sprechen.
Nǐ huì Zhōngwén må?	**Du** kannst Chinesisch?
Wǒ kěyǐ gēn **nǐ** shuō Zhōngwén må?	Kann ich mit **dir** Chinesisch sprechen?
Tā huì Zhōngwén.	**Er** kann Chinesisch.
Nǐ kěyǐ gēn **tā** shuō Zhōngwén.	Du kannst mit **ihm** Chinesich sprechen.
Wǒmen huì Zhōngwén.	**Wir** können Chinesisch.
Nǐ kěyǐ gēn **wǒmen** shuō Zhōngwén.	Du kannst mit **uns** Chinesisch sprechen.
Nǐmen huì Zhōngwén må?	Können **Sie** Chinesisch?
Wǒ kěyǐ gēn **nǐmen** shuō Zhōngwén må?	Kann ich mit **Ihnen** Chinesisch sprechen?
Tāmen huì Zhōngwén må?	Können **sie** Chinesisch?
Wǒ kěyǐ gēn **tāmen** shuō Zhōngwén må?	Kann ich mit **ihnen** Chinesisch sprechen?
Wáng xiānshēng gěi **Lǐ xiānshēng** jièshào Baker xiānshēng.	**Herr Wang** stellt **Herrn Li** Herrn Baker vor.
Lǐ xiānshēng gěi **Wáng xiānshēng** jièshào Hannon xiānshēng.	**Herr Li** stellt **Herrn Wang** Herrn Hannon vor.

- Das chinesiche Verb ist in seiner Form unveränderlich. Es lautet mit allen Personen und in allen Kontexten gleich. Vergleiche:

Wǒ **shuō** Zhōngwén.	Ich **spreche** Chinesisch.
Nǐ **shuō** Zhōngwén.	Du **sprichst** Chinesisch.
Tā **shuō** Zhōngwén.	Er **spricht** Chinesisch.
Wǒmen **shuō** Zhōngwén.	Wir **sprechen** Chinesisch.
Nǐmen **shuō** Zhōngwén.	Ihr **sprecht** Chinesisch.
Támen **shuō** Zhōngwén.	Sie **sprechen** Chinesisch.
Tā **shuō** Zhōngwén.	Er **spricht** Chinesisch.
Tā huì **shuō** Zhōngwén.	Er kann Chinesisch **sprechen**.

10 A 1

Ein Fragesatz, auf den man die Antwort *ja* oder *nein* hören möchte, kann außer mit *må* auch dadurch gebildet werden, daß man das Verb in der verneinten Form wiederholt. Man kann die verneinte Form unmittelbar auf das Verb folgen lassen, aber auch an das Ende des Satze hängen. Vergleiche:

Tā huì Zhōngwén **mǎ**?   *Kann er Chinesisch?*
Tā **huì bú huì** *Zhōngwén?*   *Kann er Chinesisch?*
Tā **huì** *Zhōngwén* **bú huì**?   *Kann er Chinesisch?*

10 A 3

Der Ausdruck *tīng dǒng* heißt eigentlich *hören – verstehen*. Zusammengesetzte Verben dieser Art, bei denen der zweite Bestandteil auf den Erfolg oder das Ergebnis der durch den ersten Bestandteil bezeichneten Handlung verweist, bekommen durch den Einschub von *de* bzw. *bù* die Bedeutung von *etwas können* bzw. *etwas nicht können*. Vergleiche:

Wǒ tīng **de** *dǒng.*   *Ich* **kann** *verstehen.*
Wǒ tīng **bù** *dǒng.*   *Ich* **kann nicht** *verstehen.*

11 A 1

• Nach Verben der Bewegung wird im Chinesischen im Unterschied zum Deutschen ein Zielort ohne Präposition genannt. Vergleiche:

Tāmen lái Déguó.   *Sie kommen* **nach** *Deutschland.*
Tā lái zhèr.   *Er kommt hier***her**.

• Nach Verben der Bewegung kann zur Angabe einer Absicht ein Verb oder eine Verbkonstruktion stehen. Dies entspricht dann der deutschen Konstruktion *um zu + Infinitiv*. Vergleiche:

Tāmen lái Déguó xuéxí.   *Sie kommen nach Deutschland, um zu studieren.*
Tāmen lái Déguó cānguān.   *Sie kommen nach Deutschland, um es zu besichtigen (= als Touristen).*

12 A 2

• Bei einigen Wörtern beobachtet man bestimmte Varianten in der Aussprache des Wortendes, die sich auch in der geschriebenen Form ausdrücken. Viele Chinesen sprechen diese Worte mit einer -r-Endung, viele auch ohne diese -r-Endung. Da die beiden Varianten vorkommen und manchmal sogar von demselben Sprecher in einem Gespräch abwechselnd gebraucht werden, müssen wir in diesem Kursus beide Formen lernen. Vergleiche:

shíhòu	Zeit	shénme shíhòu?	wann?
shíhòur	Zeit	shénme shíhòur?	wann?

• Das Hilfswort *ba* wird außer in Suggestivfragen (s. 8.1.2) auch als Schlußwort in Aufforderungssätzen gebraucht sowie in Sätzen, die einen Vorschlag enthalten. Es schwächt die Aufforderung oder den Vorschlag ein wenig ab und gibt ihnen einen höflichen oder verbindlichen Ton. Vergleiche:

Nǐ kàn.	Schau her.
Nǐ kàn ba.	Schau doch mal her.
Nà jiù míngtiān wǎnshàng ba.	Wie wär's dann mit morgen abend?
(Nà jiù míngtiān wǎnshàng, hǎo ma?)	

Im zweiten Beispiel wirkt das Hilfswort *ba* in ähnlicher Weise höflich und verbindlich wie der Zusatz *hǎo ma?*.

12 A 3

• Datum und Wochentag werden im Chinesischen durch zusammengesetzte Wörter bezeichnet, welche die Wörter *yuè (Monat)*, *hào (Zahl)* und *xīngqī (Woche)* sowie ein Zahlwort enthalten. Vergleiche:

yīyuè yīhào	1. Januar	xīngqīyī	Montag
èryuè èrhào	2. Februar	xīngqī'èr	Dienstag
sānyuè sānhào	3. März	xīngqīsān	Mittwoch
sìyuè sìhào	4. April	xīngqīsì	Donnerstag
wǔyuè wǔhào	5. Mai	xīngqīwǔ	Freitag
liùyuè liùhào	6. Juni	xīngqīliù	Samstag
qīyuè qīhào	7. Juli	xīngqīrì	Sonntag
bāyuè bāhào	8. August	xīngqītiān	Sonntag
jiǔyuè jiǔhào	9. September		
shíyuè shíhào	10. Oktober		
shíyīyuè shíyīhào	11. November		
shí'èryuè shí'èrhào	12. Dezember		

• In Sätzen in der Gegenwart werden Verben mit dem Wort *bù* verneint. Als einzige Ausnahme hiervon wird das Verb *yǒu (haben, vorhanden sein)* mit dem Wort *méi* verneint. Vergleiche:

Tā lái.	*Er kommt.*
Tā **bù lái**.	*Er kommt nicht.*
Wǒ yǒu kòng.	*Ich habe Zeit.*
Wǒ **méi yǒu** *kòng.*	*Ich habe keine Zeit.*
Zài Zhōngguó yǒu rénmín gōngshè.	*In China gibt es Volkskommunen.*
Zài Fǎguó **méi yǒu** *rénmín gōngshè.*	*In Frankreich gibt es keine Volkskommunen.*

● Im Unterschied zum Deutschen werden Zeitangaben im Chinesischen ohne eine Präposition gemacht. Vergleiche:

Qǐng nín **sān diǎnzhōng** *lái.*	*Bitte kommen Sie* **um drei Uhr**.
Wǒ **sān diǎnzhōng** *lái.*	*Ich komme* **um drei Uhr**.
Nǐ **jiǔyuè qīhào** *yǒu kòng må?*	*Hast du* **am 7. September** *Zeit?*
Jiǔyuè qīhào *wǒ méi yǒu kòng.*	**Am 7. September** *habe ich keine Zeit.*

12 A 6

● Bei der Angabe der Uhrzeit werden die vollen Stunden mit dem betreffenden Zahlwort und dem Wort **diǎnzhōng (Glockenschlag)** angegeben, wobei auch die Kurzform **diǎn** vorkommt. Bei den Uhrzeiten, die nicht die volle Stunde bezeichnen, steht stets **diǎn**. Vergleiche:

qī diǎnzhōng	*sieben Uhr*
qī diǎn	*sieben Uhr*
qī diǎn bàn	*halb acht*
qī diǎn yī kè	*Viertel nach sieben*
qī diǎn shíwǔ fēn	*sieben Uhr fünfzehn Minuten*

● Ähnlich wie im Deutschen wird bei Angaben der Uhrzeit im Chinesischen entweder die Zeitspanne angegeben, die über die volle Stunde hinausgeht, oder die Zeitspanne, die noch bis zur nächsten vollen Stunde fehlt, falls es sich dabei um eine Viertelstunde oder um weniger handelt. Im letzteren Fall wird das Wort *chā (Differenz)* im Sinne des deutschen *vor* verwendet. Vergleiche:

qī diǎn sìshíwǔ fēn	*sieben Uhr fünfundvierzig Minuten*
qī diǎn sān kè	*„sieben Uhr und drei Viertel", d.h. Viertel vor acht*
chā wǔ fēn bā diǎn	*fünf Minuten vor acht*
chā shí fēn bā diǎn	*zehn Minuten vor acht*

chā shíwǔ fēn bā diǎn   *fünfzehn Minuten vor acht*
bā diǎn chā yī kè   *„acht Uhr Differenz ein Viertel", d.h. Viertel vor acht*

Beachte die veränderte Wortstellung beim letzten Beispiel: während die zur vollen Stunde noch fehlenden Minuten *(fēn)* vor die Angabe der Stunde gestellt werden, stellt man die noch fehlende Viertelstunde *(kè)* nach.

• Einige Wörter können im Chinesischen entweder als Präpositionen oder als Verben verwendet werden. Beispiele dafür sind *zài* und *dào*. Vergleiche:

Tā **zài** *gōngchǎng.*   Er **hält sich** *in der Fabrik* **auf.**
Ta **zài** *gōngchǎng gōngzuò.*   Er *arbeitet* **in** *der Fabrik.*
Tā míngtiān **dào** *Bōhóng.*   Er **kommt** *morgen in Bochum* **an.**
Tā míngtiān **dào** *Bōhóng lái.*   Er *kommt morgen* **nach** *Bochum.*

• Bei manchen Substantiven wie etwa bei *jiā (Haus)* oder *àirén (Ehefrau, Ehemann)* kann beim Possessivpronomen das Hilfswort *de* wegfallen. Vergleiche:

wǒ jiā (wǒ de jiā)   mein Haus, mein Zuhause
nǐ jiā (nǐ de jiā)   dein Haus
wǒmén jiā (wǒmén de jiā)   unser Haus
wǒ àirén (wǒ de àirén)   meine Frau, mein Mann
tā àirén (tā de àirén)   seine Frau, ihr Mann

12 B 1

Bei einigen Wörtern, die auf *-n* enden, wird das *-n* wie ein *-r* gesprochen. In solchen Fällen finden sich in der pīnyīn-Umschrift drei Varianten. Vergleiche:

wán
wánr (gesprochen *wár*)   *sich amüsieren*
wár

13 A 1

• Das Wort *biān, biār* oder *biānr* (gesprochen: *biār*) bedeutet *Seite*. Es verbindet sich mit solchen Wörtern wie *zuǒ (links)* und *yòu (rechts)* zu zusammengesetzten Substantiven. Vergleiche:

wàng zuǒ zhuǎn   nach links abbiegen
(zài) zuǒbiān   links, linke Seite, an der linken Seite
wàng yòu zhuǎn   nach rechts abbiegen
(zài) yòubiān   rechts, rechte Seite, an der rechten Seite

- Im Chinesischen wird in vielen Fällen, wenn das für die Verständigung nicht notwendig ist, das Subjekt des Satzes ausgelassen. Vergleiche:

   — Běijīng Fàndiàn zài nǎr?
   — Cóng zhèr wàng qián zǒu, bù yuǎn, jiù zài nàr.

   — Wo ist das Peking Hotel?
   — Gehen **Sie** von hier geradeaus, **es** ist nicht weit, dort ist **es** schon.

13 A 2

- Im Chinesischen wird in Satzverbindungen häufig auch die Konjunktion ausgelassen. Der Hörer kann in solchen Fällen die logische Verknüpfung vornehmen, die ihm passend erscheint. Vergleiche:

   Cóng zhèr wàng qián zǒu, bù yuǎn.   Gehen Sie von hier geradeaus, es ist nicht weit.
   Wenn Sie von hier geradeaus gehen, ist es nicht weit.

- Die Konstruktion des Satzes *Qǐng nín zhǐ gěi wǒ kàn.* ist folgendermaßen zu verstehen:

   qǐng nín zhǐ   bitte zeigen Sie
   qǐng nín zhǐ gěi wǒ   bitte zeigen Sie mir
   qǐng nín zhǐ gěi wǒ kàn   bitte zeigen Sie mir, damit ich es anschauen kann

13 A 3

- Zählwörter und Demonstrativpronomen stehen im Chinesischen unmittelbar vor dem Substantiv bzw. dem Zählwort und dem Substantiv. Im Unterschied zum Deutschen stehen alle weiteren Bestimmungen vor dem Zählwort bzw. dem Demonstrativpronomen. Vergleiche:

   yòubiār **dì yī tiáo** jiē   die erste Straße rechts
   zuǒbiār **zhèi gè** fàndiàn   das Hotel dort links
   Bāfáliyà **de yī gè** nóngchǎng   ein bayrischer Landwirtschaftsbetrieb

- Der Ausdruck *yīdiǎr (etwas)* nach einem Adjektiv verleiht dem Adjektiv komparative Bedeutung. Vergleiche:

   màn   langsam   hǎo   gut
   màn yīdiǎr   etwas langsamer   hǎo yīdiǎr   etwas besser

• Das Hilfswort *lĕ* hinter einem Verb zeigt an, daß die Handlung zum Zeitpunkt des Sprechens oder – bei Sätzen mit Zukunftsbedeutung – zu dem bezeichneten Zeitpunkt als abgeschlossen zu betrachten ist. Solche Sätze mit *lĕ* werden mit *méi* verneint. Vergleiche:

Tā lái lĕ.	Er ist gekommen.
Tā méi lái.	Er ist nicht gekommen.
Wŏ dŏng lĕ.	Ich habe verstanden.
Wŏ méi dŏng.	Ich habe nicht verstanden.
Tā lái lĕ, wŏ jiù zŏu.	Wenn er kommt, gehe ich.

13 A 4

Die Verbindung *Verb* + *dĕ* wird sowohl prädikativ am Ende des Satzes als auch attributiv vor einem Substantiv verwendet. Vergleiche:

Tā cóng Bĕijīng lái dĕ.	Er kommt aus Peking.
Cóng Bĕijīng lái dĕ tóngzhì ...	Ein aus Peking gekommener Genosse ...

13 A 5

• Das Verb *zuò (sitzen)* wird in Verbindung mit bestimmten Fahrzeugen im Sinne von *fahren, reisen, fliegen* verwendet. Es kann in solchen Fällen je nach dem Zusammenhang auch als Präposition aufgefaßt werden. Vergleiche:

zuò qìchē	mit dem Auto (fahren)
zuò fēijī	mit dem Flugzeug (reisen)

Durch Hinzufügen der Verben *lái* und *qù* wird die Richtung der betreffenden Bewegung zum Sprecher hin bzw. vom Sprecher weg in Richtung auf ein Ziel angezeigt. Vergleiche:

zuò qìchē **lái**	mit dem Auto **her**kommen
zuò qìchē **qù**	mit dem Auto **hin**fahren

• *Lù (Weg)* in der Bedeutung von *Buslinie, Straßenbahnlinie* u.ä. wird ebenfalls in Verbindung mit dem Verb *zuò* verwendet. Vergleiche:

— Zuò jĭ lù?	— Mit welcher Linie fährt man?
— Zuò shíyī lù.	— Mit Linie 11.

14 A

Neben dem Zählwort *gè*, das eine sehr allgemeine Bedeutung hat *(Stück, Individuum)* und sich deshalb mit den meisten Substantiven verbinden kann, gibt es zahlreiche Zählwörter mit engerem Anwendungsbereich. Einige der wichtigsten sind:

yī **zhāng** chàngpiār	eine Schallplatte	(für flache Gegenstände)
zhèi **zhāng** míngxìnpiàn	diese Ansichtskarte	
yī **zhī** bǐ	ein Pinsel	(für längliche Gegenstände)
zhèi **zhī** qiānbǐ	dieser Bleistift	
yī **píng** Máotái	eine Flasche Maotai	(für Flaschen)
zhèi **píng** píjiǔ	diese Flasche Bier	
yī **běn** cídiǎn	ein Wörterbuch	(für Bücher)
zhèi **běn** zìdiǎn	dieses Zeichenlexikon	

14 A 2

Wenn aus dem Zusammenhang hervorgeht, wovon die Rede ist, kann das Substantiv nach einem Demonstrativpronomen oder nach einem Zahlwort wegfallen. Vergleiche:

— Nín yào zhèi gè háishi nèi gè? — Wollen Sie dieses oder jenes?
— Wǒ yào zhèi gè. — Ich möchte dieses.

— Nín yào sān gè háishi sì gè? — Wollen Sie drei oder vier Stück?
— Wǒ yào sì gè. — Ich möchte vier Stück.

14 A 3

• Bei Fragen nach dem Preis einer Ware bzw. bei Preisangaben für eine Ware wird kein Verb benötigt. Vergleiche:

— Zhèi běn shū duōshǎo qián? — Wieviel (Geld) kostet dieses Buch?
— Zhèi běn shū sān máo wǔ fēn. — Dieses Buch kostet 0.35 Renminbi.

• Neben den bereits erwähnten Zählwörtern *gè, zhāng, běn, píng, tiáo, zhī* usw. gibt es auch das Zählwort *xiē (einige, etwas)*. *Xiē* bedeutet in Verbindung mit Substantiven, die zählbare Dinge bezeichnen, *einige*, in Verbindung mit Substantiven, die nichtzählbare Stoffe bezeichnen *etwas*. Häufig steht für *xiē* auch die Variante *yī xiē*. Vergleiche:

zhè **xiē** sīchóu	diese Seide
mǎi **xiē** sīchóu	(etwas) Seide kaufen
mǎi **yī xiē** sīchóu	
zhèi **xiē** xiāngyān	diese Zigaretten
mǎi **xiē** xiāngyān	(einige) Zigaretten kaufen
mǎi **yī xiē** xiāngyān	

Vergleiche auch im Englischen:

some silk	etwas Seide
some cigarettes	einige Zigaretten

14 A 5

● Wenn aus dem Zusammenhang oder aus der Situation heraus klar wird, wovon die Rede ist, so kann nach *Adjektiven + dė* das betreffende Substantiv wegfallen. Vergleiche:

— Nín yào dà dė háishi xiǎo dė? — Wǒ mǎi dà dė.	— Wollen Sie den großen oder den kleinen? — Ich kaufen den großen.
— Nín yào dà píng dė háishi xiǎo píng dė? — Dà píng dė.	— Möchten Sie den in der großen oder den in der kleinen Flasche? — Den in der großen.

● Das Wort *dōu* wird im zusammenfassenden Sinne nach aufgezählten Personen und Gegenständen in der Bedeutung *alle, alles*, nach einem Zeitbegriff oder anderen Begriffen, die etwas Nichtzählbares bezeichnen, mit der Bedeutung *ganz* gebraucht. Vergleiche:

Sīchóu, cíqì wǒ dōu mǎi.	Seide, Porzellan, ich kaufe alles.
Shū, cídiǎn, zìdiǎn wǒ dōu mǎi.	Ich kaufe alle genannten Bücher.
Cóng qī diǎnzhōng dào shí diǎnzhōng dōu kāi.	Geöffnet die ganze Zeit von 7–10.

Vergleiche auch Englisch:

all books	alle Bücher
all he wanted	alles, was er wünschte
all the time	die ganze Zeit

14 A 6

Das direkte Objekt steht im Chinesischen meist nach dem Verb. In bestimmten Fällen wird es vor das Subjekt + Prädikat des Satzes ganz an den Satzanfang gerückt. Dieses beobachtet man besonders häufig, wenn das Objekt hervorgehoben bzw. besonders betont werden soll, oder aber bei einem komplexeren Objekt, beispielsweise einer Aufzählung, die mit einem zusammenfassenden *dōu* verbunden ist. Vergleiche:

Wǒ mǎi **zhèi gè zhàoxiàngjī**.	*Ich kaufe* **diesen Fotoapparat**.
Zhèi gè zhàoxiàngjī *wǒ mǎi*.	**Diesen Fotoapparat** *kaufe ich*.
Wǒ mǎi **fēngjǐng míngxìnpiàn hé jíyóucè**.	*Ich kaufe* **die Ansichtskarten und das Briefmarken-Sammlerheft**.
Fēngjǐng míngxìnpiàn hé jíyóucè *wǒ dōu mǎi*.	**Die Ansichtskarten und das Briefmarken-Sammlerheft**, *beides kaufe ich*.

15 A 3

● Ebenso wie die Verben *zài*, *dào* und *zuò* kann auch *yòng (verwenden)* als Präposition gebraucht werden. Vergleiche:

Peter **yòng** *Zhōngwén*.   *Peter* **verwendet** *die chinesische Sprache*.
Peter **yòng** *Zhōngwén xiě xìn*.   *Peter schreibt einen Brief* **auf** *Chinesisch*.

● Im Chinesischen kann das direkte Objekt eines Satzes vorgezogen und durch das Hilfswort *bǎ (nehmen)* eingeleitet werden. Vergleiche:

jì shū dào Déguó   *Bücher nach Deutschland schicken*
bǎ shū jì dào Déguó   *Bücher (nehmen und diese) nach Deutschland schicken*

16 A 1

● Die durch das Hilfswort *de* an ein Substantiv angeknüpfte nähere Bestimmung kann auch ein Verb oder eine Verbkonstruktion sein. Im Deutschen bietet sich in einem solchen Falle die Übersetzung mit einem Relativsatz an. Vergleiche:

péngyǒu de diànhuà hàomǎr   *die Telefonnummer des Freundes*
cháng de diànhuà hàomǎr   *die lange Telefonnummer*
yào de diànhuà hàomǎr   *die gewünschte Telefonnummer*
péngyǒu yào de diànhuà hàomǎr   *die Telefonnummer, welche der Freund verlangt*

• Oft gibt es mehrere Möglichkeiten, Sätze ohne Subjekt aufzufassen. Ein subjektloser Satz kann entweder als persönlich mit weggefallenem Subjekt oder als unpersönlich / passivisch interpretiert werden. Vergleiche:

    Děng jiē tōng le, wǒ jiào nín.   *Wenn ich die Verbindung hergestellt habe, rufe ich Sie.*
    Wenn man die Verbindung hergestellt hat, rufe ich Sie.
    Wenn die Verbindung hergestellt ist, rufe ich Sie.

16 A 2

Hǎo, *hǎo de* und *hǎo ba* sind Ausdrücke des Einverständnisses, ihre Bedeutungsunterschiede sind sehr gering. Sie sind aufzufassen als *Gut. Einverstanden. Gut so. Ich bin völlig einverstanden. Meinetwegen. Ich habe nichts einzuwenden* u.ä. Vergleiche:

— Wǒmen qù kàn diànyǐng ba.   — *Laß uns ins Kino gehen!*
— Hǎo.   — *Gut, einverstanden.*

— Jīntiān xiàwǔ wǒmen qù Gùgōng.   — *Heute nachmittag gehen wir zum Alten Palast.*
— Hǎo de.   — *Gut, einverstanden.*

— Wǒ xiǎng qǐng nǐ dào wǒ jiā wár.   — *Ich möchte Dich zu mir nach Hause einladen.*
— Hǎo ba.   — *Gut, einverstanden.*

16 A 3

Das Hilfswort *de* wird in einigen Ausdrücken im verstärkenden Sinne verwendet. Vergleiche:

shì	*ja*	kěyǐ	*es ist möglich*
shì de	*jawohl, so ist es*	kěyǐ de	*sicher, es ist möglich*
hǎo	*gut*	xíng	*es geht*
hǎo de	*ja, es ist gut*	xíng de	*sicher, es geht*

16 A 4

Nach *Yǒu ... (Es gibt ..., Dort ist ...)* und *Méi ...* bzw. *Méi yǒu ... (Es gibt nicht ..., Dort ist nicht ...)* kann auch die Konstruktion Substantiv + Verb verwendet werden. Vergleiche:

Déguó yǒu rén huì Zhōngwén.	Es gibt in Deutschland Leute, die Chinesisch können.
Wǒ jiā méi yǒu rén huì Rìwén.	Bei mir zuhause ist niemand, der Japanisch kann.
Xiànzài méi rén jiē.	Im Augenblick ist dort niemand, der abhebt. Im Augenblick hebt niemand ab.

17 A 2

• „Verdoppelte" Verben, oft mit einem eingeschobenen *yi*, haben die Bedeutung *etwas kurz tun, etwas eben mal tun.* Vergleiche:

děng	warten
děngyiděng	etwas warten
kàn	schauen
kànyikàn	nachschauen, kurz anschauen
chèng	wiegen
chèngchèng	eben abwiegen

• In Telefongesprächen suchen manche Sprecher die direkte Frage *Nín shì shuí?* zu vermeiden, offenbar, weil sie diese Wendung für unhöflich halten. Stattdessen fragen sie nach dem Ort, obschon sie eigentlich wissen wollen, wer mit ihnen spricht. Vergleiche:

Nín shì năr?	Darf ich fragen, mit wem ich spreche?
Wǒ xìng Meyer.	Mein Name ist Meyer.

17 A 5

Das Verbsuffix *-guò* gibt dem Verb Vergangenheitsbedeutung. Der Sprecher will fragen, ob die Handlung schon einmal stattgefunden hat, bzw. er will sagen, daß die Handlung stattgefunden hat.

dă diànhuà	telefonieren
dăguò diànhuà	schon (einmal) telefoniert haben

17 B 7

Die Verbsuffixe *qù* und *lái*, die manchmal unmittelbar an das Verb angehängt, manchmal aber durch ein dazwischentretendes Wort vom Verb getrennt geschrieben werden, bezeichnen die Richtung der Bewegung. *qù* bezeichnet eine Bewegung vom Sprechenden weg, *lái* eine Bewegung auf den Sprechenden zu. Vergleiche:

dǎ diànhuà lái	anrufen (beim Sprecher)
dǎ diànhuà qù	anrufen (bei anderen)
zài dǎlái	noch einmal anrufen (beim Sprecher)
zài dǎqù	noch einmal anrufen (bei anderen)
zuò ... lái	gefahren kommen, nach hier kommen
zuò ... qù	wegfahren, nach dort fahren

18 A 4

Eine Aufforderung bzw. eine Bitte kann im Chinesischen folgendermaßen ausgedrückt werden:

Qǐng *nín gěi wǒ* **ba**.	*Bitte geben Sie (es) mir!*
Gěi wǒ **ba**.	
Qǐng *nín gěi wǒmen suàn yīxià zhàng* **ba**.	*Die Rechnung bitte!*
Gěi wǒmen suàn yīxià zhàng **ba**.	

19 A 1

Ein direktes Objekt wird häufig dann an den Beginn des Satzes gestellt, wenn es mit einem Demonstrativum verbunden ist und der Sprecher durch eine Geste auf das betreffende Objekt aufmerksam macht. Vergleiche:

Zhèi ge xiǎo dōngxi sòng gěi nǐ.	Dieses kleine Geschenk überreiche ich Ihnen.
Zhèi ge xiǎo lǐwù qǐng shōuxià.	Nehmen Sie bitte dieses kleine Geschenk entgegen.

19 A 2

• Das Wort *diăr (etwas, gering, ein wenig)* kann entweder als nähere Bestimmung zu dem folgenden Substantiv oder auch als Zählwort aufgefaßt werden. Es steht in der Position eines Zählwortes, d.h. neben *diăr* kann kein Zählwort gebraucht werden. Vergleiche:

    zhèi gě xiăo lǐwù   *dieses kleine Geschenk*
    zhèi diăr xiăo lǐwù   *dieses bescheidene kleine Geschenk*

• Ein Glückwunsch oder eine Gratulation kann mit dem Verb *zhù (wünschen)* in Verbindung mit dem Substantiv *hăo (Gutes)* oder auch einfach nur mit *hăo* ausgedrückt werden. Die angesprochene Person und der Anlaß stehen unmittelbar vor *hăo*. Vergleiche:

Lǐ Huì, wŏ zhù nǐ shēngrì hăo.	*Li Hui, ich wünsche Dir alles Gute zum Geburtstag.*
Lǐ Huì, nǐ shēngrì hăo.	*Li Hui, Dir alles Gute zum Geburtstag.*
Lǐ Huì, shēngrì hăo.	*Li Hui, zum Geburtstag alles Gute.*
Wáng Huá, wŏ zhù nǐ jiérì hăo.	*Wang Hua, ich wünsche Dir alles Gute zum (heutigen) Feiertag.*
Wáng Huá, nǐ jiérì hăo.	*Wang Hua, Dir alles Gute zum heutigen Feiertag.*
Wáng Huá, jiérì hăo.	*Wang Hua, alles Gute zum heutigen Feiertag.*

19 A 5

Steht das Wort *duō (viel)* vor einem Verb, so ist diese Verbindung als ein Komparativ aufzufassen. Sehr häufig findet sich in solchen Fällen zur Verdeutlichung des Komparativs hinter dem Verb außerdem noch das Wort *yīdiăr (ein wenig, etwas)*. Vergleiche:

Nín děi duō chī.	*Sie sollten mehr essen!*
Nín děi duō chī yīdiăr.	*Sie sollten etwas mehr essen.*
Duō chī yīdiăr.	*Essen Sie doch noch etwas mehr!*

19 A 7

Adjektive und Adverbien, die der näheren Bestimmung eines auf sie folgenden Verbs dienen, werden häufig durch das Hilfswort *de* gekennzeichnet. Vergleiche:

    Tā de Zhōngwén zhēn hǎo.   Sein Chinesisch ist wirklich gut.
    Wǒ zhēn de děi zǒu le.   Ich muß wirklich gehen!

20 A 3

Die Wendung *dài wǒ wènhòu ... hǎo (ich lasse ... grüßen, grüßen Sie ... von mir)* kann nur in der ersten Person verwendet werden. Das auf *dài* folgende Pronomen *wǒ* (bzw. *wǒmen* im plural) ist nicht durch andere Pronomen oder Substantive zu ersetzen. Vergleiche:

| Dài wǒ wènhòu | nǐ de gēge
nǐ de fùmǔ
nǐ de tóngshì
Lǐ xiānsheng | hǎo. Grüßen Sie | Ihren älteren Bruder
Ihre Eltern
Ihre Kollegen
Herrn Li | von mir! |

20 A 5

Nach *xièxie (danken)* kann nach der Person, welcher gedankt wird, auch noch der Grund des Dankens genannt werden. Dabei wird entweder ein Nebensatz ohne Konjunktion oder ein Substantiv verwendet. Vergleiche:

    Xièxie nín.   Ich danke Ihnen.
    Xièxie nín péi le wǒ yī zhěng tiān.   Ich danke Ihnen dafür, daß Sie mich den ganzen Tag lang begleitet haben.

    Xièxie nǐmen de zhāodài.   Danke für Eure Gastfreundschaft.
    Xièxie nǐmen gěi wǒ de zhāodài.   Danke für die mir von Ihnen erwiesene Gastfreundschaft.

    Xièxie nǐmen zài Běijīng gěi wǒ de zhāodài.   Danke für die mir in Peking von Ihnen erwiesene Gastfreundschaft.

20 A 6

● Das Hilfswort *a* am Ende eines Satzes dient dazu, Gefühle wie Bewunderung, Dankbarkeit, Achtung usw. auszudrücken. Vergleiche:

Nǐ dẻ jiā zhēn **búcuò** *å!*	*Deine Wohnung ist wirklich* **fabelhaft**, **muß ich sagen**!
Xièxiẻ nǐ zài Běijīng gěi wǒ dẻ **zhāodài** *å!*	*Ich danke Ihnen* **von ganzem Herzen** *für die mir in Peking von Ihnen erwiesene* **Gastfreundschaft**.
Zhèi cì zài Zhōngguó duōkuī nín dẻ **zhàogù** *å!*	*Ihrer* **Betreuung** *bei diesem China-Aufenthalt habe ich* **wirklich** *viel zu verdanken*.

• *Huānyíng* ist sowohl Willkommensgruß, Höflichkeitsausdruck bei Vorstellungen als auch Einladungsformel. Vergleiche:

— *Ràng wǒ gěi nín jièshào yīxià: zhè shǐ wǒ dẻ àirẻn.*	— *Darf ich vorstellen: dies ist meine Frau.*
— *Huānyíng huānyíng.*	— *Freut mich, Sie kennenzulernen.*
Nǐ lái lẻ, huānyíng huānyíng.	*Da bist du ja, willkommen!*
Huānyíng nǐ zài lái!	*Kommen Sie doch wieder!*

21 A 4

• Im Chinesischen gibt es eine Reihe „gespaltener" Präpositionen. Unter den bisher aufgetretenen sind die wichtigsten folgende:

zài ... lǐ	in	**zài** *fàndiàn* **lǐ**	im Restaurant
zài ... xià	unter	**zài** *chuáng* **xià**	unter dem Bett
zài ... shàng	auf	**zài** *zhuōzǐ* **shàng**	auf dem Tisch
cóng ... qù	von ... entfernt	**cóng** *xuéxiào* **qù**	von der Schule entfernt

• Die Konstruktion *yǒu* + Substantiv + Verb ist praktisch gleichbedeutend mit der Konstruktion *yǒu* + Verb + *dẻ* + Substantiv. Vergleiche:

Wǒ yǒu yào sòng xǐ dẻ yīfú.	*Ich habe Wäsche, die ich zum Waschen geben möchte.*
Wǒ yǒu yīfú yào sòng xǐ.	
Wǒ yǒu yào pāi dẻ diànbào.	*Ich möchte ein Telegramm schicken.*
Wǒ yǒu diànbào yào pāi.	

21 A 5

Nach dem Verb *huàn* (tauschen, eintauschen, wechseln) kann man verschiedene Konstruktionen wählen. Beachte, daß man beim Gebrauch von *bǎ* unbedingt auch *chéng* verwenden muß. Vergleiche:

Wǒ xiǎng huàn yībǎi Mǎkè Rénmínbì.	Ich möchte 100 Mark in Renminbi tauschen.
Wǒ xiǎng bǎ yībǎi Mǎkè huàn chéng Rénmínbì.	

21 A 7

Bei dem Verb *yǒu (haben; sich befinden)* steht als Subjekt häufig eine Ortsbestimmung bzw. wird am Anfang des Satzes häufig eine Ortsbestimmung ohne Präposition gebraucht. Vergleiche:

Déguó méi yǒu rénmín gōngshè.	Deutschland hat keine Volkskommunen. In Deutschland gibt es keine Volkskommunen.
Zhèi ge fàndiàn yǒu jùlèbù.	Dieses Hotel hat einen Klub. In diesem Hotel gibt es einen Klub.
Běijīng yǒu jǐ bǎi ge xuéxiào.	Peking hat mehrere hundert Schulen. In Peking gibt es mehrere hundert Schulen.

22 A 2

Im Zusammenhang mit dem Wort *dōu (... auch immer)* können Fragepronomen in Aussagesätzen im Sinne von *jeder, jeder beliebige, alle* u.ä. verwendet werden. Vergleiche:

Shénme shíhòur?	Wann?
Shénme shíhòur dōu kěyǐ.	Es geht jederzeit.
Shuí yǒu qiānbǐ?	Wer hat einen Bleistift?
Qiānbǐ shuí dōu yǒu.	Alle haben Bleistifte.

• Das Substantiv *shíhòu (shíhòur)* kann durch verschiedene Konstruktionen mit *de* näher bestimmt werden. Auf diese Weise kann man Zeitangaben machen, die man im Deutschen in der Regel durch einen temporalen Nebensatz ausdrückt. Vergleiche:

wǎnfàn de shíhòur chī wǎnfàn de shíhòur	beim Abendessen während man das Abendessen einnimmt (einnahm)
wǒmen chī wǎnfàn de shíhòur	wenn wir das Abendessen einnehmen als wir das Abendessen einnahmen

tā lái de shíhòur	wenn er kommt (als er kam)
tā dào wǒ jiā lái de shíhòur	wenn er zu mir nach Hause kommt (als er zu mir nach Hause kam)
tā dào wǒ jiā lái chī wǎnfàn de shíhòur	als er zum Abendessen zu mir nach Hause kam (wenn er zu mir zum Abendessen nach Hause kommt)

22 A 4

• Ähnlich wie *shíhòur* können auch *yǐqián* (davor, die Zeit davor) und *yǐhòu* (danach, die Zeit danach) auf verschiedene Weise erweitert und im Satz als Zeitbestimmung verwendet werden. Vergleiche:

chī wǎnfàn yǐqián	bevor man das Abendessen einnimmt (einnahm), vor dem Abendessen
wǒmen chī wǎnfàn yǐqián	bevor wir zu Abend essen (aßen)
chī zǎofàn yǐhòu	nachdem man gefrühstückt hatte, nach dem Frühstück
wǒmen chī zǎofàn yǐhòu	wenn wir mit dem Frühstück fertig sind (nachdem wir gefrühstückt hatten)

22 A 5

• Hinter vielen Verben kann das Verb *dé* (erreichen, erlangen, zu einem gewissen Grad erreichen) stehen. So heißt *jì de* sich erinnern können. Ähnlich wie in *tīng dǒng* bezeichnet das erste Verb die Handlung, das zweite Verb deutet darauf hin, daß die Handlung das angestrebte Ziel ganz (im Falle von *dǒng*) oder zu einem gewissen Grade (im Falle von *de*) erreicht hat. Doppelverben dieser Art können durch ein eingeschobenes *bù* verneint werden. Vergleiche:

tīng bù dǒng	nicht verstehen können
jì bù dé	sich nicht erinnern können

• Nach Ausdrücken des Wissens und Erinnerns u.ä. kann das Hilfszeitwort *shì* ähnlich wie das deutsche *ob* eine indirekte Frage oder einen Nebensatz einleiten. Vergleiche:

— Nǐ zhīdào shì zhèi ge mǎ?	— Weißt du, ob es dieses ist?
— Wǒ bù zhīdào shì zhèi ge háishi nèi ge.	— Ich weiß nicht, ob es dieses oder jenes ist.

— Nǐ jì dé shì zài nǎr bú jiàn dé ma? — Erinnerst du dich, wo es verlorenging?
— Wǒ bú jì dé shì zài nǎr bú jiàn dé. — Ich erinnere mich nicht, wo es verloren ging.

22 A 6

Im Chinesischen kann ein Konditionalsatz ohne Konjunktion gebildet werden. Vergleiche:

Yàoshi yǒu jīhuì wǒ yīdìng qù kàn nín.
Yǒu jīhuì wǒ yīdìng qù kàn nín.

Wenn sich eine Gelegenheit bietet, werde ich Sie auf jeden Fall besuchen.

23 A 2

Jahreszahlen spricht man im Chinesischen, indem man die einzelnen Ziffern der Jahreszahl hintereinander nennt und das Wort *nián (Jahr)* hinzufügt. Bei Datumsangaben sagt man zuerst das Jahr, dann den Monat und schließlich den Tag. Vergleiche:

   3. April 1928   yī jiǔ èr bā nián sìyuè sānhào
   7. Mai 1943   yī jiǔ sì sān nián wǔyuè qīhào
 11. Mai 1945   yī jiǔ sì wǔ nián wǔyuè shiyīhào
 19. August 1949   yī jiǔ sì jiǔ nián bāyuè shíjiǔhào
  1. Oktober 1949 yī jiǔ sì jiǔ nián shíyuè yīhào
  1. Mai 1979   yī jiǔ qī jiǔ nián wǔyuè yīhào

23 B 11

Vor *nián (Jahr)* und *tiān (Tag)* steht im Unterschied zu *xīngqī (Woche)* und *yuè (Monat)* kein Zählwort. Vergleiche:

Wǒ xué le Zhōngwén qī tiān. — Ich habe sieben Tage lang Chinesisch gelernt.

Tā xué le Zhōngwén sì gè xīngqī. — Er hat vier Wochen Chinesisch gelernt.

Tāmen xué le Zhōngwén sān gè yuè. — Sie haben drei Monate Chinesisch gelernt.

Hans xué le Zhōngwén sì nián. — Hans hat vier Jahre Chinesisch gelernt.

Deutsche Übersetzung der Dialoge

1 A 1

Guten Tag. Darf ich mich vorstellen:
Ich bin Liang Limei.
Ich bin Chinesin.
Ich studiere an der Universität Bochum.

Guten Tag. Darf ich mich vorstellen:
Ich bin Peter Müller.
Ich bin Deutscher.
Ich lehre Chinesisch an der Universität Bochum.

Guten Tag. Darf ich mich vorstellen:
Ich bin Klaus Meier.
Ich bin Professor für Didaktik an der Universität Bochum.
Ich lehre Didaktik an der Universität Bochum.

Guten Tag. Darf ich mich vorstellen:
Ich bin Barbara Keller.
Ich bin Spezialistin für Didaktik der Fremdsprachenvermittlung.

2 A 1

— Guten Tag, Herr Müller, wie geht's?
— Gut, und Ihnen?
— Danke, wie immer.

2 A 2

— Frau Meyer, wie geht's Ihnen in letzter Zeit?
— Danke, ich habe in letzter Zeit viel zu tun.
  Und wie geht es Ihnen?
— Ich bin in letzter Zeit auch sehr beschäftigt.

2 A 3

— Guten Tag, Frau Weiß. Wie geht es in letzter Zeit?
— Danke, wie immer. Und Ihnen?
— Auch wie immer.

2 A 4

— Wang Ping, wie geht's?
— Gut, und Ihnen (Dir)?
— Es geht so.

2 A 5

— Klaus, wie geht es Dir so in letzter Zeit?
— Mir geht's recht gut, danke. Und Dir?
— Danke, mir geht's auch gut.

2 A 6

— Heinz, Bernd, wie geht's Euch?
— Danke, uns geht's gut. Und Euch?
— Uns geht's auch sehr gut.

2 A 7

— Peihua, wir haben uns lange nicht gesehen!
— Ja, es ist lange her. Wie geht es Dir?
— So wie immer.

2 A 8

— Peiying, geht's Dir gut?
— Es geht mir gut, und Dir?
— Danke, mir auch.

3 A

Darf ich Ihnen vorstellen:

3 A 1

Das ist Herr Baker.
Er ist Amerikaner.
Er kommt aus New York.
Er ist ein Vertreter der Bank of New York.

3 A 2

Das ist Herr Hannon.
Er ist Engländer.
Er kommt aus London.
Er ist ein Vertreter der Barclays Bank.

3 A 3

Das ist Herr Dupont.
Er ist Franzose.
Er kommt aus Paris.
Er ist Vertreter der Pariser Nationalbank.

3 A 4

— Ist das Herr Hannon?
— Ja, das ist Peter Hannon.
— Ist er Engländer?
— Ja, er ist Engländer.
— Kommt er aus London?
— Ja, er kommt aus London.
— Ist er ein Vertreter der Barclays Bank?
— Ja, er ist Vertreter der Barclays Bank.

3 A 5

— Wer ist das?
— Das ist Herr Baker.
— Aus welchem Land kommt er?
— Er ist Amerikaner.
— Wo kommt er her?
— Er kommt aus New York.
— Was ist er von Beruf?
— Er ist ein Vertreter der Bank of New York.

3 A 6

— Wer ist das?
— Das ist Herr Hannon.
— Wo ist er?
— Er ist in Peking..
— Was macht er beruflich in Peking?
— Er ist der Pekinger Vertreter der Barclays Bank.

4 A

Darf ich Ihnen vorstellen:

4 A 1

Das ist Herr Schumacher.
Er ist Deutscher.
Er kommt aus Berlin.
Er ist ein Vertreter der Firma Siemens.

4 A 2

Diese Herren sind Wang Ping und Zhang Li.
Sie sind Chinesen.
Sie kommen aus Peking.
Sie sind Vertreter der Chinesischen Volksbank.

4 A 3

Das ist Li Guangsheng.
Er ist Chinese.
Er kommt aus Shanghai.
Er ist Angestellter von Guoji Shudian.

4 A 4

Das ist Frau Meier.
Sie ist Deutsche.
Sie kommt aus Frankfurt.
Sie ist Berichterstatterin der FAZ.

4 A 5

— Ist das Peter Schumacher?
— Nein. Dieser Herr ist Peter Baker.
— Ist er Deutscher?
— Nein, er ist Amerikaner.
— Kommt er aus Berlin?
— Er kommt nicht aus Berlin, er kommt aus New York. Er ist ein Vertreter der Bank of New York.

5 A

Darf ich Ihnen vorstellen:

5 A 1

— Das ist Herr Tanaka.
  Er ist Japaner.
  Er kommt aus Tokio.
  Er ist Angestellter der Japanischen Handelsbank.
  Er ist Wirtschaftsexperte.
— Was für ein Experte ist er?
— Er ist Wirtschaftsexperte.

5 A 2

— Das ist Frau Wagemann.
  Sie ist Deutsche.
  Sie kommt aus München.
  Sie ist Angestellte der Firma IBM.
  Sie ist Spezialistin für Computer.
— Was ist IBM?
— IBM ist die Firma „International Business Machines".

5 A 3

— Das ist Herr Wilson.
  Er ist Amerikaner.
  Er kommt aus Washington.
  Er ist Experte für Luftfahrttechnik.
  Er ist Angestellter der Flugzeugfirma Boeing.
— Bei welcher Firma ist er angestellt?
— Er ist Angestellter der Flugzeugfirma Boeing.

5 A 4

— Diese Herren sind Heinz Schulte und Bernd Müller.
  Sie sind Deutsche.
  Sie kommen aus Düsseldorf.
  Sie sind Angestellte der Firma Mannesmann.
  Sie sind Stahlexperten.
— Was für Experten sind Sie?
— Sie sind Stahlexperten.

6 A 1

Das ist mein älterer Bruder.
Er heißt Wang Li.
Er ist Lehrer.
Er unterrichtet Französisch an der Universität Peking.

6 A 2

Das ist meine ältere Schwester.
Sie heißt Wang Mei.
Sie ist Ärztin.
Sie wohnt in Wuhan.
Sie arbeitet in einem Krankenhaus.

6 A 3

Das bin ich und mein Freund.
Wir sind alte Freunde.
Mein Freund heißt Sun Ping.
Er ist Arbeiter.
Er arbeitet in einem Stahlwerk.

6 A 4

Das ist mein jüngerer Bruder.
Er heißt Wang Fu.
Er ist Student.
Er studiert an der Qinghua-Universität.

6 A 5

Das ist meine jüngere Schwester.
Sie heißt Wang Hua.
Sie ist Verkäuferin.
Sie arbeitet in einer Buchhandlung.

6 A 6

Das ist ein guter Freund von mir.
Er heißt Zhang Danian.
Er ist Ingenieur.
Er wohnt in Shanghai.
Er arbeitet in einem Computerwerk.

7 A 1

— Ist das Ihre Frau?
— Ja, das ist meine Frau.
— Was macht Sie beruflich?
— Sie ist Berichterstatterin der Nachrichtenagentur Xinhua.
— Kann sie Fremdsprachen?
— Ja, sie kann Englisch und Französisch.

7 A 2

— Wer sind diese beiden?
— Das sind unsere Kinder. Er heißt Xiaoping, sie heißt Limei.
— Gehen sie in die Mittelschule?
— Ja, sie besuchen die Mittelschule.
— Welche Fremsprachen lernen sie in der Mittelschule?

— Sie lernen Englisch.
— Ist ihr Englischlehrer ein Chinese?
— Nein, ihr Englischlehrer ist Engländer.

7 A 3

— Wer ist das?
— Das ist Frau Liu. Sie ist die Frau meines alten Freundes Zhang Danian.
— Was ist Frau Liu von Beruf?
— Sie unterrichtet Englisch in der Mittelschule. Ihr Englisch ist sehr gut.

7 A 4

— Wer sind diese beiden?
— Das sind meine Eltern.
— Arbeiten sie?
— Ja. Mein Vater ist Kader in der Kommune „Roter Stern". Meine Mutter ist Verkäuferin in einem Warenhaus.
— Können sie Fremdsprachen?
— Nein, sie können nur Chinesisch.

8 A

Darf ich Ihnen meine Angehörigen vorstellen:

8 A 1

— Das ist meine Frau. Sie ist Lehrerin an der Mittelschule. Sie unterrichtet ... Ich weiß nicht, was „Chemie" auf Chinesisch heißt.
— Huaxue.
— Sie unterrichtet huaxue an der Mittelschule.

8 A 2

— Das sind wohl ihre Kinder?
— Ja, das sind unserer Kinder. Er heißt Konstantin, sie heißt Natascha.
— Wie alt sind sie?
— Konstantin ist zwanzig, Natascha ist einundzwanzig.
— Wo studieren sie?
— Sie studieren Chinesisch an der Universität München.

8 A 3

— Wer ist das?
— Das ist mein älterer Bruder. Er heißt Peter. Er ist Arzt. Er arbeitet in einem Krankenhaus in Hamburg.
— Wie alt ist Ihr älterer Bruder?
— Er ist achtundvierzig.

8 A 4

— Ist das Ihr jüngerer Bruder?
— Ja, er heißt Walter.
— Ist er Student?
— Nein, er ist Wirtschaftsexperte. Er arbeitet bei einer Frankfurter Bank.

8 A 5

— Wer ist das?
— Das sind meine jüngere Schwester und ihr Mann. Meine jüngere Schwester heißt Erika, ihr Mann heißt Hans. Sie wohnen in Frank-

furt. Hans ist Angestellter der Handelsbank. Erika ist Hausfrau.

8 A 6

— Ist das auch Ihre jüngere Schwester?
— Nein, das ist meine ältere Schwester. Sie ist Landwirtschaftsexpertin. Sie arbeitet in einem landwirtschaftlichen Betrieb in Bayern. Sie wohnt in der Nähe von München.
— Wie heißt Sie?
— Sie heißt Barbara.
— Wie alt ist Ihre ältere Schwester, und wie alt ist Ihre jüngere Schwester?
— Barbara ist 47, Erika ist 33.
— Und Sie?
— Ich selbst bin 45.

8 A 7

— Sind das Erikas Kinder?
— Ja, das sind Erikas Kinder. Sie heißen Hans, Andreas und Claudia.
— Wie alt sind sie?
— Hans ist 3, Andreas ist 5, Claudia ist 9. Claudia geht in die Grundschule.

9 A 1

— Haben Sie Kinder?
— Wir haben vier Kinder.
— Wie alt sind sie?
— Ich habe hier ein Foto. Schauen Sie. Dieser Junge ist 10. Er heißt Hu Yi. Dieser Junge ist 9. Er heißt Hu Er.
— Und die beiden?
— Dieser ist 8, und jener ist 7. Sie heißen Hu San und Hu Si.
— Gehen sie zur Schule?
— Sie gehen alle zur Schule. Hu Yi besucht die Erste Pekinger Grundschule. Hu Er, Hu San und Hu Si besuchen die 103. Pekinger Grundschule.
— Sind ihre Schulen groß?
— Die Erste Grundschule ist sehr groß. Sie hat 950 Schüler. Die 103. Grundschule ist sehr klein. Sie hat nur 300 Schüler.
— Wie viele Schulen gibt es in Peking?
— Einige hundert.

9 A 2

— Hast Du Kinder?
— Ja, ich habe drei Kinder, nämlich einen Sohn und zwei Töchter.
— Gehen sie auch zur Schule?
— Sie gehen alle zur Schule. Mein Sohn Hans besucht die Grundschule. Er ist 7. Eine meiner Töchter, Sabine, besucht die Mittelschule. Sie ist 13. Meine große Tochter geht zur Universität. Sie heißt Natascha. Sie ist 20.
— An welcher Universität studiert sie?
— An der Universität Bochum.
— Ist die Universität Bochum groß?
— Sehr groß. Sie hat 18 000 Studenten.

10 A 1

— Darf ich Ihnen vorstellen: Das ist Frau Wagner. Sie ist Konrad Wagners Frau.

— Sehr erfreut. Kann Frau Wagner Chinesisch?
— Sie kann kein Chinesisch, aber sie kann Französisch und Russisch. Sie können mit ihr Französisch oder Russisch sprechen.

10 A 2

— Darf ich Ihnen vorstellen: Das sind meine Freunde Detlev Groß und Peter Klein. Sie studieren an der Universität Bochum.
— Angenehm. Können sie Chinesisch?
— Sie können beide Chinesisch. Ihr Chinesisch ist gut. Sie können mit ihnen Chinesisch sprechen.

10 A 3

— Darf ich Ihnen vorstellen: Das ist Herr Ishii. Herr Ishii ist Japaner. Er ist ein Vertreter von Japan Airlines.
— Angenehm. Versteht Herr Ishii Chinesisch?
— Er versteht kein Chinesisch. Er kann nur Japanisch.
— Macht nichts. Ich kann Japanisch sprechen. Ich helfe Ihnen beim Dolmetschen.

10 A 4

— Darf ich Ihnen vorstellen: Das ist mein Sohn. Er heißt Hans.
— Sehr erfreut. Kann er Chinesisch?
— Er kann Chinesisch verstehen, aber nicht sprechen. Können Sie Englisch?
— Ich kann Englisch nicht sprechen, aber ich kann Englisch verstehen und lesen.
— Gut. Hans kann Englisch sprechen. Sie können mit ihm Chinesisch sprechen, und er spricht mit Ihnen Englisch. Einverstanden?

11 A 1

— Guten Tag. Darf ich fragen, wie Sie heißen?
— Ich heiße Ives, und ich komme aus London. Wie ist Ihr Name?
— Ich heiße Zhang, und ich komme aus Shanghai. Ich bin Fotograf bei „China im Bild".
— Ich bin Berichterstatter der „London Times".
— Freut mich, Sie kennenzulernen. Sind Sie nach China gekommen, um Material für einen Bericht zu sammeln?
— Ich bin als Tourist nach China gekommen.
— Wie ist Ihr Eindruck von China?
— Ausgezeichnet.

11 A 2

— Guten Tag. Darf ich fragen, wie Sie heißen?
— Ich heiße Wang, und Sie?
— Mein Name ist Wagner. Ich unterrichte Chinesisch an der Universität Hamburg.
— Ach, Sie kommen aus Hamburg.

— Kennen Sie vielleicht Klaus Meier? Klaus ist mein Freund. Er wohnt auch in Hamburg.
— Leider kenne ich ihn nicht. Zu welchem Zweck sind Sie nach Deutschland gekommen?
— Ich bin nach Deutschland gekommen, um Deutsch zu lernen.
— Wo lernen Sie Deutsch?
— An der Universität Heidelberg.
— Gefällt Ihnen Heidelberg?
— Es gefällt mir außerordentlich gut.

12 A 1

— Herr Wang, guten Tag.
— Guten Tag.
— Herr Wang, ich möchte Sie zum Essen einladen.
— Gut, danke, ich komme. Um wieviel Uhr?
— Geht es heute abend um 6?
— Ja, es geht.

12 A 2

— Herr Wang, ich möchte Sie und Ihren Freund zum Essen einladen.
— Sie sind zu freundlich, das ist nicht nötig.
— Nein, ich will Sie auf jeden Fall einladen. Wann haben Sie Zeit?
— Wie wäre es morgen abend?
— Ginge es um 1/2 7?
— Gut, danke. Bis morgen.
— Bis morgen.

12 A 3

— Limei, wir haben uns lange nicht mehr gesehen. Wie geht es Dir in letzter Zeit?
— Danke, mir geht es gut. Und Dir?
— Mir geht es auch gut. Limei, ich möchte Dir meinen Freund vorstellen. Hast Du am 3. März Zeit?
— Danke, aber ich bin in letzter Zeit sehr beschäftigt und habe deshalb keine Zeit. Ich kann nicht kommen.

12 A 4

— Bernd, Heinz, guten Tag.
— Guten Tag.
— Ich möchte Euch zum Essen einladen. Habt Ihr am nächsten Montag abend Zeit?
— Ja, das geht. Um wieviel Uhr?
— Wie wär's um 7?
— Gut, danke, wir kommen.

12 A 5

— Guten Tag, Klaus. Wie geht es Dir in letzter Zeit?
— Danke, wie immer.
— Klaus, hast Du übermorgen abend Zeit? Ich möchte Dich ins Pekinger Entenrestaurant zum Abendessen einladen.
— Entschuldigung, was ist das „Entenrestaurant"?
— Das „Entenrestaurant" ist ein Speiselokal. Dieses Entenrestaurant ist sehr gut. Du mußt unbedingt hingehen und es ausprobieren.
— Danke, ich komme bestimmt.

12 A 6

— Guten Tag, Meili.
— Guten Tag.
— Meili, hast Du heute Zeit? Ich möchte Dich zu mir nach Hause zum Tee einladen, und ich möchte Dir auch meine ältere Schwester vorstellen.
— Heute um wieviel Uhr?
— Geht es jetzt? Meine ältere Schwester ist jetzt zu Hause.
— Wie spät ist es jetzt?
— 5 nach 2.
— Ich habe jetzt etwas vor. Ich habe erst in einer halben Stunde Zeit.
— Dann treffen wir uns also 1/4 vor 3 bei mir zu Hause.
— Gut, bis gleich.

13 A 1

— Entschuldigung, darf ich fragen, wo das Hotel Beijing Fandian ist?
— Hier geradeaus, dann ist es nicht allzu weit auf der linken Seite.
— Danke, auf Wiedersehen.
— Nichts zu danken.

13 A 2

— Entschuldigung, darf ich fragen, wie ich zur Qinghua-Universität komme?
— Die Qinghua-Universität ist sehr weit von hier.
— Ich habe einen Stadtplan, können Sie mir's zeigen?
— Die Qinghua-Universität ist hier.
— Danke, auf Wiedersehen.
— Keine Ursache.

13 A 3

— Entschuldigung, darf ich fragen, wie ich zum Stadtteil Liulichang komme?
— Zunächst hier geradeaus, dann die die erste Straße rechts einbiegen und weiter geradeaus ...
— Entschuldigung, ich habe nicht verstanden. Könnten Sie bitte etwas langsamer sprechen?
— Zunächst hier geradeaus, dann die erste Straße rechts einbiegen und weiter geradeaus ...
— Danke, ich habe verstanden.

13 A 4

— Bitte, wo ist das Postamt?
— Entschuldigung, ich bin nicht aus Peking. Ich weiß es auch nicht. Vielleicht können Sie jemanden aus Peking fragen.
— Gut, danke.

13 A 5

— Wie komme ich bitte zum Zoo?
— Der Zoo ist von hier sehr weit entfernt. Sie können mit dem Bus hinfahren.
— Wo ist die Bushaltestelle?
— Ganz nah, da drüben.
— Welche Linie?
— Linie 7.

14 A 1

— Entschuldigung, ich möchte Seide

kaufen. Wo kann ich welche bekommen?
— Im Freundschaftsladen.
— Hat der Freundschaftsladen jetzt geöffnet?
— Ja.
— Ich danke Ihnen.

14 A 2
— Entschuldigung, ich möchte Porzellan kaufen.
— Hier haben wir alles. Schauen Sie sich selbst in aller Ruhe um.
— Verzeihung, können Sie mir das da zeigen?
— Gut.
— Nicht jenes, das blaue davor.
— Das?
— Ja, danke.

14 A 3
— Was kostet bitte dieses Buch?
— 35 Fen.
— Verzeihung, ich verstehe nicht. Könnte ich Sie bitten, das aufzuschreiben?
— Gerne.
— Danke, ich nehme es. Haben Sie die deutsche Ausgabe von „China im Bild"?
— Leider ausverkauft. Im Verlag für Fremdsprachliche Literatur ist sie sicher noch vorhanden.
— Wann hat der Verlag für Fremdsprachliche Literatur geöffnet?
— Von morgens 9 bis nachmittags um 6 ist er durchgehend geöffnet.
— Danke.

14 A 4
— Entschuldigung, ich möchte Schallplatten mit chinesischen Volksliedern kaufen.
— Gut. Kommen Sie hier herüber. Suchen Sie selbst aus.
— Was kostet diese Platte?
— 5 Mao.
— Gut, ich kaufe sie.

14 A 5
— Ich möchte Shaoxing-Wein kaufen.
— Wie viele Flaschen möchten Sie?
— Drei Flaschen. Haben Sie sonst noch andere alkoholische Getränke?
— Bier, Maotai-Schnaps, Fen-Reiswein und Traubenwein, alles ist da.
— Ich möchte noch eine Flasche Maotai-Schnaps.
— Wollen Sie eine große oder eine kleine?
— Eine kleine.

14 A 6
— Ich möchte Ansichtskarten kaufen.
— Hier bitte. Wählen Sie selbst.
— Gut. Ich möchte außerdem noch ... dieses hier kaufen – ich weiß nicht, wie man auf Chinesisch sagt ...
— Das ist ein Briefmarken-Sammlerheft.
— Was kostet ein Sammlerheft?
— 40 Renminbi.
— Gut. Ich kaufe beides, die Ansichtskarten und das Sammlerheft. Was kostet das alles zusammen?

— 4 Ansichtskarten: 3 Mao. 1 Sammlerheft: 40 Renminbi. Zusammen 40.30.
— Gut.

15 A 1

— Wieviel Porto kostet eine Ansichtskarte nach Deutschland?
— 6 Mao.
— Geben Sie mir bitte 5 Briefmarken zu 6 Mao.

15 A 2

— Wieviel Porto kostet dieser Luftpostbrief nach Deutschland?
— Mal sehen, was er wiegt: 1 Renminbi.
— Geben Sie mir bitte 2 Briefmarken zu 5 Mao und 8 Stück zu 6 Mao.

15 A 3

— Ich möchte nach Deutschland telegrafieren. Wie mache ich das?
— Füllen Sie bitte dieses Formular aus. Sie können es auf Englisch mit der Schreibmaschine ausfüllen.
— Gut, danke.
— Bitte schreiben Sie erst den Namen des Empfängers und dann die Adresse.
— Gut. Wieviel kostet ein Wort?
— Ein Wort kostet 5 Mao. Zusammen 28 Renminbi.
— Gut. Wann kann das Telegramm dasein?
— Heute.
— Danke.

15 A 4

— Ich möchte diese Bücher per Schiffspost nach Deutschland schicken. Wieviel Porto kostet das?
— Erst mal wiegen: 3.70.

15 A 5

— Darf ich fragen, ob Sie Briefmarken-Sammlerhefte haben?
— Wir haben welche. Möchten Sie ein großes oder ein kleines?
— Zeigen Sie mir bitte einmal beide. Danke. Was kostet das große, und was kostet das kleine?
— Das große kostet 60, das kleine 40 Renminbi.
— Gut, ich kaufe das große.

16 A 1

— Ich möchte nach Deutschland telefonieren. Wie kann ich das machen?
— Kein Problem. Schreiben Sie die gewünschte Telefonnummer und den Namen des Empfängers auf.
— Gut.
— Gut, ich verbinde Sie. Wenn die Verbindung da ist, rufe ich Sie.
— Danke.

16 A 2

— Ich möchte heute Abend um 10 Uhr nach Deutschland telefonieren. Darf ich darum bitten, um diese Zeit für mich eine Verbindung herzustellen?

— Gut, in Ordnung. Auf welchem Zimmer wohnen Sie, bitte?
— Mein Name ist Meier, und ich wohne auf Zimmer 305.
— Tragen Sie sich bitte hier ein.
— Gut.
— Das geht dann in Ordnung. Ich lege Ihnen das Gespräch zur gewünschten Zeit auf Ihr Zimmer.
— Ich danke Ihnen. Bis heute Abend.

16 A 3
— Hallo! Ist dort 306?
— Ja.
— Das Gespräch nach Deutschland kommt zur Zeit nicht durch. Soll ich es in einer halben Stunde noch einmal versuchen?
— Vielen Dank, ich warte hier.
— Hallo! 306?
— Ja.
— Das von Ihnen gewünschte Telefongespräch nach Deutschland ist da.
— Gut, danke.

16 A 4
— Hallo! Ist dort die Vermittlung?
— Ja. Was kann ich für Sie tun?
— Ich möchte nach Deutschland telefonieren.
— Auf welchem Zimmer wohnen Sie?
— Ich wohne auf 306.
— Wie ist die Nummer, die Sie anrufen wollen? Wie heißt der Empfänger des Anrufs?
— 02424/78591, Herr Wagner.

— Wollen Sie das Gespräch jetzt?
— Ja.
— Warten Sie bitte, ich verbinde Sie sofort.
— Danke, ich warte dann hier.
— Hallo! In Deutschland antwortet zur Zeit niemand auf den Anruf.
— Danke, ich versuche dann nicht weiter. Bitte, streichen Sie die Anmeldung.

17 A 1
— Hallo!
— Herr Meier?
— Ja, Meier am Apparat.
— Guten Tag, Herr Meier. Ich bin Wang Hua. Ich möchte Sie zum Essen einladen. Haben Sie heute abend Zeit?
— Ich habe Zeit, ich komme. Vielen Dank.
— Bis heute abend.
— Bis heute abend.

17 A 2
— Hallo!
— Ist Herr Meier da?
— Warten Sie eine Weile, ich gehe nachsehen ... er ist nicht da.
— Wer ist dort?
— Mein Name ist Zhang. Meine Telefonnummer ist 268095.
— Bitte, noch einmal, ich will mitschreiben.
— 268095.

17 A 3

— Hallo!
— Darf ich fragen, ob Herr Wagner von der Firma Siemens da ist?
— Warten Sie bitte ein wenig, ich schaue mal nach ... leider ist Herr Wagner nicht da. Möchten Sie, daß ich ihm etwas ausrichte?
— Mein Name ist Zhang. Ich bin Berichterstatterin der Zeitung Guangming Ribao. Könnte mich Herr Wagner wohl anrufen? Meine Telefon-Nr. ist 70125.
— In Ordnung.

17 A 4

— Ist, bitte, Herr Fujiwara von der japanischen Bank of Tokyo da?
— Er ist im Moment nicht da. Darf ich fragen, wer dort ist?
— Ich bin Berichterstatter der Agentur Xinhua.
— Möchten Sie, daß ich für Sie etwas ausrichte?
— Sagen Sie ihm, bitte, daß ich morgen abend um 10 wieder anrufe. Danke.
— Gut, das geht in Ordnung.

17 A 5

— Hallo!
— Darf ich fragen, ob Herr Wang da ist?
— Er ist im Augenblick nicht hier. Wer ist dort, bitte?
— Ich bin der Vertreter der Stahlfirma Hoesch.
— Soll ich etwas für Sie ausrichten?
— Sagen Sie bitte Herrn Wang, daß der Hoesch-Vertreter Strunck ihn heute angerufen hat. Ich möchte ihn zu mir nach Hause einladen.
— Möchten Sie, daß Herr Wang Sie anruft?
— Das ist nicht nötig, vielen Dank.
— Sehr freundlich.

18 A 1

— Ich möchte für morgen abend um 6 ein Essen für 4 Personen bestellen, ist das möglich?
— Ja, das geht. Chinesisches oder westliches Essen?
— Chinesisches Essen. Könnten Sie uns vielleicht 4 Gerichte mit Suppe zusammenstellen?
— Gerne.
— Danke. Bis morgen abend.

18 A 2

— Können wir uns hierhin setzen?
— Bitte, bitte.
— Was möchten Sie essen?
— Chinesische Ravioli und Sauerscharfsuppe.
— Wie viele Ravioli?
— 30 Stück. Außerdem hätten wir gern 2 Flaschen Bier.
— Gut. Wünschen Sie sonst noch etwas?
— Außerdem hätten wir gern gebratenes Schweinefleisch und gebratenes Rindfleisch.

18 A 3

— Was möchten Sie essen?
— Gibt es „Fisch auf Drei Verschiedene Arten"?
— Ja. Möchten Sie dazu Reis oder Chinesisches Brot?
— Chinesisches Brot.
— Gut. Wünschen Sie sonst noch etwas?
— Bringen Sie bitte eine Flasche Shaoxing-Wein.

18 A 4

— Herr Ober, die Rechnung bitte!
— Das macht zusammen 4.60.
— Gut. Hier sind 5 Renminbi.
— Hier sind 4 Mao zurück.
— Danke, auf Wiedersehen.

18 A 5

— Guten Morgen.
— Guten Morgen.
— Was möchten Sie essen?
— Ich möchte 1 Tasse Kaffee, 1 Glas Orangensaft, 2 Spiegeleier, 1 Stück Schinken, Brot, Butter und Marmelade.
— Wünschen Sie sonst noch etwas?
— Nein, danke, nichts mehr.

19 A 1

— Willkommen, schön, daß Sie da sind. Kommen Sie doch herein.
— Danke. Darf ich Ihnen dieses kleine Geschenk überreichen?
— Zu freundlich von Ihnen, vielen Dank. Bitte nehmen Sie Platz. Trinken Sie etwas Tee.
— Gut, danke.

19 A 2

— Li Hui, alles Gute zum Geburtstag. Bitte, nimm dieses kleine Geschenk von mir an.
— Du bist aber allzu freundlich, danke. Bitte, leg ab und setze Dich hierher.
— Danke. Bei Dir zu Hause ist es aber sehr gemütlich.
— Es geht so.

19 A 3

— Herr Zhao, alles Gute zum heutigen Festtag.
— Danke, bitte setzen Sie sich. Trinken Sie etwas Tee.
— Gut, danke.
— Ich gehe Tee holen. Bitte, warten Sie solange.

19 A 4

— Das Essen ist fertig, bitte zu Tisch. Was für alkoholische Getränke darf ich bringen?
— Wenn Sie Bier haben, trinke ich Bier.
— Haben wir, haben wir.
— Vielen Dank für die Einladung zum Essen. Ich trinke zuerst auf Ihr Wohl.
— Auch auf Ihr Wohl.

19 A 5

— Bitte essen Sie doch!
— Danke.
— Was trinken Sie?
— Mir ist alles recht.
— Wollen Sie vielleicht Tee trinken?
— Gerne.
— So essen Sie doch bitte!
— Danke.
— Bitte essen Sie doch noch etwas mehr!
— Genug, genug!
— Trinken Sie doch noch etwas Bier!
— Gut, danke.
— Warum essen Sie denn nichts mehr?
— Ich bin schon satt.

19 A 6

— Herr De, willkommen in China! Ich trinke zuerst auf Ihr Wohl!
— Danke. Wollen wir ein Glas auf unsere Freundschaft leeren!
— Nun dann, leeren wir noch ein Glas!
— Ich trinke ebenfalls auf Ihr Wohl und Ihre Gesundheit!
— Allerseits zum Wohl!

19 A 7

— Vielen herzlichen Dank für Ihre Einladung! Ich habe Sie schon zu lange gestört. Ich denke, ich muß jetzt gehen.
— Aber nein, bleiben Sie doch noch ein Weilchen sitzen!
— Danke, ich kann wirklich nicht länger sitzen bleiben. Es ist schon spät geworden, und ich muß wirklich gehen. Bis morgen.
— Dann will ich Sie nicht länger aufhalten. Bis morgen.

20 A 1.

— Herzlichen Dank für Ihre Einladung. Es ist schon spät geworden, ich glaube, ich muß gehen.
— Aber es ist noch früh, bleiben Sie doch noch ein Weilchen sitzen!
— Nein, ich darf auf keinen Fall länger stören. Ich danke Ihnen.
— Dann will ich Sie nicht weiter aufhalten.
— Auf Wiedersehen.
— Auf Wiedersehen.

20 A 2

— Cheng Gang, entschuldige, ich muß jetzt unbedingt gehen.
— Gut, dann also bis morgen.
— Bis morgen.
— Ich begleite Dich nicht weiter.
— Auf Wiedersehen.

20 A 3

— Sun Feng, wann treffen wir uns wieder?
— Nächsten Monat, am Dritten.
— Gut, auf Wiedersehen. Grüß' Deine Frau von mir.
— Ich werde die Grüße ausrichten, danke. Bis zum Dritten.

20 A 4

— Auf Wiedersehen, Herr Li. Sind Sie

mit dem Ergebnis unserer Besprechung zufrieden?
— Sehr zufrieden, sehr zufrieden. Ich hoffe, wir können uns bald wieder treffen.
— Alles Gute. Grüßen Sie Ihre Kollegen von mir.
— Danke. Auf Wiedersehen.

20 A 5

— Vielen Dank, daß Sie heute den ganzen Tag für mich gestaltet haben.
— Nichts zu danken.
— Wann brechen wir morgen früh auf?
— Nach wie vor um 1/2 9.
— Gut. Ich wünsche Ihnen noch einen erholsamen Abend.

20 A 6

— Ich wünsche Ihnen einen guten Flug.
— Danke. Es war ein Glück, Sie während meines China-Aufenthaltes als Betreuer zu haben!
— Nichts zu danken, kommen Sie wieder!
— Ich komme bestimmt wieder, auf Wiedersehen. Grüßen Sie die übrigen Freunde von mir.
— Ich werde es ausrichten, danke. Bis zum nächsten Mal.
— Auf Wiedersehen.

20 A 7

— Vielen Dank für Ihre Einladung nach Peking.
— Nichts zu danken. Kommen Sie wieder!
— Gut. Bis zum nächsten Mal.

21 A 1

— Könnte ich Sie darum bitten, mich morgen früh um sechs Uhr zu wecken?
— In Ordnung. Welche Zimmernummer?
— Nr. 411
— Gut, in Ordnung.
— Danke.

21 A 2

— Ich wohne auf Zimmer 225, geben Sie mir bitte den Schlüssel.
— Hier, bitte.
— Danke.

21 A 3

— Entschuldigung, um wieviel Uhr beginnt das Abendessen?
— Während der ganzen Zeit zwischen sechs und neun gibt es Abendessen.
— Gut, danke.

21 A 4

— Darf ich Sie etwas fragen – ich habe etwas Wäsche, die möchte ich waschen lassen. Was muß ich da tun?
— Stecken Sie sie einfach in den Wäschesack, wir schicken jemanden vorbei, der sie abholt. Auf welchem Zimmer wohnen Sie?

— Ich wohne auf 118. Der Wäschesack ist dann neben der Tür.

21 A 5

— Entschuldigung, ich möchte englische Pfund in Renminbi umtauschen. Wo kann ich hier Geld tauschen?
— Die Bank ist gegenüber.
— Danke.

21 A 6

— Ich möchte 100 Mark in Renminbi umtauschen.
— Gut. Benutzen Sie einen Scheck oder Bargeld?
— Bargeld.
— Bitte füllen Sie dieses Formular aus.
— Gut.
— 78,91.
— Danke.

21 A 7

— Entschuldigung, gibt es in diesem Hotel einen Klub?
— Es gibt einen.
— Wo ist der Klub?
— Im ersten Stock, Sie können den Aufzug benutzen. Wenn Sie links neben dem Aufzug sich nach rechts wenden und geradeaus gehen, ist dort der Klub.
— Danke.

21 A 8

— Entschuldigung, ich möchte morgen abend in den Internationalen Klub gehen. Darf ich Sie fragen, wo der Internationale Klub ist?
— Der Internationale Klub ist von hier sehr weit entfernt. Sie können mit dem Taxi hinfahren.
— Wo gibt es ein Taxi?
— Sie können sich am Service-Tisch dafür eintragen.
— Wo ist der Service-Tisch?
— Ein Stockwerk tiefer.
— Gut, danke.

22 A 1

— Wann brechen wir morgen früh auf?
— Morgen früh um acht treffen wir uns hier. Vormittags gehen wir zum Alten Palast. Mittags kommen wir zurück und ruhen uns aus. Nachmittags um 1/2 3 gehen wir zum Freundschaftsladen.
— Und abends?
— Da ist noch nichts geplant. Was würden Sie denn gerne unternehmen?
— Ich möchte ins Kino. Könnten Sie mir helfen, das zu regeln?
— Ja, das geht.
— Danke.

22 A 2

— Herr Lin, ich möchte gerne eine Varietévorstellung sehen. Könnten Sie das für mich organisieren?
— Ja, das geht. Um wieviel Uhr?
— Mir ist es zu jeder Zeit recht.

— Dann vielleicht Karten für heute abend? Wie viele brauchen Sie?
— Zwei.
— Gut. Ich gebe sie Ihnen heute abend beim Abendessen.

22 A 3

— Herr Li, ich habe Magenbeschwerden. Ich möchte einen Arzt aufsuchen.
— Gut. Möchten Sie, daß ich mit Ihnen hingehe oder soll ich per Telefon einen Arzt rufen?
— Wäre es möglich, telefonisch einen Arzt zu rufen?
— Gut, warten Sie solange, der Arzt wird gleich kommen.

22 A 4

— Herr Chen, ich habe Kopfschmerzen. Wo bekomme ich ein Mittel gegen Kopfschmerzen zu kaufen?
— Sie brauchen keines zu kaufen. Ich habe hier eines.
— Danke. Wann muß ich dieses Medikament einnehmen, vor dem Essen oder nach dem Essen?
— Zu jeder beliebigen Zeit. Wenn Sie Kopfschmerzen haben, dann nehmen Sie es.
— Wie viele Tabletten nehme ich auf einmal?
— Eine.

22 A 5

— Herr Zhang, mein Reisepaß ist verschwunden!
— Keine Aufregung! Erinnern Sie sich, wo er Ihnen abhandengekommen ist?
— Ich kann mich nicht erinnern.
— Wir helfen Ihnen suchen. Seien Sie unbesorgt!
— Danke.

22 A 6

— Herr Zhu, vielen Dank dafür, daß Sie uns auf unserem ganzen Weg so betreut haben!
— Keine Ursache, nichts zu danken!
— Das hier ist meine Anschrift. Wenn Sie nach Deutschland kommen, so besuchen Sie mich bitte auf jeden Fall!
— Danke. Wenn sich die Gelegenheit ergibt, werde ich Sie bestimmt besuchen.

23 A 1

— Guten Tag. Darf ich mich vorstellen: ich bin Reporter bei Radio Peking. Darf ich nach Ihrem Namen fragen?
— Ich heiße Schmitt.
— Frau Schmitt, dürfte ich Sie darum bitten, einige Fragen zu beantworten?
— Ja, bitte.
— Frau Schmitt, woher kommen Sie?
— Ich komme aus Berlin, aber ich wohne zur Zeit in Stuttgart. Ich bin Angestellte bei der Firma IBM.

— Sind Sie verheiratet?
— Ich bin verheiratet. Ich habe zwei Kinder, einen Sohn und eine Tochter.
— Wie alt sind die beiden?
— Mein Sohn ist 13, meine Tochter ist 7.
— Beide gehen zur Schule?
— Ja.
— Was tut Ihr Mann beruflich?
— Er ist Ingenieur.
— Was tun Sie in Ihrer Freizeit?
— Ich spiele gern Tischtennis, und ich sehe auch gerne fern.
— Zu welchem Zweck sind Sie nach China gekommen?
— Ich bin nach China gekommen, weil mir die chinesische Kultur gefällt. Ich lerne an der Volkshochschule Stuttgart Chinesisch. Ich lese sehr oft chinesische Bücher, chinesische Zeitungen und Zeitschriften. Ich möchte China auch persönlich kennenlernen.
— Wo waren Sie überall?
— Ich war in Peking, Nanking, Shanghai, Wuhan und Guangzhou.
— Wie ist Ihr Eindruck von China?
— Sehr gut! Die Chinesen sind alle sehr freundlich. Die chinesische Landschaft ist über alle Maßen schön!
— Ihr Chinesisch ist sehr gut. Bei wem haben Sie es gelernt?
— Ich habe es bei Frau Chen gelernt. Frau Chen ist Chinesin.
— Danke für Ihre Antworten. Ich wünsche Ihnen eine gute Reise. Auf Wiedersehen.
— Auf Wiedersehen.

23 A 2

— Ich bin Ingenieur, wohne in Bochum und arbeite in einer großen Fabrik. Ich bin verheiratet und habe zwei Kinder, einen Sohn und eine Tochter. Mein Sohn ist 11, meine Tochter 9 Jahre alt. Ich selbst bin 46, meine Frau ist 40 Jahre alt. Sie arbeitet bei einer Firma. Wir haben ein kleines Auto der Marke VW und ein kleines Haus. Ich spiele gerne Fußball und sehe gerne fern.
— Waren Sie schon einmal in China?
— Noch nicht. Nächstes Jahr – am 1. Juli 1980 – werde ich nach China fahren.
— Können Sie Chinesisch?
— Ich kann ein wenig. Ich habe es an der Universität Bochum eine ganze Woche gelernt, jeden Tag von morgens um neun bis nachmittags um fünf Uhr. Ich kann nur einfache Dinge sagen, und ich möchte noch mehr lernen.

23 A 3

— Ich bin Lehrerin und unterrichte an einer Mittelschule. Ich bin 1945 geboren, dieses Jahr bin ich 33 Jahre alt. Ich bin nicht verheiratet. Ich wohne in Dortmund, dort habe ich eine kleine Wohnung. Meine Eltern wohnen in München. Ich habe zwei Brüder. Mein älterer Bruder wohnt in Hamburg, mein jüngerer Bruder studiert an der Universität Bochum. In meiner Freizeit treibe ich gerne Sport. Ich spiele auch gerne Gitarre.

— Waren Sie schon einmal in China?
— Ich war bereits einmal in China. 1976 war ich in Peking und Guangzhou. Ich mag China gern.
— Wo haben Sie Chinesisch gelernt?
— An der Universität Heidelberg.
— Wie lange haben Sie es gelernt?
— Ich habe es vier Jahre gelernt. Allerdings lernte man pro Woche nur vier Stunden. Mein Chinesisch ist nicht gut genug. Ich will noch mehr lernen.
— Sie sind allzu bescheiden, Ihr Chinesisch ist relativ gut.

24

— Diese Chinareise wird mir wirklich unvergeßlich bleiben. Herr Li, ich danke Ihnen für Ihre Betreuung auf dem ganzen Weg. Ich hoffe, wir können uns bald einmal in Deutschland wiedersehen. Kommen Sie mich zuhause besuchen. Ich wünsche Ihnen auch weiterhin viel Glück und Erfolg. Auf Wiedersehen!

Dialoge in Schriftzeichenfassung mit allmählicher Einführung* der neuen Wörter

1 A 1

Nín hǎo. Ràng wǒ zìjǐ jièshào yīxià:
Wǒ shì Liáng Lìméi.
我是 Zhōngguó rén.
我 zài Bōhóng Dàxué xuéxí.

您好. 让我自己介绍一下:
我是 Peter Müller.
我是 Déguó rén.
我在波鸿大学 jiāo Zhōngwén.

您好. 让我自己介绍一下:
我是 Klaus Meier.
我是 jiàoxuéfǎ de jiàoshòu.
我在波鸿大学教教学法.

您好. 让我自己介绍一下:
我是 Barbara Keller.
我是 wàiwén 教学法 zhuānjiā.

2 A 1

— Müller Xiānshēng, 您好.
— 好, 您 ne?
— Xièxiè. Lǎo yàngzi.

2 A 2

— Meier nǚshì, 您好. 您 jìnlái zěnmeyàng?
— 谢谢, 我近来 hěn máng. 您呢?
— 我近来 yě 很忙.

2 A 3

— Weiss 女士, 您好. 您近来怎么样?
— 谢谢, 老样子. 您呢?
— 也是老样子.

2 A 4

— Wáng Píng, nǐ 好.
— 好. 你呢?
— Mǎmǎ hūhū.

---

*Nur bereits bekannte Wörter erscheinen in Schriftzeichenform. Alle neuen Wörter erscheinen zunächst in Umschrift.

2 A 5

— Klaus, 你近来怎么样?
— 我很好, 谢谢. 你呢?
— 谢谢, 也好.

2 A 6

— Heinz, Bernd, nǐmen 好.
— 谢谢, wǒmen 很好. 你们呢?
— 我们也很好.

2 A 7

— Péihuá, 我们 hǎo jiǔ bú jiàn le.
— Shì, 好久不见了. 你怎么样?
— 老样子.

2 A 8

— Péiyīng, 你 chīguǒ le ma?
— 吃过了. 你呢?
— 也吃过了.

3 A

让我 gěi 您介绍一下:

3 A 1

Zhè 是 Baker 先生.
Tā 是 Měiguó rén.
他 cóng Niǔyuē lái de.
他是纽约 Yínháng de dàibiǎo.

3 A 2

这是 Hannon 先生.
他是 Yīngguó 人.
他从 Lúndūn 来的.
他是 Bākèlái 银行的代表.

3 A 3

这是 Dupont 先生.
他是 Fǎguó 人.
他从 Bālí 来的.
他是巴黎 Guómín 银行的代表.

3 A 4

— 这是 Hannon 先生吗?
— 是, 这是 Peter Hannon.
— 他是英国人吗?
— 是, 他是英国人.
— 他从伦敦来的吗?
— 是, 他从伦敦来的.
— 他是巴克莱银行的代表吗?
— 是, 他是巴克莱银行的代表.

3 A 5

—这是 shuí?
—这是 Baker 先生.
—他是 nǎguó 人?
—他是美国人.
—他从 nǎr 来的?
—他从纽约来的.
—他 zuò shénme?
—他是纽约银行的代表.

3 A 6

—这是谁?
—这是 Hannon 先生.
—他 zài 哪儿?
—他在 Běijīng.
—他在北京作什么?
—他是巴克莱银行在北京的代表.

4

让我给您介绍一下:

4 A 1

这是 Schumacher 先生.
他是德国人.
他从 Bólín 来的.
他是 Xīménzǐ Gōngsī 的 zhíyuán.

4 A 2

这是 Wáng Píng hé Zhāng Lì.
Tāmen 是中国人.
他们从北京来的.
他们是中国 Rénmín 银行的代表.

4 A 3

这是 Lǐ Guǎngshēng.
他是中国人.
他从 Shànghǎi 来的.
他是 Guójì Shūdiàn 的职员.

4 A 4

这是 Meier 女士.
她是德国人.
她从 Fǎlánkèfú 来的.
她是法兰克福 Huìbào 的 jìzhě.

4 A 5

—这是 Peter Schumacher 吗?
—Bú 是. 他是 Peter Baker.
—他是德国人吗?
—不是. 他是美国人.
—他从柏林来的吗?
—他不是从柏林来的. 他从纽约来的. 他是纽约银行的代表.

5

让我给您介绍一下：

5 A 1

— 这是 Tiánzhōng 先生．
　他是 Riběn 人．他从 Dōngjīng
　来的．他是日本 Shāngyè
　银行的职员．他是 jīngjì 专家．
— 他是 shénme 专家？
— 他是经济专家．

5 A 2

— 这是 Wagemann 女士．
　她是德国人．
　她从 Mùníhēi 来的．
　她是 IBM 公司的职员．
　她是 jìsuànjī 专家．
— IBM 是什么？
— IBM 是国际商业 jīqì 公司．

5 A 3

— 这是 Wilson 先生．
　他是美国人．
　他从 Huáshèngdùn 来的．
　他是 hángkōng gōngchéng 专家．
　他是 Bōyīn Fēijī 公司的职员．
— 他是什么公司的职员？
— 他是波音飞机公司的职员．

5 A 4

— 这是 Heinz Schulte 和
　Bernd Müller．
　他们是德国人．
　他们从 Dùsèěrduōfū 来的．
　他们是 Mànnàsīmàn 公司的
　职员．他们是 gāngtiě 专家．
— 他们是什么专家？
— 他们是钢铁专家．

6 A 1

这是 wǒ de gēge．
他 jiào Wáng Lì．
他是 jiàoyuán．
他在北京大学教 Fǎwén．

6 A 2

这是我的 jiějie．
她叫王 Méi．
她是 yīshēng．
她 zhù 在 Wǔhàn．
她在 yī ge yīyuàn gōngzuò．

6 A 3

这是我和我的 péngyǒu．
我们是 lǎo 朋友．
我的朋友叫 Sūn Píng．

他是 gōngrén. 他在一个钢铁 gōngchǎng 工作.

6 A 4

这是我的 dìdi.
他叫王 Fú.
他是 xuésheng.
他在 Qīnghuá 大学学习.

6 A 5

这是我的 mèimei.
她叫王 Huà.
她是 shòuhuòyuán.
她在书店工作.

6 A 6

这是我的好朋友.
他叫 Zhāng Dànián.
他是 gōngchéngshī.
他住在上海.
他在一个计算机工厂工作.

7 A 1

— 这是您的 àirén 吗?
— 是, 这是我的爱人.

— 她作什么?
— 她是 Xīnhuáshè 的记者.
— 她 huì 外文吗?
— 会, 她会 Yīngwén 和法文.

7 A 2

— 他们是谁?
— 他们是 wǒmen de háizi. 他叫 Xiǎopíng, 她叫 Lìméi.
— 他们 shàng zhōngxué 吗?
— 是, 他们上中学.
— 他们在中学 xué 什么外文?
— 他们学英文.
— 他们的英文 lǎoshi 是中国人吗?
— 不是. 他们的英文老师是英国人.

7 A 3

— 这是谁?
— 这是 Liú 女士. 她是我的老朋友张大年的爱人.
— 刘女士作什么?
— 她在中学教英文. Tā de 英文很好.

7 A 4

— 他们是谁?

— 他们是我的 fùmǔ.
— 他们工作吗?
— 是, 我的 fùqīn 是 Hōngxīng Gōngshè 的 gànbù. 我的 mǔqīn 是 bǎihuò 公司的售货员.
— 他们会外文吗?
— 不会, 他们 zhǐ 会中文.

8

让我给您介绍一下我的 jiārén:

8 A 1

— 这是我的爱人. 她是中学教员. 她教…我不 zhīdào Chemie 中文 zěnme shuō.
— Huàxué.
— 化学. 她在中学教化学.

8 A 2

— 他们是 nínmen de 孩子 bǎ?
— 是, 他们是我们的孩子. 他叫 Konstantin, 她叫 Natascha.
— 他们 jǐ suì 呢?
— Konstantin èrshí 岁, Natascha èrshíyī 岁.
— 他们在哪儿学习?
— 他们在慕尼黑大学学中文.

8 A 3

— 这是谁?
— 他是我的哥哥. 他叫 Peter. 他是医生. 他在 Hànbǎo 的一个医院工作。
— 您的哥哥多大了?
— 他 sìshíbā 岁.

8 A 4

— 这是您的弟弟吧?
— 是, 他叫 Walter.
— 他是学生吗?
— 不是, 他是经济专家. 他在法兰克福的一个银行工作。

8 A 5

— 这是谁?
— 这是我的妹妹和她的爱人. 我的妹妹叫 Erika, 她的爱人叫 Hans. 他们住在法兰克福 shì. Hans 是商业银行的职员. Erika 是 jiātíng fùnǔ.

8 A 6

— 这也是您的妹妹吗?
— 不是, 她是我的姐姐. 她是 nóngyè 专家. 她在 Bāfáliyà 的一个 nóngchǎng 工作. 她住在慕尼黑 fùjin.
— 她叫什么?
— 她叫 Barbara.
— 您的姐姐多大了, 您的妹妹呢?
— Barbara sìshíqī 岁, Erika sànshísān 岁.
— 您呢?
— 我 zìjǐ sìshíwǔ 岁.

8 A 7

— 这是 Erika 的孩子吧?
— 是, 这是 Erika 的孩子. 他们叫 Hans, Andreas, Claudia.
— 他们几岁?
— Hans sān 岁, Andreas wǔ 岁, Claudia jiǔ 岁. Claudia 上 xiǎoxué.

9 A 1

— 你们 yǒu 孩子吗?
— 我们有 sì 个孩子.
— 他们几岁?
— 我有 xiàngpiàn. 你 kàn. Zhèi 个十岁. 他叫 Hú 一. 这个九岁, 他叫胡二.
— 这 liǎng 个呢?
— 这个八岁, nèi 个七岁. 他们叫胡三和胡四.

— 他们 shàngxué 吗?
— 他们 dōu 上学. 胡一上北京 Dì 一小学. 胡二, 胡三和胡四上北京弟一 líng 三小学.
— 他们的 xuéxiào dà 吗?
— 第一小学很大. 有九 bǎi 五十个学生, 第一〇三小学很小, 只有三百个学生.
— 在北京 yǒu duōshǎo 个小学呢?
— 有 jǐ 百个吧.

9 A 2

— 你也有孩子吗?
— 有. 我有三个孩子, 一个 érzi, 两个 nǚér.
— 他们也上学吗?
— 他们都上学. 我的儿子 Hans 上小学. 他七岁. 我的一个女儿 Sabine 上中学. 她十三岁. 我的大女儿上大学. 她叫 Natascha. 她二十岁.
— 她上什么大学?
— 波鸿大学.
— 波鸿大学大吗?
— 很大, 有一 wàn 八 qiān 个学生.

10 A 1

— 让我给您介绍一下：这是 Wagner 女士. 她是 Konrad Wagner 的爱人.
— Huànyíng 欢迎. Wagner 女士会不会中文？
— 她不会中文, dànshì 会法文和 Éwén. 您 kěyǐ gēn 他说法文和俄文.

10 A 2

— 让我给你介绍一下：这是我的朋友 Detlev Gross 和 Peter Klein. 他们在波鸿大学学习.
— 欢迎, 欢迎. 他们会中文不会？
— 他们都会中文. 他们的中文很好. 你可以跟他们说中文.

10 A 3

— 让我给您介绍一下：这是 Shíjǐng 先生. 石井先生是日本人. 他是日本航空的代表.
— Hǎo, 好. 石井先生 tīng de dǒng 中文吗？
— 他 tīng bù dǒng 中文. 他只会日文.
— Méiguānxi. 我会说日文, 我可以 bāng 你 fānyì.

10 A 4

— 让我给您介绍一下：这是我的儿子. 他叫 Hans.
— 欢迎, 欢迎. 他会中文不会？
— 他听得懂中文, 但是不会说. 您会英文吗？
— 我不会说英文, 但是我听得懂, 也 kàn 得懂英文.
— 好. Hans 会说英文, 您可以跟他说中文, 他可以跟您说英文, 好不好？

11 A 1

— 您好. Qǐngwèn 您 xìng 什么？
— 好. 我姓 Ives, 从伦敦来的. 您姓什么？
— 我姓张, 从上海来的. 我是人民 Huàbào 的 shèyǐngyuán.
— 我是 Lúndūn Shíbào 的记者.
— 欢迎, 欢迎. 您来中国 cǎifǎng de 吗？
— 我来中国 cānguān.
— 您 duì zhèr yìnxiàng rúhé？
— Tǐng 好。

11 A 2

— 您好.
— 请问您是…?
— 好. 我姓王. 您呢?
— 我姓 Wagner. 我在汉堡大学教中文.
— Å, 您从汉堡来的. 您 rènshi Klaus Meier 吗? Klaus 是我的朋友. 他也住在汉堡.
— Kěxí 我不认识他.
— 您来德国作什么?
— 我来德国学德文.
— 您在哪儿学德文?
— 在 Hǎidéěrbǎo 大学.
— 您 xǐhuān 海得尔堡吗?
— Fēicháng 喜欢.

12 A 1

— 王先生, 您好?
— 您好.
— 王先生, 我 xiǎng qǐng 您 chīfàn.
— 好. 谢谢, 我来. 几 diǎnzhōng 呢?
— Jīntiān wǎnshàng 六点钟, 好吗?
— 好, xíng.

12 A 2

— 王先生, 我想请你和你的朋友吃饭.
— 你 tài kèqi, 不 yòng le.
— 不, 我 yídìng yào 请你们. Shénme shíhòu 你们有 kòng?
— Nà jiù míngtiān 晚上吧.
— 六 diǎn bàn, 好吗?
— 好, 谢谢你. 明天 jiàn.
— 明天见.

12 A 3

— Liméi, 好久不见了. 你近来怎么样?
— 谢谢, 我很好. 你呢?
— 也好. 力梅, 我想给你介绍我的朋友. 你三 yuè 三 hào 有空吗?
— 谢谢. 可惜我近来很忙, méi 有空, 不 néng 来.

12 A 4

— Bernd, Heinz, 你们好.
— 你好.
— 我想请你们吃饭. 你们 xià xīngqī 一晚上有空吗?
— 好, 行. 几点钟呢?
— 七点钟, 好吗?
— 好, 谢谢你. 我们来.

12 A 5

— Klaus, 你好. 你近来怎么样?
— 谢谢, 老样子.
— Klaus, 你 hòutiān 晚上有空没有? 我想请你在北京 Kǎoyādiàn chī wǎnfàn.
— Duì bù qǐ, "烤鸭店"是什么?
— "烤鸭店"是 fàndiàn. 这个烤鸭店挺好. 你一定 děi qù shìshi.
— 谢谢你. 我一定来.

12 A 6

— Měilì, 你好.
— 你好.
— Měilì, 你今天有没有空? 我想请你 dào wǒ jiā hē chá, 也想给你介绍我的姐姐.
— 今天什么时候?
— Xiànzài 行吗? 我的姐姐现在在我家.
— 现在几点钟 le?
— 两 diǎn 五 fēn.
— 我现在有 shì. Děng 半个 zhōngtóu yǐhòu 我 cái 有空.
— Nà 我们三点 chā 一 kè 在我家见.
— 好, yīhuǐr 见.

13 A 1

— 对不起, 请问 Běijīng Fàndiàn 在哪儿?
— 从这儿 wàng qián zǒu, 不 yuǎn, jiù 在 zuǒbiǎr.
— 谢谢. Zàijiàn.
— 不用谢了.

13 A 2

— 对不起, 请问到清华大学怎么走?
— 清华大学 cóng 这儿 qù 很远.
— 我有 dìtú, 请您 zhǐ 给我 kàn.
— 清华大学 jiù 在这儿.
— 谢谢您. 再见.
— Bú xiè, 不谢.

13 A 3

— 对不起, 请问到 Liúlíchǎng 怎么走?
— 从这儿往前走, yòubiǎr 第一 tiáo jiē 往 yòu zhuǎn, zài 往前走…
— 对不起, 我 méi tīng dǒng. 能不能请您说 màn yīdiǎr?
— 从这儿往前走, 右边儿第一条街往右转, 再往前走…
— 谢谢, 我 dǒng le.

117

13 A 4

— 请问, yóujú 在哪儿?
— 对不起, 我不住在北京, 我也不知道. 您可以 wènwen 从北京来的 tóngzhì.
— 好. 谢谢.

13 A 5

— 请问, 到 dòngwùyuán 怎么走?
— 动物园从这儿去很远. 你可以 zuò gōnggòng qìchē qù.
— 公共汽车 zhàn 在哪儿?
— 很 jìn. 就在 nàr.
— 坐 jǐ lù?
— 七路.

14 A 1

— 对不起, 我想 mǎi xiē sīchóu. 请问在哪儿可以 mǎidào?
— 在 Yǒuyì Shāngdiàn.
— 友谊商店现在 kāi 不开?
— 开.
— 谢谢您.

14 A 2

— 对不起, 我想买些 cíqì.
— 好, dōu 在这儿. 请您自己 mànmàn 看.
— 对不起, 能不能请您给我 kànkan 这个?
— 好.
— 不是那个, 是 qiánbiār 这个 lán 的.
— 这个?
— 是, 谢谢.

14 A 3

— 请问, 这 běn shū duōshǎo qián?
— 三 máo 五 fēn.
— 对不起, 我听不懂. 能不能请您 xiě 一下?
— 可以.
— 谢谢您, 我买. 您有德文 bǎn 人民画报没有?
— 可惜没有了. 外文书店一定有.
— 外文书店什么时候开?
— Cóng 早上九点钟 dào 下午六点钟都开.
— 谢谢.

14 A 4

— 对不起, 我想买中国 mínyáo chàngpiàn.
— 好. 请 guò 来这儿. 请您自己 xuǎn.

—这 zhāng 多少钱？
—五毛钱.
—好，我买这张.

14 A 5

—我想买 Shàoxīng jiǔ.
—您 yào 几 píng？
—三瓶. Hái 有 bié de 酒吗？
—Píjiǔ, Máotái, Fénjiǔ, pútáojiǔ 都有.
—我还要一瓶茅台.
—您要大瓶的 háishi 小瓶的？
—小瓶的.

14 A 6

—我想买 fēngjǐng míngxìnpiàn.
—这儿有. 请您自己选.
—好. 我还想买…这个：我不知道中文怎么说.
—这个是 jíyóucè.
—集邮册一本多少钱？
—四十 kuài.
—好. 风景明信片和集邮册我都买. Yígòng 多少钱？
—四张明信片三毛钱. 一本集邮册四十块钱. 一共四十块三毛钱.
—好.

15 A 1

—一张航空明信片 jì 到德国 yào 多少 yóufèi？
—六毛钱.
—请您 gěi 我五张六毛钱的.

15 A 2

—这 fēng 航空 xìn 寄到德国要多少邮费？
—Xiān chèngcheng 看：一块钱.
—请您给我两张五毛钱的 yóupiào, 八张六毛钱的.

15 A 3

—我想 pāi 一封电报 huí 德国. 怎么 bàn？
—请您 bǎ 这张 biǎo tián 一下. 您可以 yòng 英文 dǎ.
—好, 谢谢.
—请先打 shōubàorén xìngmíng, 再打 dìzhǐ.
—好. 一个 zì 多少钱？
—一个字五毛钱.
—一共二十八块钱.
—好. 什么时候能 dào？
—今天能到.
—谢谢.

15 A 4

— 我想把这些书用 hǎiyùn 寄回德国. 要多少邮费?
— 先秤秤看: 三块七毛.

15 A 5

— 请问有没有集邮册?
— 有. 要大的还是小的?
— 请都给我看看. 谢谢.
— 大的多少钱? 小的呢?
— 大的六十块, 小的四十块.
— 好. 我买大的.

16 A 1

— 我想往德国 dǎ gè diànhuà. 请问怎么办?
— 可以. 请您 xiěxià 您要的电话 hàomǎr 和 shòuhuàrén.
— 好.
— 好. 我给您 jiē. Děng jiē tōng lè, 我 jiào 您.
— 谢谢.

16 A 2

— 我想 zài 今天晚上十点钟打电话到德国. 能不能请您 dào shíhòu 给我接一下?
— 好. 可以. 请问您住 jǐ hào fáng?
— 我姓 Meier, 住在三〇五号 fángjiān.
— 请您在 zhèlǐ dēngjì 一下.
— 好 de.
— 这就行了. 到时候在房间接.
— 谢谢您. 晚上见.

16 A 3

— Wèi. 是三〇六吗?
— 是的.
— 德国的电话现在 dǎ bù tōng. 等 bàn 个钟头以后再给您试试, 好吗?
— 那就 duō 谢了. 我在这儿等.
— Wèi, 三〇六吗?
— 是的.
— 您要的德国电话接通了.
— 好. 谢谢.

16 A 4

— Wèi, zǒngjī 吗?
— 是. 请问您有什么 shìqíng?
— 我想往德国打个电话.
— 您住几号房?
— 我住三〇六.
— 您要的电话号码是多少? 受话人姓名呢?
— 〇二四二四/七八五九 yāo, Wagner 先生.

— 现在要吗?
— 是.
— 请您 děngyiděng, 我 mǎshàng 给您接.
— 谢谢. 我就在这儿等.
— 喂, 德国的电话现在 méi 人接.
— 谢谢, 我 bù 打 le. 请 xiāohào.

17 A 1

— 喂.
— Meier 先生吗?
— 是, 我 jiù 是 Meier.
— Meier 先生, 您好.
我是 Wáng Huá. 我想请您吃饭. 您今天晚上有空吗?
— 有. 我来. 谢谢您.
— 晚上见.
— 晚上见.

17 A 2

— 喂.
— 请问 Meier 先生在吗?
— 请您等一等, 我去 kànyikàn.
…他不在. 您是哪儿?
— 我姓张. 我的电话号码是二六八〇九五.
— 请再说 yībiàr. 我 lái jìxià.
— 二·六·八·〇·九·五.

17 A 3

— 喂.
— 请问西门子公司的 Wagner 先生在吗?
— 请您等一等, 我去看一看.
…可惜 Wagner 先生不在. 您要不要我给您 liú huà?
— 我姓张. 我是 Guāngmíng Rìbào 的记者. 能不能请 Wagner 先生给我打电话? 我的电话号码是七〇一二五.
— 好 ba.

17 A 4

— 请问日本東京銀行的 Téngyuán 先生在吗?
— 他现在不在. 请问您是哪儿?
— 我是新华社的记者.
— 您要不要我给您留话?
— 请您跟他说我明天晚上十点钟再打电话给他. 谢谢.
— 好. 行.

17 A 5

— 喂.
— 请问王先生在吗?
— 他现在不在. 请问您哪儿?
— 我是赫施钢铁公司的代表.

— 您要不要我给您留话？
— 请您 gàosù 王先生赫施钢铁公司的代表 Strunck 今天打 guǒ 电话给他. 想请他到我家玩儿.
— 您要不要王先生给您打个电话？
— 不用了. 谢谢.
— 不客气.

18 A 1

— 我想 dìng 四个人的 fàncài, 在明天晚上六点半, 可以吗？
— 可以. 中餐还是西餐？
— 中餐. 请您给我们配四菜一汤, 可以吗？
— 行.
— 谢谢. 明天晚上见.

18 A 2

— 我们可以 zuò 这儿吗？
— 可以, qǐngqǐng.
— 你们吃什么？
— 我们吃 jiǎozi 和 suānlàtāng.
— 多少饺子？
— 三十个. 还要两瓶啤酒.
— 好, 还要别的吗？
— 还要一个 chǎozhūròu,
  一个 chǎoniúròu.

18 A 3

— 你们吃什么？
— 有没有 huángyú sān chī？
— 有. 你们吃 fàn 还是吃 yínsījuǎr？
— 银丝捲儿.
— 好. 还要别的吗？
— Lái 一瓶绍兴酒.

18 A 4

— Fúwùyuán 同志, 请您给我们 suàn 一下 zhàng 吧.
— 一共四块六毛钱.
— 好. 这是五块钱.
— Zhǎo 您四毛钱.
— 谢谢, 再见.

18 A 5

— Zǎo.
— 早.
— 您要吃什么？
— 我要一 bēi kāfēi, 一杯 júzizhī, 两个 chǎojīdàn, 一 piàn huǒtuǐ, miànbāo, huángyóu, guǒjiàng.
— 还要别的吗？
— 不要了. 谢谢.

19 A 1

— 你来了, 欢迎, 欢迎.
请 jìn, 请进.
— 谢谢. 这个小 dōngxi sòng
给你.
— 你太客气了, 谢谢. 请坐.
请喝茶.
— 好. 谢谢.

19 A 2

— Lǐ Huì, 我 zhù 你 shēngrì 好.
这点儿小 lǐwù 请 shōuxià.
— 你太客气了. 谢谢. 请 kuān
你的大衣. 请这儿坐.
— 谢谢. 你的 jiā 真 búcuò.
— 马马虎虎.

19 A 3

— Zhào 先生, jiérì 好.
— 好, 谢谢. 请坐. 喝一点儿茶
吧.
— 好, 谢谢.
— 我去 ná. 请你等一下.

19 A 4

— Fàn hǎo 了. 请 shàngzhuō.
你喝什么酒?
— Yàoshi 你有啤酒, 我就喝
啤酒.

— 有的. 有的.
— 谢谢你请我吃饭.
我先 jìng 你.
— 我也敬你.

19 A 5

— 请吃菜.
— 谢谢.
— 你喝什么?
— Suíbiàn.
— 喝茶, 好吗?
— 好.
— 请吃菜吧.
— 谢谢.
— 请 duō 吃 yīdiǎr.
— Gòu 了. 夠了.
— 再喝一点儿啤酒吧?
— 好, 谢谢.
— 你 zěnme 不吃了?
— 我吃 bǎo 了.

19 A 6

— Dé 先生, 欢迎你到中国来.
我先敬你一杯.
— 谢谢. Wèi 我们的友谊 gān
一杯.
— Láilái, 再干一杯.
— 我也敬你一杯, 祝你 jiànkāng.
— Yīqǐ 干了吧.

19 A 7

— 非常 gǎnxiè 你们的 zhāodài. 我 dǎrǎo 你们太 jiǔ 了. 我想我得 zǒu 了.
— 不, 不, 不. Duō 坐 yìhuǐr.
— 不坐了. 谢谢. 时候 bù zǎo 了. 我真的得走了. 明天见吧.
— 那我就不 liú 你了. 明天见.

20 A 1

— 非常感谢你们的招待. 时候不早了, 我想我得走了.
— Hái 早 ne. 请再多坐一会儿.
— 不了. 不好再打扰了. 谢谢你.
— 那我就不留你了.
— 再见.
— 再见.

20 A 2

— Chéng Gāng, 对不起, 我一定得走了.
— 好. Nàme 我们就明天见了.
— 明天见.
— 我不 sòng 你了.
— 再见.

20 A 3

— Sūn Fēng, 我们什么时候再 jiàn?
— 下个月三号 ba.
— 好. 再见了. Dài 我 wènhòu 你的爱人 hǎo.
— 行. 谢谢. 三号见.

20 A 4

— Lǐ 先生, 再见. 你 duì 我们的 huìtán jiéguǒ mǎnyì 吗?
— 很满意, 很满意. Xīwàng 我们 bù jiǔ 能再见.
— 祝你好. 代我问候你的同事好.
— 谢谢你. Zàihuì.

20 A 5

— 谢谢你今天 péi 了我 yī zhěng 天.
— 不客气.
— 明天我们什么时候 chūfā?
— Háishì 八点半吧.
— 好. 晚上 hǎohǎo xiūxi.
— 你也好好休息.
— 谢谢. 再见.

20 A 6

—祝你 yī lù shùn fēng.
—谢谢您. 这 cì 在中国 duōkuī 您的 zhàogù a.
—不客气. 欢迎你再来.
—我一定再来. 再见. 代我问候别的朋友好.
—行. 谢谢. 下次见.
—再见.

20 A 7

—谢谢你在北京给我的招待.
—不客气. 欢迎你再来.
—好. 下次见.

21 A 1

—能不能请您明天早上六点钟 jiào 我 qǐlái?
—好, 行. 几号房?
—四一一号房.
—好.
—谢谢.

21 A 2

—我住二二五号房, 请您给我 yàoshí.
—Zhè jiù shì.
—谢谢.

21 A 3

—对不起. 几点钟 kāi 晚饭?
—从六点钟到九点钟都有.
—好. 谢谢.

21 A 4

—请问, 我有一些 yīfú 要 sòng xǐ. Gāi 怎么办?
—请你 jiù fàng zài kǒudài lǐ. 我们 pài 人去拿. 你住几号房?
—我住一一八号房. 口袋就在 mén biār.

21 A 5

—请问, 我想把 Yīngbàng huàn chéng Rénmínbì. 在哪儿可以换钱.
—银行就 zài duìmiàn.
—谢谢.

21 A 6

—我想换一百 Mǎkè 人民币.
—好. 您用 zhīpiào 还是 xiànjīn?
—现金.

—请您把这张表填一下.
—好了.
—七十八块九毛一.
—谢谢.

21 A 7

—请问,这个饭店有没有 jùlèbù?
—有.
—俱乐部在哪儿?
—在一 lóu. 你可以坐 diàntī 去. 从电梯的左边儿 xiàng 右转, 往前走, 俱乐部就在那儿.
—谢谢.

21 A 8

—对不起,明天晚上我想去国际俱乐部. 请问国际俱乐部在哪儿?
—国际俱乐部从这儿去很远. 您可以坐 chūzū qìchē 去.
—哪儿有出租汽车?
—您可以在 fúwùtái 登记.
—服务台在哪儿?
—在 lóuxià.
—好,谢谢.

22 A 1

—明天我们什么时候出发?
—明天早上八点钟我们在这儿 jiànmiàn. 上午我们去 Gùgōng. 中午 huílái 休息. 下午两点半我们去友谊商店.
—晚上呢?
—还没 ānpái. 您想作什么?
—我想看电影. 能不能 bāngmáng ānpái?
—行.
—谢谢.

22 A 2

—Lín 先生,我想看杂技能不能请您给我安排?
—行. 什么时候?
—Shénmě 时候 dōu 可以.
—今天晚上的 piào, 好吗?你要几张?
—两张.
—好. 今天晚上吃晚饭 dě shíhòur 我给你.

22 A 3

—李先生,我的 wèi bù shūfǔ, 我想去 kàn 医生.
—好. 您要我跟您去还是打电话 jiào 医生 lái?
—打电话叫医生来, 好了.
—好. 请您等一下. 您在这儿坐. 医生马上就来.

22 A 4

— 陈先生, 我 tóu téng. 在哪儿可以买到头疼 yào?
— 不用买, 我这儿有.
— 谢谢. 这个药什么时候吃? 吃饭 yǐqián 还是吃饭 yǐhòu?
— 什么时候都可以. 要是您头疼, 您就吃.
— 一次吃几个?
— 一次吃一个.

22 A 5

— 张先生, 我的 hùzhào bú jiàn 了.
— Bié zhāojí. 你 jìdé 是在哪儿不见的吗?
— 我 jì bù dé 了.
— 我们帮你 zhǎo. 请 fàngxīn.
— 谢谢.

22 A 6

— Zhū 先生, 谢谢您 yī lù 的招待.
— 不客气, 不客气.
— 这是我的地址. 您要是来德国, 请您一定到我家来玩儿.
— 谢谢. 有 jīhuì 一定去看您.

23 A 1

— 您好. 让我自己介绍一下: 我是北京 Diàntái 的记者. 请问您 guì 姓?
— 我姓 Shīmìtè.
— 施密特女士, 能不能请您 huídá 几个 wèntí?
— 可以.
— 施密特女士, 您从哪儿来的?
— 我从柏林来的, kěshì 我现在住在 Sītújiātè. 我是国际商业机器公司的职员.
— 您 chéngjiā 了吗?
— 我 jiéhūn 了. 我有两个孩子. 一个儿子, 一个女儿.
— 他们几岁?
— 儿子十三岁, 女儿七岁.
— 他们都上学吧?
— 是.
— 您的爱人作什么?
— 他是工程师.
— Yèyú shíjiān 您作什么?
— 我喜欢 dǎ pīngpāngqiú, 也喜欢看 diànshì.
— 您来中国作什么?
— 我来中国, yīnwèi 我喜欢中国的 wénhuà: 我在斯图加特 Rénmín Yèyú Dàxué 学中文. 我 chángchǎng 看中文书, 中文 bào 和 zázhì, 也想 qīnzì rènshì 中国.
— 您 dàoguò 哪儿?

— 我到过北京, 南京, 上海, 武汉和广州.
— 您对中国的印象如何?
— 挺好. 中国人都很客气. 中国的风景好 jí le.
— 您的中文很好. 您跟谁学的?
— 我跟陈 lǎoshī 学的. 陈老师是中国人.
— 谢谢您的 huídá. 祝您一路顺风. 再见.
— 再见.

23 A 2

— 我是工程师, 住在波鸿市, 在一个大工厂工作. 我 yǐjīng 成家了, 有两个孩子: 一个儿子, 一个女儿. 儿子十一岁, 女儿九岁. 我自己四十六岁, 我爱人四十岁. 她在一 jiā 公司工作. 我们有一 liàng Dàzhòng pái 小汽车, 一 dòng 小 fángzi. 我 ài tī zúqiú, 看电视.
— 您到过中国吗?
— 没有. Míngnián 一九八〇 nián 七月一号我要到中国去.
— 您会中文吗?
— 会一点儿. 我在波鸿大学学过一整个星期. Měitiān 从早上九点钟到下午五点钟. 我只会说 jiǎndān 的. 我还要再学习.

23 A 3

— 我是教员, 在中学 jiāoshū. 我是一九四五年 shēng 的, 我 jīnnián 三十三岁. 我还没结婚. 我住在多特蒙德市, 有一个小房子. 我的父母住在慕尼黑. 我有两个 xiōngdì. 哥哥住在汉堡, 弟弟在波鸿大学学习. 业余时间我喜欢 yùndòngyùndòng. 我也爱 tán jítā.
— 您到过中国吗?
— 我已经到过中国一次. 一九七六年我到过北京和广州. 我喜欢中国.
— 您在哪儿学的中文?
— 在海得尔堡大学.
— 您学了多久?
— 我学了四年. 可是 měi 个星期只学四个 xiǎoshí. 我的中文不 gòu hǎo. 我还要再学习.
— 您太客气. 您的中文 xiāngdāng 好.

24

这次在中国 lǚxíng 真 jiào rén nán wàng. 李先生, 谢谢你一路的照顾. 我希望我们不久能在德国见面. 请你来我们家玩儿. 我祝你 yíqiè shùnlì. 再见.